시대사 속의 영국문학

시대사 속의 영국문학

엘리자베스 거 · 손영도 옮김

고려대학교출판부
KOREA UNIVERSITY PRESS

| 차례 |

제 1 부. 문학적 배경

제 2 부. 장르와 비평방법

제1부 문학적 배경

Literary Contexts

1. 중세문학의 배경

우리는 대다수 중세 문학이나 현대 여러 작가의 텍스트보다 제프리 초서Geoffrey Chaucer의 작품을 읽을 때 작가의 목소리를 더욱 생생하고 인상적으로 수용하게 된다. 그가 사용한 언어가 우리 시대의 언어가 아님에도 불구하고 오늘날에도 그의 작품은 매우 생생하고 특별한 감동을 주는 것이다. 〈방앗간 주인의 이야기*The Miller's Tale*〉의 희극성과 장시 〈트로일러스와 크리세이드*Troilus and Criseyde*〉의 고조된 비극성을 잊어버릴 독자는 없을 것이다. 초서는 최고급의 문체부터 통속적인 문체까지, 기품 있고 웅장한 언어나 추상적이고 철학적인 논의로부터 직설적이고 세속적인 대화와 화려한 묘사에 이르기까지 자유자재로 넘나들 수 있는 천부적인 능력을 지닌 작가이다. 그는 거친 앵글로색슨 어휘를 능수능란하게 구사했던 만큼이나 우아한 프랑스어나 라틴어의 어법에도 정통하였다. 사실 영어 속으로 많은 프랑스어 어휘들이 유입될 수 있었던 것은 초서 덕분이었다. 초서는 바람난 남편에 대한 이야기는 물론이고 한탄하는 여인네의 속사정도 속 깊게 이야기로 빚어낼 수 있었고, 익살스런 동물우화며 진지한 설교 역시 훌륭하게 지어낼 수 있었다.

초서는 영문학의 아버지나 다름없다. 당대의 기준으로 보면 그는 위대한 전통의 계승자요 새로운 전통의 창조자였다. 특히 오비드나 버질 같은 고전작가들이 그의 전범이었고, 그는 자주 그 고전작가들을 직접적으로 언급하기도 하고 간접적으로 인용하기도 하였다. 영국인으로서 그의 사명은 고대 작가들의 본보기를 따르면서 영어를 사용하는 것이었다. 14세기 이전에는 중요한 문학작품들이 라틴어로 씌어졌고 궁정문학은 프랑스어로 씌어졌지만, 초서와 그의 동시대인들은 영어를 세련된 문학어로 발전시켰다.

일찍이 영어로 글을 쓴다는 것이 저속한 것으로 생각되는 경향도 있었으나 초서는 당시 이름이 알려진 몇 안 되는 영어 작가들 중의 한 사람으로 두각을 나타내고 있었다. 인쇄술이 발명되기 이전인 이 시대에는 문학작품들이 몇 부 되지 않은 필사본으로 읽혔고 필사자에 의해 사본이 만들어졌으며 그 필사자들은 그 작품들에 대한 역사나 작가에 대해 기록을 해 두지도 않았고 알지도 못했다. 그러나 그런 출판 현실과 달리 초서의 명성은 대단했다. 그의 시는 빠른 시간에 많은 사람들이 읽었는데, 그의 전 작품을 수록한 약 50부의 필사본이 현재 남아 있으며, 당시의 문학 환경을 고려해 보면, 상당히 많은 그의 작품들이 필사본으로 유통되었을 것이 확실하다.

초서는 초연하고 자기 검증에 인색하지 않으며 학문을 좋아하고 다소 순진한 관찰자인 인물을 창조하여 작품을 통해 자신에 맞는 최적의 문학적 정체성을 구축하고 있다는 점에서 비범한 작가이다. 이 목소리와 이 목소리를 통해 서술되는 이야기 사이의 거리는 매우 우수한 초서만의 풍자를 창조하게 된다. 몽유 같은 초기 환상시인 〈공작 부인의 서*Book of the Duchess*〉와 〈새들의 의회*Parliament of Fowls*〉에서 그는 자신을 실연의 아픔 속에 있는 연인으로 재현하고 있다. 〈트로일러스와 크리세이드〉에서 그는 연인들 중 어느 한 사람도 되지 못하고 대신 그들의 하인 입장을 취하고 있다. 〈명예의 전당*House of Fame*〉에서 책을 좋아하는 통통한 "제프로이"는 거대한 독수리의 발에 사로잡혀 있는데 그 독수리는 그에게 우주의 비밀을 가르쳐 주지만, 대신 그는 차라리 우주의 비밀에 대한 글을 읽겠다고 고집을 부린다. 〈캔터베리 이야기*Canterbury Tales*〉에서는 자신을 순례자들 중의 한 사람이기는 하지만 의심 없이 믿기만 하는 관찰자로서 스스로를 묘사한다. 그러나 그가 이야기 시합에서 기여한 바는 그리 크지 않다. 그가 처음 시도한 작품인 〈토파즈 경*Sir Topas*〉에서 토파즈 경이 하는 이야기는 너무나 엉터리 시여서 결국 그의 말은 "그만하시오, 당신이 짓고 있는 엉터리 시는 똥만도 못하오Namoore of this… thy drasty rymying is nat worth a toord"라고 말하는 호스트에 의해 중단된다. 그가 두 번째로 시도한 작품인 〈멜라비의 이야기*Tale of Melabye*〉는 이 보다 더 나을 바 없는 장황한 산문으로 된 교훈적인 논설이다.

초 서 의 생 애

이 이야기꾼의 초기 소품들의 실패로 인해 후기작에서 매우 달라진 진정한 제프리 초서를 읽게 되는 사람들은 큰 즐거움을 느꼈음에 틀림없다. 그는 학자였고 그의 작품들은 널리 읽혔고 또한 그는 조신朝臣으로서뿐만 아니라 외교관으로서 매우 공적이고 복잡한 삶을 살았다. 1340년대에 출생한 초서는 신흥 중상층 계급 출신이었다. 그의 부친은 런던에서 성공한 포도주 상인으로 에드워드 3세의 주류창고를 관리하는 부 궁내성 주류 관리자로 일했다. 어린 초서는 런던에 있는 그래머 스쿨을 다닌 것 같다. 그의 글에는 라틴 문학뿐만 아니라 역사와 철학은 물론 (그는 1381년에서 1386년 사이에 고전 철학자 보에티우스의 《철학의 위안*Consolation of Philosophy*》을 번역했다) 그가 쓴 논문의 주제이자 중세 시대의 중요한 학문으로 간주되었던 점성학과 같은 분야에 대한 지식에 이르기까지 실로 광범위한 영역이 반영되어있다.

그의 공적 생활은 귀족의 가정에서 시작되었다. 1357년 작성된 문서에 얼스터 지방의 공작 부인 엘리자베스가 초서를 위해 값비싼 시동복을 사 주었다고 기록되어 있다. 그녀에게 고용되어 있는 동안 1359년에서 1360년 사이에는그가 몸소 프랑스에서 전쟁에 참전했던 기록도 포함되어 있다. 그때 그는 체포되었다가 몸값이 치러져서 풀려났다. 그는 또한 프랑스에서 영국으로 보내는 서신들을 전달하는 외교 업무를 지속하였다.

초서가 궁정과 맺었던 관계는 공적이기도 하면서 사적인 것이었다. 1366년 그는 기사의 딸이자 상궁인 필리파 드 로에와 결혼을 했고 그녀의 여동생은 에드워드 3세의 숙부이자 세도가 랭카스터 공작 존 오브 곤트의 세 번째 아내가 되었다. 그 다음 해 초서는 에드워드 3세의 왕실에서 왕을 섬기는 약 40명의 신하들 가운데 일원이 되었다. 그들의 임무는 가사일부터 외교사절까지 다양했을 것이다. 그는 프랑스와 이탈리아를 포함해 여러 차례 대륙을 여행했다. 프랑스 시인들은 초서의 초기 작품에 지대한 영향을 끼쳤는데, 〈공작 부인의 서〉(1368년경), 〈새들의 의회〉(1378년경),〈명예의 전당〉(1378년경) 등의 작품들에서 그는 당시 인기 있던 몽유 형식의 환상시를 사용했다. 그는 또한 프랑스 환상시 〈장미 이야기*The Romance of the Rose*〉의 일부를 번역하였다. 후기 작품인 〈열녀전 *The Legend of Good Women*〉(1386–86년경)은 같은 형식을 사용하고 있다. 이탈리아를 방문했을 때 그는 처음으로 단테, 페트라르카, 보카치오의 시들을 접하게 되었을 것이고, 또 실제로 그들의 작품을 자주 인용하였다. 그의 서사적 로망스인 〈트로일러스와 크리세이드〉(1381-86년경)는 보카치오의 작품을 번역한 것이다.

1374년 그는 대륙과 외교사절 임무를 계속하고 있었지만, 세관의 감시관이라는 중요한 공직을 맡게 되었는데 이 일은 수출세를 비롯한 다른 세금의 징수를 책임지는 업무였다. 결국 그는 런던을 떠나 켄트로 가게 되었는데 거기서 그는 치안판사와 의회의원이 되었다. 그 후 모든 왕실의 저택과 왕의 보유지의 건축과 보수를 책임지는 왕립 건설국 소속 현장감독이 되었다. 마침내 그는 서머싯 지방 소재 왕실의 삼림을 돌보는 감독관이 되었다. 이 말년의 기간 동안 그는 〈캔터베리 이야기〉(1387년경 이후)를 집필하였다.

초서가 여러 가지 관직을 거친 사실은 험난한 정계의 외교관으로서뿐만 아니라 공직자로서도 대단히 성공했음을 암시해 준다. 이와 달리 그의 친구인 토머스 어스크는 반역죄를 지어 교수형에 처해졌다. 당대의 한 기록은 초서를 "왕이 명한 힘들고 화급한 임무를 위해 영국의 여러 곳을 돌아다닌 우리가 사랑하는 분"이라고 기술하고 있다.

초서의 생애는 비교적 많이 알려져 있음에도 불구하고 확인 불가능한 기록들 또한 많다. 한 예로, 시실리 샴페인에 의한 정신적 홍분, 즉 강간이나 유괴를 의미할 수 있는 홍분 상태로부터 벗어난 불가사의한 기록, 또 일종의 금전상의 언쟁으로 인한 고소였을 것으로 추측되는 사기 사건, 즉 런던 시민 두 사람이 초서를 법정에 고소했던 기록을 어떻게 해석해야 할지 우리는 적당한 방법을 찾을 수 없다. 초서에게는 아들이 둘 있었던 것으로 보이는데, 초서가 천체 관측기인 《애스트롤라베에 대한 소고*Treatise of the Astrolabe*》(1391년경)라는 저술을 헌정한 '꼬마 루이스'에 대해 우리는 그 이상 구체적으로 알고 있는 지식이 없으며, 토머스는 아버지처럼 매우 성공적인 공적인 삶을 누렸고 그의 딸들 중 한 명이 세력 있는 서포크 공작과 결혼하였다는 진술 역시 맥락이 단절된 독립된 서술이다.

중세의 평균 수명을 생각해 볼 때, 초서의 생애는 비교적 긴 편이었다. 그의 묘비에는 그가 61세가 되는 해일 것으로 추측되는 1400년 10월 25일에 사망한 것으로 기록되어 있다. 그의 생애 마지막 해 그는 웨스트민스터 사원이 있는 교구 내의 한 집에 세를 들어 살았다. 그래서 그는 웨스트민스터 사원에 묻히게 되었고 이때부터 사원 경내에 시인들이 묻히는 묘역이 따로 생기게 되었다.

중세 영국

초서의 굴곡 심한 생애는 그가 살던 중세 시대의 불안한 모습을 그대로 반영한다. 중세의 영국은 고도의 세련됨과 이상주의가 아니면 무자비한 잔혹함이나 폭력, 너무 깊게 뿌리박힌 사회구조와 관습 아니면 격렬한 사회적 이동이나 불안정과 같은 양극단이 편재하는 세상이었다. 영국의 인구는 대략 이백만 명 정도에 불과할 정도로 적었으며, 이 중 90퍼센트는 소작농이었고, 단지 1-2퍼센트만이 귀족이었고 그 나머지는 도시민이었다. 농업 기술이 원시적이었기 때문에 충분한 식량을 생산할 수 없었으며 악천후, 홍수, 자연 재해 등은 대규모의 재앙을 초래할 수밖에 없었다. 기근은 빵 값의 상승만큼이나 현실적으로 가장 큰 위협이었다. 초서와 같은 시대 사람이었던 윌리엄 랭글랜드William Langland는 그의 시 〈농부 피어스*Piers Plowman*〉에서 "가난이 어떻게 사람의 뱃속까지 침범하고 태반의 아기에게까지도 해악을 끼치어 모든 이가 눈물을 흘렸는지the mawe〔stomach〕/And wrong him so by the wombe that al watrede his eighen〔eyes〕"(pp. 174-175)라고 기술하고 있다. 궁정과 도시 밖의 세상에도 이 밖의 위협적인 요소들이 많이 있었다. 런던 외곽의 마을들은 그 규모가 작았고 범법자들이나 도적들이 살았을지도 모르는 위험한 장소였던 넓은 숲과 황무지가 그 지역을 고립시키고 있었다. 의학이 발달하지 않았던 이 시기에 병이야말로 끊임없는 위협이었고 따라서 평균수명도 높지 않았다. 많은 아이들이 대수롭지 않은 병으로 유아기에 사망했고 여자들은 빈번한 출산으로 쇠약해졌다. 초서의 초기 시인 〈공작 부인의 서〉는 다섯 아이를 낳고 28세의 나이로 사망한 존 오브 곤트의 아내 블랑쉬를 죽음을 슬퍼하는 애가이다. 초서의 생애 동안 가장 많은 사망 원인은 아시아에서 영국으로 쥐가 옮겨 온 전염병인 역병 즉 흑사병이었는데 이 돌림병은 백년 이상 동안 되풀이되어 영국 전역을 괴롭혔다. 1348-49년 동안에는 인구의 거의 삼분의 일이 목숨을 잃었던 것 같다. 중세 역사가인 헨리 나이튼은 다음과 같이 적고 있다. "사람을 급사시키는 지독한 역병이 갑자기 덮쳐 왔다. 삼 일 이상, 아니 이틀 이상, 아니 반나절 이상 버티는 사람도 거의 없었다. 그리고 그 후에도 계속 무시무시한 주검이 매일같이 도처에서 발견되었다." 초서는 다행히도 살아남았다.

영국 사회는 국내외의 정치적 불안과 맞서야만 했다. 가난, 높은 세금, 리처드 2세 궁정 내의 부패에 대한 백성의 불만은 1399년 최고조에 달했다. 그의 숙부인 존 오브 곤트가 사망하자마자 리처드 2세는 아일랜드에서의 전투 자금을 마련하기 위해 숙부의 토지를 압수하였고 아일랜드에서 숙부에 반대하는 군사를 모으고 있는 동안 추방되었던 숙부의 아들 헨리 볼링브로크는 마침내 돌아왔다. 볼링브로크에 대한 민중들의 지지가 대단했기 때문에 리처드 2세 군대의 많은 병력이 도주하였다. 마침내 리처드 2세는 포위되어 구금되고 이어 즉시 폐위되었고 볼링브로크가 즉위하여 헨리 4세가 되었다.

전투

그 후 국내의 분쟁은 초서의 생애 말기에 오면서 더욱 심해졌다. 초서의 생애 동안 영국이 전쟁을 하지 않은 때는 거의 없었다. 프랑스와의 백년전쟁은 다시 프랑스계 왕권을 세우려고 시도하는 도발적인 필립 왕에 대항하기 위해 에드워드 3세가 1339년에 시작하였다. 몇 차례의 협정이 있기는 했지만 이 전쟁은 1453년까지 왕이 다섯 명이나 교체되는 동안 지속되었다. 초서는 1359–60년 동안의 전투에 참전하였는데, 〈캔터베리 이야기〉의 〈전시의 서시〉에서 나오는 기사의 아들이 플랑드르, 아르트와, 피카르디 등지에서의 프랑스와의 여러 차례 전투에 참전한다. 프랑스와의 전쟁 뿐 만 아니라 스코틀랜드나 아일랜드와의 전투도 있었다.

병역은 정신적 이상의 추구와 부합될 수 있는 재제였다. 초서 작품 속의 기사는 신을 대신하여 대부분의 전투에서 싸웠는데, 그는 유대인과 이슬람(혹은 사라센)을 패배시키고 이교도로 간주되는 자들로부터 성지인 팔레스타인을 되찾기 위해 수차례 십자군 원정에 가담한다. 팔레스타인에 살던 그리스인들이 터키인들과의 전쟁에 필요한 군사원조를 위해 교황을 찾아갔던 11세기부터 수많은 병사들이 동양에서 그리스도교를 수호하고 개별적인 신앙을 토대로 즉 천국으로 가는 확신을 받기 위해 참전했다. 프랑스 연대기 편자인 푸셰르 드 샤르트르는 1095년에 있었던 "천국은 영원하니 그 영광을 확신하사 각자의 죄를 용서받기 위하는 자 이 원정에 가담하라"는 교황의 소집령을 기록하고 있다. 1099년 예루살렘은 수복되었고, 새롭게 십자군 원정에 가담하는 일련의 국가들이 동양에 세워졌지만 이 제국은 공격을 받기 쉬운 상태였기 때문에, 예루살렘은 1187년 다시 이슬람 손으로 넘어갔다. 예루살렘을 되찾을 수 있다는 가능성으로 인해 12, 13세기에 십자군 원정이 수차례 더 수행되었고, 터키인들이 유럽으로 이동하기 시작했을 때는 또 다시 수차례의 '성전'이 감행되었다. 이 성전은 15세기 중엽까지 계속되었다.

그러나 예를 들어 (초서의 작품에 등장하는 기사가 참전한) 알렉산드리아에서의 잔혹한 약탈이 보여 주다시피 군사행동의 실제는 그리스도교의 진리와는 전혀 다른 것이었다. 스페인, 북아프리카, 근동 지역, 그리고 헨리 4세가 직접 참전했던 발트 해 연안(초서는 리투아니아와 러시아로 기술하고 있다)에 있던 이슬람이나 터키에 있던 적대적인 이교도들과 대항하여 14세기 말 초서의 생애 동안에 벌어진 수많은 십자군 원정에서 싸웠던 기사들의 정체는 이러한 맥락에서 생각해야 한다. 그러므로 기사는 가장 높은 지위를 가진 군인이었으며 지상에 세워진 신의 왕국이라고 절대적으로 믿던 사회에서 그리스도를 위해 싸우는 투사였다.

초서의 작품에 등장하는 기사와 그의 이야기에 등장하는 군사적인 배경은 역사적 사실에 그 토대를 두고 있다. 전쟁은 영국 경제를 계속하여 재정적으로 메마르게 하는 원인이었고 삶의 질 면에서도 너무나 비싼 대가를 치러야 하는 것이었다. 1381년에 발발한 농민의 반란은 어느 정도는 이런 배경 때문이었다. 이 시대에 유명했던 시는 "진실은 갇혀 있고 거짓은 모든 이에게 만연되어 있다Truth is set under a lock and Falseness reigneth in every flock"며 만연한 부패에 대해 불만을 말하고 있다. 전쟁 비용을 위해 인두세가 징수될 때 세금과 저임금과 비싼 지대에 대한 불만은 최고조가 되었다. 폭동은 켄트와 에식스 지방에서 시작되었고, 와트 타일러에 의해 주도되었다. 결국 런던 안에서 반란민은 줄어들었고 왕의 중재에 의해 진정되었다. 그러나 초서의 글은 정치적 현실과 거리를 두고 있어서, 여우가 훔친 수탉을 쫓는 사람들이 그들의 이름난 지도자들 중 한 사람인 잭 스트로보다 더 시끄럽다고 설파한 〈수녀시승의 이야기〉가 보여 주듯이 초서는 농민의 반란을 그의 달변 속으로 가볍게 용해시켜 놓고 있다.

교회

농민의 반란은 어느 정도는 교회와 국가 사이의 긴장에 의해 자극받은 것이었다. 교회는 중세 영국에서 또 하나의 거대한 정치 세력이었다. 신의 대리인인 왕조차 종교적 규범의 지배를 받았다. 로마 가톨릭교회의 지배를 받기는 했지만 영국 교회는 그 자체로서도 대단히 강력했다. 교회 건물과 수도원은 앵글로색슨 시대부터 건립이 되었으며, 교회는 학교와 병원의 운영과 자금조달에 책임을 지고 있었다. 모든 사람이 교회에 가야 하는 것으로 생각되었고, 미사에서 라틴어로 진행되지 않는 유일한 전례였던 강론만이 가르침을 얻을 수 있는 원천이었으며 성서와 같이 활자로 씌어진 교회의 가르침들을 이해할 수 있는 유일한 방법이었다. 교회는 그 자체의 사법기관을 가지고 있어서, 결혼, 유언, 십일조, 부도덕한 행위에 대한 처벌과 같은 문제들을 통제하였다. (초서의 작품에 등장하는 소환리는 사람들을 종교재판으로 불러내는 직분을 가진 자다.)

중세 시대의 종교적 영감이나 신앙심은 예술이란 강력한 틀을 통해 구체적으로 그 내용을 표현하였다. 훌륭한 고딕풍의 교회, 회화, 태피스트리, 스테인드글라스, 아름답게 장식된 필사본, 교회를 장식하는 귀중한 황금 장식물, 많은 문학작품 등이 이에 해당하며, 초서의 작품에 등장하는 두 번째 수녀가 이야기하는 성 시실리아의 생애가 그 좋은 예가 된다. 불확실한 시대를 살았기 때문에 영원한 삶에 대한 기대는 오히려 절실했으며 많은 사람들이 수도원이나 수녀원에서, 혹은 노리치의 줄리언 수녀나 리처드 롤 수사처럼 개별적으로 신앙생활을 하려고 하였다.

이와 의견을 달리하는 롤러드 파나 위클리프 파와 같은 종교집단들은 (초서가 〈전시의 서시*General Prologue*〉에 포함시켰던) 평신도들의 기도의 중요성을 농부로 상징하여 강조하였다. 종교적 이상만 있었던 것이 아니라 때때로 교회의 재산이나 부패에 대한 비판도 시도되었다. 특히 두 교황이 권력을 위해 싸웠던 1337년 교회의 대분열은 교회와 현실 간의 정치 문제를 노출시켰다.

초서의 작품에 등장하는 종교적 인물들은 수도승과 매우 세속적인 고위 성직자와 우아한 의상에 황금 브로치를 달고 흰 빵을 먹고사는 애완용 작은 개를 데리고 다니는 정체가 모호한 여자 수도원장 그리고 이들과 극단적인 대조를 이루는 금욕적인 목사와 신학생 등과 같이 이상적인 인물과 부패한 인물 계층의 양극단으로 나뉜다. 자신의 이익을 위해 면죄부를 파는 면죄승은 종교적 관행이 극도로 부패했음을 예증하고 있다. 그의 작품에 등장하는 탁발승은 새로이 형성된 계층이며 탁발하는 종교인을 대표하는데, 이 계층의 일원들은 수도원에 근거를 두고 있는 것이 아니라 방랑하며 시주를 받아 자신의 생활을 꾸려 나감으로써 진정한 가난을 경험하면서 타인들의 자선을 장려하는 신앙인들이다. 그러나 초서의 탁발승을 살펴보면 당시의 탁발승들이 얼마나 그 원칙과 달리 제멋대로 행동하고 부패할 수 있었는지 알 수 있게 된다. 초서의 탁발승은 오로지 이익과 세속적인 쾌락을 추구하는 데만 관심이 있었다.

세 계급

초서는 〈전시의 서시〉에서 사회는 전쟁을 하는 귀족, 기도를 하는 성직자, 노동을 하는 농민의 세 계급the three estates으로 이루어져 있다는 전통적인 이론을 이용하고 있다. 기사, 성직자, 농민은 이 상호의존적인 계급사회를 이상적으로 대표하는 자들이고, 기사의 아들인 수습기사, 낮은 지방 귀족인 향반, 금욕적인 옥스퍼드 대학의 신학생, 수녀시승과 전혀 그 배경이 묘사되어 있지 않은 두 번째 수녀, 기사의 종자이며 삼림 감독관이나 사냥터 관리인인 농민 등은 개성이 매우 분명한 인물들로 이 세 계급에 속한다.

계급에 대한 이런 식의 풍자는 중세문학에서 흔히 볼 수 있는 장르이다. 이러한 풍자는 세 계급에 속하는 사람들이 전형적으로 지니고 있는 미덕이나 악덕들을 그 실례를 들어 보여 주고 있다. 초서는 가장 두드러지게 세속적인 속성을 보여 주는 수도승, 수녀원장, 탁발승과 붉은 얼굴을 한 종교재판 소환리와 사악한 면죄승과 같이 교회에 기생하여 사는 부패한 인물 등의 세 신분에 속하는 결점 많은 인물들을 이상적으로 묘사하고 기술하는 데 있어서 이러한 전통을 수용한다.

그러나 〈전시의 서시〉는 또한 이 세 계급에 대한 개념을 넘어 그 수가 증가하고 있었던 중산계급 역시 자세하게 묘사하고 있다. 중세 영국에서 상업 활동의 강력한 힘은 모들레인 호라는 자신의 선박을 소유한 선장, 북쪽 지방의 토지 관리인인 청지기, 부정직하게 곡물을 팔아 부자가 된 방앗간 주인 등의 인물에서 확연하게 나타나고 있다. 비록 영국이 여전히 농업경제를 중심으로 하고 있었지만, 도시로의 상당한 이주가 이미 시작되었다. 즉, 런던의 인구는 4만 5천 명 정도였고, 수녀원장의 고향인 스트래트포드 애트 보우와 같은 넓은 교외도 있었다. 도시 사회와 도시인들이 필요로 하는 것, 즉 시정, 도시 계획, 건축, 도로, 청소 및 공중위생 등에 대한 새로운 인식이 있었다.

상인이나 중산층이 새로운 계급으로 부상하고 있었는데 이는 〈캔터베리 이야기〉에 등장하는 상인, 의류제조업을 하고 있는 바스의 여장부, 사우스워크에 위치한 타바드 여관의 주인인 해리 베일리에 의해 가장 분명하게 대표되고 있다. 이와 다른 보다 고상한 도시인, 즉 의사, 변호사, 사법학숙의 업무 대리인인 식량조달계와 같은 전문직 계층의 사람들도 있었다. 그 순례자들 속에는 잡화상(모자 장수), 목수, 직조공, 벽걸이 융단 제조업자, 요리사 등 한 무리의 노동자 계급의 도시 거주민들도 있었다.

도시에 대한 개념과 중산계급의 정신은 전통적인 유형의 세 계급과 혼합이 되었다.

초서의 작품을 읽는 당시의 독자는 이와 마찬가지로 가지각색의 사람들로 이루어져 있었을 터인데, 궁정 사람들과 프랑스어나 라틴어를 읽지는 못하지만 책을 가지고 싶어하고 영어로 쓰인 문학작품들을 원하는 신흥 중산층 사람들이 이 독자군에 분명히 포함되었을 것이다.

|연|습|문|제|

아래에 있는, 시인이 청중에게 시를 읽어 주고 있는 모습을 담은 초서의 시 〈트로일러스와 크리세이드〉의 필사본의 권두 삽화를 생각해 보라. 청중은 어떤 부류의 사람들인가? 배경은 무엇인가? 시인이 자신의 동료 조신들에게 시를 낭독한다면 어떤 효과를 가져올까? 이 상황은 청중이나 독자가 중산층일 경우의 상황과 어떻게 다를까?

코퍼스 크리스티 칼리지에 소장된
〈트로일러스와 크리세이드〉의 필사본의 권두 삽화

초서는 매우 종교적인 동기를 가지고 있든지 아니면 전적으로 세속적인 목적만 추구하든지 간에 모든 계층 출신의 사람들이 모여 떠나는 캔터베리 순례에 초점을 맞추어 당시 사회를 묘사하고 있다. 축복받은 순교자의 무덤을 찾아 정신적 갱생을 얻으러 떠나는 참회 여행의 이상은 면죄승이나 탁발승이 벌이는 돈벌이 수단으로서의 순례와 바스의 여장부가 여섯 번째 남편을 구하기 위해 순례를 이용하는 것과 대조를 보여 주며 또한 수도승이나 수녀원장에게 순례는 정신적인 경험보다는 쾌락을 찾는 여행처럼 보인다.

십자군 원정처럼 성인을 추모하거나 유품을 모신 성전인 성지로의 여행, 즉 순례의 개념은 중세 시대에 엄청난 영향력을 가졌다. 상당히 많은 사람들이 영국 내에서는 월싱엄이나 캔터베리, 대륙에서는 로마, 루드르, 산티아고데콤포스텔라와 같은 성지로, 심지어는 팔레스타인 성지로 여행을 하였다. 바스의 여장부가 수차례에 걸쳐 순례를 했다고 하지만 여행의 횟수는 물론 예루살렘까지도 갔었던 중세의 신비주의자 마저리 켐프의 순례에는 미치지 못한다. 순례는 여행 중의 육체적 피로를 기초로 그 육신의 고통 속에 참회를 하거나 성지에서 기도함으로써 정신적 삶을 북돋을 수 있는 기회를 제공하였다. 또한 모험과 경험과 자기실현의 가능성을 주기도 하였다.

정신적인 것의 추구는 〈캔터베리 이야기〉 전체에서 반복적으로 나타나는 주제로 여러 가지 종교적 이야기들이나 마지막에 나오는 목사의 도덕적인 설교에서 상기되고 있다. 순례자들이 목표하는 이미지인 캔터베리 대성당은 작품 전체에 걸쳐 떠나지 않고 저 너머의 신성한 세계, 기독교 원리와 신념, 선의 악과의 투쟁을 상기시켜 준다. 순례자들이 찾아가고 있는 성지에 모셔진 성인 토머스 베켓은 1170년 왕과의 많은 정치적 대립 후에 자신의 성당에서 살해되었는데, 이는 헨리 2세 수하의 기사들 중 네 명이 "누가 저 무도한 성직자를 제거해 줄 것인가?Who will rid me of that turbulent priest?" 하는 왕의 물음에 따라 행동을 실천했기 때문이었다. 토머스의 순교와 그의 성전과 관련된 기적들에 대한 이야기는 전 유럽으로부터 참배자들을 불러 모았다.

|연|습|문|제|

〈전시의 서시〉의 서두(1-18행)를 읽어 보라. 초서는 어떠한 이미지를 사용하고 있는가? 봄은 무엇을 연상시키는가? 그 연상들은 정신적일 수도 있고 세속적일 수도 있는가? 봄과 연상되는 생각되는 중에 성적인 것이 있는가? 정신이나 마음을 의미할 수 있고 정신적인 소망이나 성적인 욕망을 의미할 수 있는 "만용corage"(11행)이라는 모호한 말에 주목하라. 캔터베리로 향하여 떠나는 순례자들 각자의 동기를 평가할 수 있는가?

이야기 모음집

순례자들에 대한 묘사와 봄이라는 시간적 배경처럼 계속되는 이야기 시합은 새로운 것이 아니라 이전부터 내려오는 문학적 관례에 그 뿌리를 두고 있다. 초서는 많은 종류의 이야기 모음집, 즉 전설, 성인전, 우화, 고전신화, 특히 오비드의 〈변신*Metamorphoses*〉, 성서에 대해 잘 알고 있었을 것이다. 그러나 이 이야기들은 어떠한 것도 이 순례와 같은 이야기 틀을 이용하지 않고, 개성화된 화자나 〈캔터베리 이야기〉에 사용된 여러 가지 장르도 이용하고 있지 않다. 1340년대에 씌어졌고 한 무리의 이탈리아 귀족들이 역병으로 찌든 도시 플로렌스(피렌체) 밖에서 머무는 동안 지루함을 잊기 위하여 그들이 한 이야기를 모은 모음집으로서 나온 보카치오의 〈데카메론*Decameron*〉이 가장 비슷한 작품이다. 비록 보카치오가 이야기를 하는 사람들 사이의 관계나 문학적 변형의 가능성을 발전시키고 있지는 못하지만 이 이야기는 〈캔터베리 이야기〉와 유사한 많은 이야기들을 가지고 있다. 그러나 초서가 보카치오의 작품을 알고 있었는지는 확실하지 않다.

이야기 시합에 대한 발상은 초서에게는 독창적인 것이고 많은 다양한 이야기가 자연스럽게 포함될 수 있는 여지를 마련해 주고 있다. 이 때문에 "다양한 사람들이 자신의 이야기를 개성 있게 구술한다Diverse folk diversely thy seyde"는 구절처럼 다양한 순례자들을 등장시킬 수 있고 동시에 초서는 "부도덕한 이야기"에 대한 책임으로부터 벗어날 수 있게 된다. 독자는 항상 "책장을 넘겨서 딴 이야기를 택할turne over the leef and chese another tale" 수 있다(〈방앗간 주인의 이야기〉의 서시, 3177행). 다시 말해 "엉뚱한 이야기를 골라 놓고 재미가 없다고 나를 책하지 말아 주기 바란다Blameth nat me if that ye chese amys"(3181행)고 초서는 말하고 있다.

이야기하는 사람과 이야기

순례자와 이야기 사이뿐만 아니라 순례자들 간의 상호작용은 〈캔터베리 이야기〉의 매우 중요한 부분이다. 초기의 비평가들은 거의 전적으로 〈캔터베리 이야기〉를 일종의 노변극으로 보는 경향이 있었다. 그러나 최근의 비평은 그러한 견해의 한계를 강조하였다. 놀라운 일은 아닐지 모르지만 순례자들 각자가 순례를 가는 길에 한 편, 돌아오는 길에 한 편씩 두 편의 이야기를 하기로 계획된 구상을 완성하지 못했기 때문에 최종적인 드라마가 어떠한 형태를 취하게 되었을지 알 수가 없다. 24편의 이야기가 남아 있지만 동일 순례자가 두 편의 이야기를 하지 않았기 때문에 완성된 것은 아니다. 그리고 이야기와 화자 간의 연결이 명확하지 않았다는 증거가 있다. 또한 필사본 문화와 서적 문화는 같은 것이 아니다. 〈캔터베리 이야기〉 55편의 필사본은 필사자들에 따라 다르게 필사가 되었다. 철자도 달랐고 종종 빠진 부분들도 있었고 순서도 달랐다. 〈기사의 이야기〉, 〈방앗간 주인의 이야기〉, 〈청지기의 이야기〉처럼 일관되게 연결되어 있는 짧은 내용의 이야기나 단편들만의 순서를 알고 있을 뿐이다. 그래서 순례자들 간의 상호작용에 대한 생각을 과도하게 서술할 수는 없는 사정이 있다.

이럼에도 불구하고 서시에서 이미 암시되어 있는 동료의식과 경쟁은 분명하다. 탁발승이나 종교재판 소환리처럼 방앗간 주인이나 청지기는 서로 반대되는 이야기를 한다. 방앗간 주인은 기사에게 응수하고 신학생은 인내심 있는 그리젤더에 대한 이야기에서 바스의 여장부에게 말을 건다. 이야기들은 때때로 놀라울 정도로 그 이야기들을 하는 화자들의 심사를 명백하게 드러내는 역할을 한다. 수녀원장이 꼬마 소년의 변사에 대한 실로 생생한 반유대주의적인 이야기를 해 주기를 기대하지도 않거니와 바스의 여장부가 아서 왕의 전설과 같은 로맨스를 들려 주기를 기대하지도 않는다. 그러나 이 작품을 순례자들이 벌이는 드라마라는 측면에서만 볼 수 없는 것처럼 각각의 이야기들을 순전히 그 이야기를 하는 화자의 기능으로 보는 것은 지나치게 작품을 축소하여 보는 입장이다. 왜냐하면 예를 들어 두 번째 수녀나 수녀시승처럼 어떤 경우에는 그 화자들에 대해 거의 알 수 없거나 전혀 알 수 없기 때문이다. 이야기들은 그 자체로 복잡하고 정교한 글들이어서 종종 그 이야기를 하는 사람들에 대한 인물묘사 수준을 넘어선다. 그러므로 〈방앗간 주인의 이야기〉는 그 음탕한 유머에도 불구하고 〈기사의 이야기〉에 응수하는 정교하게 기교를 부리고 훌륭한 구조를 가진 이야기라는 점에서 방앗간 주인이 지어내는 이야기라고 하기에는 무리가 있는 문학적 자의식을 궁정문학 전통 위에서 다루고 있다.

〈캔터베리 이야기〉를 통해 초서는 지금도 남아 있는 중세의 모든 장르, 즉 로맨스, 우화시, 동물우화, 성인전, 기적 이야기, 설교, 도덕적 논설 등을 실험적으로 이용할 수 있었다. 종종 이야기들은 겉으로 보이는 것과는 사뭇 다르다. 즉 관례를 뒤엎거나 이야기들과 그 화자들과의 관계 혹은 다른 화자들이나 그들의 이야기와의 관계를 통해서 풍자적인 특성을 갖게 되기도 한다. 장르의 면에서 이야기를 분석하고 비교하는 비평이 초서의 작품을 연구하는 유용한 방법임이 입증되었다. 방앗간 주인이 자신보다 먼저 말한 기사의 이야기에 맞서거나 능가하기 위하여 자신의 이야기를 펼쳐 나갈 때처럼 화자들에 있어서의 힘의 역학관계는 처음에 특히 두드러진다. 청지기는 자신의 직업인 목수직을 방앗간 주인이 조롱하기 때문에 분노하여 방앗간 주인이 악한으로 등장하는 이야기를 하게 되는데, 그의 이 이야기에는 맞서기의 패턴이 계속되고 있다. 기사는 그의 지위에 너무나도 잘 맞는 이야기, 즉 고전적인 긴 로맨스를 이야기하는데, 당대의 로맨스는 단지 연애 이야기라기보다는 고상한 이야기를 뜻하는 용어였다. 그의 이야기는 많은 수사법과 고상한 언어를 사용하고 있으며, 귀족 일가의 두 남자, 팔라몬과 아르시테의 숙녀인 에밀리에 대한 비극적인 사랑 이야기를 담고 있다. 이 이야기는 전쟁, 감금, 시합, 기사도, 및 고전 신들을 배경으로 펼쳐져 있다.

〈방앗간 주인의 이야기〉

해리 베일리는 기사에 응수할 적절한 사람을 선택하며 말한다. "저기 수사님…. 기사님의 얘기와 맞설 만한 이야기를 어디 해 보세요telleth ye, sir Monk…/Somwhat to quite with the Knyghtes tale"(3119행). 그러나 대신에 방앗간 주인이 술에 취해 "비천한 주정뱅이 수작lewed dronken harlotrye"(3145행)으로 끼어든다. 그의 이야기는 일종의 우스꽝스럽고 점잖지 못한 우화로 "전설이자 성인전a legende and a lif"(3141행)이라는 그의 말에서 기대되는 바와 달리 성인전이 결코 아니며 천박한 삶에 대한 우습고 음탕한 이야기이다.

초서의 작품은 대부분 어떤 종류의 문학적 출처를 가지고 있고 초서에 대한 많은 비평은 이러한 출처의 문제를 제기하고 있다. 〈방앗간 주인의 이야기〉와 유사한 대륙의 많은 우화들이 있지만 어떠한 우화도 이 이야기의 직접적인 출처가 아니며 이만큼 뛰어나게 재미있지도 않다. 이 이야기는 모든 면에서 고상한 가치와 장르를 뒤엎어 버린다. 귀족이 등장하는 〈기사의 이야기〉의 고전적 세계는 장인들과 성직자들이 살고 있는 당대의 옥스퍼드로 대체된다. 동시에 이야기들은 서로 비교되거나 대조된다. 방앗간 주인은 〈기사의 이야기〉에서와 똑같이 두 남자와 한 여자라는 삼각 구도를 사용하고 있다. 앨리슨을 둘러싼 두 남성 인물의 경쟁에 대한 이야기에서 초서는 고상한 로맨스 형식을 익살스럽게 모방한 희극을 시도하고 있다.

〈기사의 이야기〉에서는 두 남자 주인공들이 실제로 사랑에 의해 감금되어 있지만 〈방앗간 주인의 이야기〉에서 앨리슨은 훨씬 더 늙은 남편과 결혼한 채 감금되어 있다(3221–2226행).

연|습|문|제

앨리슨에 대한 묘사(3233-3270행)를 생각해 보라. 초서는 어떠한 이미지를 사용하고 있는가? 앨리슨이 고상하고 우아한 물체에 비유되고 있는가? 그 묘사는 어떠한 효과를 주는가? 성적인 것이 주제인가? "음탕한likerous"(3244행), "인형popelote"(3254행), "여자wenche"(3254행)와 같은 단어들은 어떤 의미를 함축하고 있는가?

앨리슨의 묘사에서 암시된 성적인 면은 난봉꾼 니콜라스가 앨리슨을 붙잡고 "손을 슬그머니 여자의 거기에 갖다 대고는, '내가 만일 이 소원을 풀지 못하면 아, 사랑하는 그대여, 난 죽고 말겠다'prively he caughte hire by the queynte,/And seyde, Ywis, but if ich have my wille,/For deerne love of thee, lemman, I spille"(3276–3278행)고 말하는 그 순간부터 〈방앗간 주인의 이야기〉의 플롯을 가속시킨다. 이 장면은 고상한 로맨스를 익살스럽게 모방한 희극이 되게 되는데, 고상한 로맨스에서는 사랑이란 개념이 희생자를 기절하고, 한숨짓고, 눈물 흘리고, 심지어는 죽게도 하는 상처이자 병으로서 반복적으로 사용된다. 즉, 진정으로 사랑하는 남자는 숙녀의 비참한 하인이 되고, 사랑은 중세 로맨스에서 우아한 사랑finámors으로 잘 묘사되어 있듯이 그 자체의 행동의 법칙을 가진 고결하고 우아한 감정이 된다. 〈기사의 이야기〉나 〈향반의 이야기〉는 우아한 사랑의 개념을 진지하게 다루고 있다. 니콜라스는 고통과 봉사의 전통적인 이미지를 사용하고 있지만 그의 행동은 고상한 연인의 행동보다는 훨씬 직접적이다. 즉, 앨리슨의 "넓적다리뼈를 꽉harde by the haunchebones"(3279행) 붙잡고, "부인, 지금 당장 날 사랑해 주시오, 그렇지 않으면 나는 죽겠소Lemman, love me at atones,/Or I wol dyen"(3280–3281행)라고 간청하는 그의 말은 고결한 사랑이라기보다는 성적인 성취에 대한 욕구를 표현하는 것 같다. 앨리슨의 거부는 곧바로 무시되고, 고상한 로맨스에서의 한 연인이 자신의 슬픔을 표현할 때 수

반될 것 같은 음악소리는 니콜라스가 "현금으로 달콤한 곡조를 연주할faste, and maketh melodie" 때(3306행) 성적인 이미지가 되어 버린다.

연|습|문|제

니콜라스와 앨리슨의 공공연하고 가공되지 않은 성욕은 초서의 압솔론에 대한 묘사와 대조를 이룬다. 압솔론에 대한 묘사(3199-3220행)를 앨리슨에 대한 묘사(3223-3270행)와 니콜라스에 대한 묘사(3199-3220행)와 비교하라. 압솔론의 신체적 특징은 어떻게 묘사되어 있는가? 그의 행동은 고상한가? 초서는 "그는 방귀에 대해서 약간 신경질적이고, 말투는 남을 어쩌면 깔보는 듯했다he was somdeel squaymous/Of fartyng, and of speche daungerous"(3337-3378행)라는 구절을 왜 삽입했을까? 압솔론은 결점을 보완하는 어떤 장점들을 가지고 있는가?

이 이야기는 상반되는 사회 계급을 이용한다. "가난한 대학생a poure scoler"(3190행)인 니콜라스는 돈 꽤나 있는 괴짜, 즉 "부유한 최하층의 자유민a riche gnof"(3188행)인 존에 대항한다. "시시한 대목 하나쯤 속여 넘기지 못한대서야, 이제까지 비싼 공부를 한 대학생 체면이 설라구요A clerk hadde litherly biset his whyle,/But if he koude a carpenter bigyle"(3299-3300행)라고 니콜라스가 말하듯이, 그 학생의 학식은 그 기술공의 무지와 대조된다. 니콜라스는 홍수에 대하여 천문학적 예측을 하거나 세상의 종말에 대하여 예언하거나, 그리고 성서로부터의 비유나 예를 사용함으로써 기만적인 태도를 취한다. 홍수를 피하기 위해 존이 만드는 큰 통들은 자신이 목수임을 구체적으로 상징해 주고 결국에 오쟁이진 남편이 되고 사람들로부터 망신을 당하게 됨을 의미한다. 그는 자신이 무식하기 때문에 그리고 앨리슨을 아내로 선택한 데서 분명히 드러나듯이 인간관계를 이해하지 못하기 때문에 피해를 보게 된다. 이 이야기에서 모든 남자들은 온갖 형태의 상처를 받게 되지만 앨리슨만이 상처를 입지 않는다는 것은 명백하다. 초기 비평가인 키트리지G. L. Kittredge가 "일련의 결혼에 대한 이야기"라고 말한 많은 다른 이야기에서처럼 이 이야기에서도 혼인한 여자의 자유에 대해 말하고 있다. 최근에는 초서가 여성을 어떻게 다루고 있는가에 대한 문제에 비평의 강조를 두고 있으며, 초서에 대한 페미니스트적인 입장의 연구가 많이 나오고 있다.

〈상인의 이야기〉

〈상인의 이야기*The Merchant's Tale*〉도 결혼의 문제를 다루고 있으며, 게다가 로맨스와 우화를 혼합함으로써 고상한 사랑의 관례를 패러디하고 있다. 초서는 젊고 아름다운 여자가 늙고 바람직하지 못한 남자와 결혼하는 유사한 이야기 패턴을 사용하고 있는데, 그의 인물들의 이름, 즉 재뉴어리와 메이는 이러한 주제를 분명하게 드러나게 한다. 재뉴어리의 어리석음은 그가 결혼을 지상의 낙원으로 지나치게 찬양하고 젊은 아내를 지나치게 찬미하는 데서 분명히 드러나고 있지만, 반대로 그의 친구들은 성직자의 글에서 종종 강조되었던 전통적인 반여성주의적인 입장을 되풀이해서 말한다. 이 이야기는 중세 시대에 실제로 그랬다시피 중매결혼의 가능성과 관련하고 있다. 여성의 육신은 "늙은 물고기와 어린 살Oold fissh and yong flessh"(1418행)의 결합을 위해 재뉴어리에 의해 일종의 투자로서 구입된 것이다.

연|습|문|제

재뉴어리와 메이의 결혼식 날 밤의 묘사(1805-1857행)를 생각해 보라. 그 묘사는 어떤 효과를 낳는가? 우스운가 아니면 끔찍한가? 어떤 이미지가 사용되었는가? 메이의 반응은? 그녀는 어떻게 묘사되어 있는가?

이 이야기는 여자를 성적 대상이나 상품으로 전락시킬 수 있는 우려할 만한 가능성을 밝히고 있다. 그러나 이야기가 전개될 때 메이의 역할은 희생자로부터 간통한 여자로 전환되며 우리는 그녀의 분명히 고결한 수동성을 의심하게 된다. 메이의 고통처럼 그녀의 구혼자 대미언의 사랑은 처음에는 고상하고 이상화된 것처럼 보인다. 그리고 초서는 병에 걸리거나 상처를 입히는 전통적인 이미지를 사용한다. 즉, 그는 비너스의 칼에 찔려 "바로 그 고통for the verray peyne"(1775행) 때문에 미칠 지경이 된다. 그는 기절하고, 눈물을 흘리고, 한탄하고, 사랑의 병에 걸려 자리에 눕는다.

연|습|문|제

대미언이 메이에게 구혼하는 장면과 그녀의 반응(1875-1954행)을 생각해 보라. 그들의 관계는 고상하고 우아한가? 그녀는 어디에서 대미언의 편지를 읽게 되는가? 그리고 그 배경이 주는 효과는 무엇인가? 재뉴어리를 속이기 위한 그녀의 음모(1977-2008행)는 어떻게 묘사되어 있는가? 예를 들어 어떤 이유에서 초서는 정원으로 가기 위한 열쇠에 대한 묘사(2116-2124행)와 같은 세부적인 묘사를 사용하는가?

정원은 중세 로맨스에서 반복해서 나타나는 이미지이고 연인들의 만남을 위한 전통적인 배경이다. 재뉴어리는 정원으로 메이를 불러내기 위하여(2138-2148행) (교회나 영혼을 부르는 신의 소명으로서 항상 비유적으로 읽히는 성애의 연애시 모음집인) 《구약성서》의 〈아가*Song of Songs*〉나 〈솔로몬의 노래*Song of Solomon*〉에서 사용된 고상하고 종교적인 시어들을 구사한다. 이렇게 지나친 언어의 사용은 이상화된 신성한 사랑이나 세속적인 사랑에 대한 이야기로부터 이 이야기가 얼마나 거리가 먼지를 상기시켜 주는 역할을 한다. 여기서의 정원은 성서상의 낙원이 아니고 로맨스에 나오는 우아한 정원도 아니라 에덴동산을 패러디한 것이며, 이러한 에덴동산에서 맹목적인 재뉴어리는 메이가 대미언이 기다리고 있는 배나무 밑으로 가도록 도와줌으로써 자신을 오쟁이 진 남편으로 만들고 있는 것이다. 여기에 아담과 이브를 타락시키는 지식의 나무 옆에서 기다리는 뱀과 이 때문에 최초의 성적인 죄를 범하게 된다는 유사한 이야기가 반영되어 있음을 보지 않을 수 없는 것이다. 고상함은 뒤엎어지고 재뉴어리의 힘은 빼앗긴다.

어떠한 의미에서 간통은 그 결혼의 불평등함에 의해 정당화되는 듯하다. 하지만 그 또한 우려할 만하다. 여성들이 남성들만큼이나 배신할 수 있음이 드러나고 있고 남녀 관계는 기만과 배신에 달려 있다. 이 이야기는 메이에 대한 묘사나 부차적 플롯으로 초서가 정원으로 집어넣은 고전 신화 속의 두 인물, 즉 플루토와 프로세르피나 사이의 대

1520년경 〈기도서〉에 실린 정원의 여인들
(제라트 호렌바웃과 사이몬 베닝의 작업실에서 나옴)

화에서 일찍이 재뉴어리의 친구들에 의해 암시된 여성 혐오적인 생각을 이용하고 있다. 오비드와 같은 고전 작가들은 플루토가 어떻게 프로세르파나를 자신의 아내로 만들기 위해 지하세계로 유괴해 갔는지를 말하고 있지만 여기서 플루토는 공처가가 되고 프로서피나는 바가지 긁는 아내가 된다. 즉, 비평가 질 만Jill Mann이 지적했다시피 "이 이야기는 강간자적인 이야기다"라는 점이 완전히 잊혔다. 재뉴어리처럼 플루토도 희생자가 된다. 이 이야기에서 여성의 위치에 대해서 명확하게 말하고 있지 않다. 여성들은 순진한 희생자들인가 아니면 바가지 긁는 간통한 여인들인가?

〈바스의 여장부의 서시〉

〈바스의 여장부의 서시*The Wife of Bath's Prologue*〉에서 초서는 상세히 여성문제를 다루고 있으며 생생한 문화적인 논의를 보여 주고 있다. 여장부는 신학적인 글을 쓴 저자들의 권위에 맞서 자신의 경험을 내세우고 있다. 그 저자들의 여성에 대한 관점은 매우 부정적인 것일 수 있다. 그 당시에 강력한 여성의 역할을 다하는 본보기가 있었음에 틀림없다. 즉 여자 성인들, 고전 신화 속의 여성들, 엘레오노르 아키텐과 같은 강력한 역사적 인물들이 있었다. 그러나 여성들을 본래 남성들과는 다른 존재로 보아 왔다.

창세기에 따르면 아담은 신이 흙에 생명을 불어넣음으로써 창조되었지만 이브는 아담의 갈비뼈로 만들어졌으며 처음부터 그의 소유로서 인정되었다. 여성은 확실히 신체와 연상이 되었고 특별히 자식을 낳는 자였다. 반면에 남성은 이성적인 것이나 영혼과 연상이 되었으며 여성을 지배할 수 있는 권리를 가진 자로 보았다. 타락죄에 있어서의 여성의 역할에 의해 그 나약함이 입증되었다. 즉 사탄에 의해 더 나약한 자로서 선택되어 "여자가 그 실과를 따서 먹고 자기와 함께한 남편에게도 주매 그도 먹은지라"(창세기 3장 6절). 타락죄가 처음으로 욕망의 행동을 하게 하였으므로 여성은 성적 유혹과 관련되었다. 성 바오로의 사도서간은 여러 번 여성을 나약하고 유혹적이며 열등하고 제2의 성으로 여성에 대해 경고하고 있다. 후에 성 제롬은 여성의 욕망은 만족될 수 없다는 글을 쓰면서 여성의 타고난 성적 자극을 비난하였다. 그리고 중세 성직자들이 쓴 여성을 비난하는 너무나 많은 글들이 있다. 예를 들어 12세기 가공의 그리스 철학자의 삶은 여성에 대한 다음과 같은 유명한 정의를 포함하고 있다.

여자란 어떤 존재인가? 남자의 파멸의 원인, 만족될 수 없는 동물, 영원한 걱정거리이며 끊임없는 투쟁, 남자의 일상의 파멸, 가정에서의 폭풍우, 마음의 평화의 장애, 심약한 남자를 좌절시키는 것, 부정의 도구, 고가의 전쟁, 최악의 생물이며 힘겨운 부담, 치명적인 뱀, 인간의 소유본능이다.
—블러마이어스 옮김, 《시칸더스의 삶》, 36-37쪽.

다행히도 여성은 제2의 이브인 성모 마리아에게서 긍정적인 역할 모델을 갖게 되었다. 성모 마리아의 동정이 그녀가 완전한 이상이 되는 데 결정적으로 중요하였다. 그녀는 성적 행위를 하지 않고 다시 말해 불결해지지 않고 수태를 하였다. 수녀가 되어 동정의 삶을 영위하는 사람들은 성모 마리아를 모범으로 삼았고 욕망이 있는 육신의 때를 벗음으로써 능력을 부여받았다. 모든 사람들이 이러한 삶을 추구할 수 있다고 생각되지 않았지만, 동정녀가 순결의 위계에서 최상위에 있었고 다음으로는 과부, 그 다음은 순결한 아내였다. 여성은 양극화되어 있었는데, 한쪽 극단에는 이브가 있었고 다른 쪽 극단에는 성모 마리아가 있었다. 죽은 동정녀만이 육신의 위협으로부터 완전히 자유롭기 때문에 순종적이고 수난을 겪는 동정의 성인, 종종 순교자가 고결하고 보답을 받는 여성이었다.

〈바스의 여장의 서시〉는 동정과 미덕을 연결시키는 문제와 관련이 있다. "마음과 몸을 깨끗하게clene, body and goost"(97행) 하겠다는 사람들에게 "동정은 가장 이상적인 상태Virginitee is greet perfeccion"(105행)라고 그녀는 말한다. 그러나 이러한 삶은 모든 사람에게 해당하는 것은 아니다. "하늘에 계신 하느님께서 결혼을 금하시거나 동정을 꼭 지켜야 한다고 하신 적이 어디 있는지 말씀해 보세요Wher can ye seye, in any manere age,/ That hye God defended [forbade] mariage··· Or where comanded he virginitee?"(60-62행). 그녀의 서시는 세속적인 결혼과 성행위를 옹호하고 있다. 하느님은 성장하고 번식하게 하셨다. 솔로몬, 아브라함, 야곱과 같은 성서상의 인물들이 실로 여러 아내를 거느렸지만 하느님은 아내의 수에 대해 언급하지 않았다. 그리고 모든 사람들이 다 동정이라면 인류가 어떻게 번식하며 성기는 왜 있는 것인가?

그 여장부는 성직자들의 글에서 공히 빈번하게 나타나는 전형적인 기혼여성들을 열거한다. 즉 그들은 방탕하고, 수다스럽고, 자만하고, 예쁘면 뭇 남자들이 달려들고, 못생겼으면 모든 남자를 원하고, 잔소리하고 바가지 긁고, 옷을 잘 입는다면 "정조가 위태로

워지고peril of… chastite"(339행), 소유욕이 강하고 파괴적이며, 그들의 욕망은 "산 불과 같아 타면 탈수록 탈 만한 모든 것을 불태워 버리기를 원했지wilde fyr;/The moore it brenneth, the moore it hath desir/To consume every thyng that brent wole be"(373–375행). 여성은 나무를 파괴하는 벌레와 비교되고 벌레는 원래의 뱀을 가리키기도 한다.

그 여장부는 전설적인 예의 사악한 여자들을 열거하고 있는데, 그들에 대한 이야기는 결혼을 비난했던 발레리우스와 테오프라스투스나 동정을 열렬히 옹호했던 제롬과 같은 여성을 혐오하는 이름난 작가들에 의해 더해졌다. 여장부의 다섯 번째 남편인 잰킨은 이브의 인류에 대한 배신이나 소크라테스와 같은 유명한 남자들에 대한 여자들의 배신을 기술한 전형적인 여권 신장 반대론자의 작품을 읽고 있다. 여장부의 서시는 잰킨이 가지고 있는 사악한 여자들에 대한 책의 책장을 찢어 버리는 그녀의 행동과 대등하게 보인다. 그녀는 자신의 경험을 통해 성과 결혼을 옹호하기 위해 성경과 다른 전거들을 파괴적으로 사용하여 제롬과 같은 사상가들을 괴롭혔을지도 모르는 방식이기는 하지만 여성을 혐오하는 성직자들의 방법들이 그들에게 되돌아가도록 한다. 그녀가 유명한 우화, 즉 사자를 죽이는 인간의 모습을 그린 그림을 보고 사자가 하는 질문을 이용하는 것은 그녀의 접근 방법을 집약적으로 말해 준다. "그 사자 얘기를 쓴 것은 남자예요, 여자예요?Who peyntede the leon, telle me who?"(692행). 만약 여자들이 그런 얘기를 했었다면, 그 여자들은 상당히 다를지도 모른다.

연|습|문|제

여장부라는 그 등장인물은 여러 가지 상반되는 비평을 받아 왔다. 그녀를 긍정적인 인물로 보는가, 부정적인 인물로 보는가? 그녀에 대한 초서의 묘사는 여성을 잔소리 많고 욕정이 강한 전형으로 보는 가부장적인 견해를 지지하고 있는가, 비난하고 있는가? 여장부의 공공연한 성적 관심과 여섯 번째 남편을 맞이할 준비가 되어 있는 상태를 어떻게 평가할 것인가? 〈서시〉는 여권 신장 반대론자의 글인가, 여권 신장론자의 글인가, 혹은 양자에 다 해당되지 않는가?

〈면죄승의 이야기〉

방앗간 주인, 상인, 여장부 모두 방식은 다르지만 세속적인 것, 욕망·사랑·결혼의 주제, 여성의 본질과 곤경을 다루고 있다. 면죄승the pardoner과 그의 이야기를 통해 다른 세계, 즉 교회와 교회 내에서의 부패의 세계로 들어가게 된다.

이 이야기는 위선의 가능성과 유혹하는 악의 힘을 냉정하게 인정하고 있다. 소위 말하는 면죄부의 부여는 특히 남용되기 쉬웠다. 면죄부는 참회나 선행에 대한 보상으로 교회에 의해 부여될 수 있었는데, 그 참회나 선행은 종종 금전을 기부하는 형식으로 이루어졌으며 이렇게 모인 돈의 액수는 상당했다. 초서의 작품에서와 같은 전문적인 면죄승들은 공덕과는 무관하게 자신들의 이익을 위해 면죄부를 팔았다. 중세의 다양한 글에서 이러한 면죄승들의 관행을 비난하고 있다. 예를 들어 윌리엄 랭글랜드는 "마치 자신이 목사인 양 설교하면서preched… as he a preest were" 반지나 브로치를 얻기 위해 허위 면죄부을 사용하여 얻은 수입을 가난한 자들이 아니라 교구 목사와 나누어 가지는 면죄승을 묘사하였다(〈피어스 농부〉, 68–82행). 초서는 이러한 전통에 따라 특유의 극적인 방식으로 그 면죄승으로 하여금 스스로 자신의 타락에 대한 이야기를 하도록 하였다. 그의 서시는 가짜 유품을 팔고, 거짓 기도를 하고, 자신의 거래를 납득시키기 위해 라틴어나 교회의 문서를 사용하고, 인간의 죄를 이용해 먹을 수 있었던 자기 자신의 고백록이다.

면죄승은 이야기를 하는 기술, 즉 중세 시대의 성직자들에게 실제로 필요했던 기술에 있어서 매우 능숙함을 보여 주고 있다. 설교에서 말해지는 신학적인 요점을 분명히 하는 예나 도덕적 이야기를 사용하는 것이 일반적이었다. 이 면죄승의 이야기는 중세의 설교를 그 본보기로 삼고 있다. 즉 이 이야기는 성경의 본문, "탐욕은 모든 악의 근원이다radix malorum est Cupiditas"(334행)라는 구절에 중점을 두고 있으며 7대 죄악 중의 하나인 탐욕의 주제를 발전시키고 있다. 7대 죄악의 주제는 (모든 죄는 이 범주들 속으로 분류할 수 있는데) 설교나 다른 종교적 글에서 흔히 볼 수 있는 주제였으며, 면죄승은 대식, 도박, 거짓 맹세와 같은 여인숙에서 볼 수 있는 죄들, 특히 순례자들과 관계가 있는 죄들을 생생히 묘사함으로써 이야기를 시작한다. 그가 인간의 죄를 분류하고, 원죄를 상기시키고, 노변의 남자들을 가리키듯이 여러 사람들을 손가락으로 가리킬 때 그는 마치 자신이 성직자인 것처럼 말하고 있는 것 같다. 자신의 이야기를 뒷받침하기 위해 성경으로부터 여러 가지 예들을 들어가며 이러한 죄들을 비난한다. 그런 다음 그는 더 나아가 도덕적인 예, 즉 죽음을 찾는 세 명의 방탕한 폭도들에 대한 이야기를 들어 그의 주제를 설명한다. 이 이야기는 잘 알려진 이야기로 유럽에서는 여러 가지 버전이 있지만 그 가운데서도 이 면죄승의 이야기는 가장 우수한 설화로 손색이 없다.

연 | 습 | 문 | 제

〈면죄승의 이야기〉에서 그 서시의 효과는? "내 자신은 이렇게 죄 많은 인간이지만, 얘기만은 교훈적인 것을 하겠다For though myself be a ful vicious man/A moral tale yet I yow telle kan"(459-460행)라는 그의 설명에 주목하라. 이 이야기가 도덕적인 교훈을 가르치는 것으로 긍정적으로 읽힐 수 있는가? 오늘날 정치나 종교에서 이와 유사한 이야기를 생각해 낼 수 있는가?

이 이야기는 매우 효과적인 비유가 사용되었으며, "죽음이라고 부르는 음흉한 도둑놈 privee theef men clepeth Deeth"(675행)의 이미지, 즉 죽음을 찾고 있다가 자신이 만난 그 폭도들에게 죽음을 만나고 싶으면 "이 꼬부랑길을 거슬러 올라가라고up this croked way"(761행) 지시하는 신비한 노인의 이미지를 가지고 생생하고 극적으로 치밀하게 짜여 있다. 즉, 번쩍거리는 보물이 담긴 통들, 세 친구의 치밀한 계획, 독약에 대한 묘사, 깔끔하지만 으스스한 결말로 구성되어 있다. 이 이야기가 전하는 메시지는 무서우며 그 전달 방법은 효과적이다. 그러나 면죄승이 자신의 부정한 관행에 대해 이미 이야기했기 때문에 또한 이 이야기는 상당히 충격적이다. 면죄승이 자신이 죄가 많음을 폭로했기 때문에 매우 오래된 방식을 따르는 이 이야기는 자신에게 불리하게 작용한다. 자신의 서시에서 그를 끊임없이 따라다니는 죄가 탐욕임이 확인되었다. 이 점은 선술집을 좋아하는 그의 성향과 허위 면죄부를 파는 데에서 입증이 되고 있다. 그러나 그는 선술집을 좋아하는 세 젊은이들이 탐욕 때문에 서로를 죽이게 되는 이야기를 한다. 면죄승의 존재를 도덕성의 힘을 의심하기 위한 것으로 보아야 할 것인가 아니면 그의 이야기를 영원히 그를 비난하기 위한 것으로 보아야 할 것인가? 매우 자의적인 그의 이야기는 불안감을 준다. 그는 자신의 위선을 뽐내면서 "자, 지금부터 내 이야기를 하겠다now wol I telle forth my tale"(660행)와 같은 말로 이 이야기의 문학적 위치와 화자로서의 자신의 역할을 계속해서 상기시킨다. 그러므로 우리는 악의 파괴적인 힘과 도덕적인 통제의 필요를 알게 되는 것이다.

만약 순례자들이 면죄승이 가지고 있는 유품이나 면죄부를 구입한다 할지라도 탐욕의 죄를 면죄해 주겠다는 면죄승의 제의에 순례자들이 부정적으로 반응하는 것은 이상한 일이 아니다. 면죄승이 여관주인인 해리 베일리더러 나와서 자신이 가지고 있는 유품에 입을 맞추라고 제의할 때 면죄승을 거세해 버리고 싶다는 그의 반응은 당연히 흉악한 것이다. 면죄승은 잘못된 기독교적 관행과 믿음을 상징하고 있다. 고로 기독교 신앙의 정신적 의미로부터 그 물질적 표시를 분리하는 것이 위험한 일임을 알려 준다. 여기서 정신적 욕망이 경제적 이익에 대한 욕망으로 바뀌고 있으므로 결국 캔터베리에로의 순례는 의미 있는 것으로 인정되지 않는다.

초서의 업적

〈캔터베리 이야기〉를 창조하는 데 있어서 초서는 여러 가지 면에서 중세 사회에 대한 생생하고 기억할 만한 모습을 제시하고 있다. 기사의 이상주의는 면죄승의 타락과 균형을 이루고, 본당 신부의 금욕주의는 수녀원장의 세속성과 균형을 이루며, 신학생의 권위는 바스의 여장부의 경험과 균형을 이루고 있다. 이야기들은 그 이야기를 하는 화자들처럼 세속적인 것에서부터 종교적인 것까지, 〈방앗간 주인의 이야기〉에 나오는 하층계급의 사회로부터 〈기사의 이야기〉에 나오는 귀족계급의 사회에 이르기까지 사회의 다양한 계층에 걸쳐 있다. 또한 이야기들은 고대 그리스로부터 14세기에 이르기까지 광범위한 역사에 걸쳐 있다. 이처럼 이야기들은 당대에 인기 있던 로망스, 우화, 설교, 성직자의 논설에 이르기까지 다양한 문학 장르로 이루어져 있으며, 때로는 이러한 장르를 벗어나기도 하고 혼합해 사용하기도 한다. 초서는 가장 분명한 목소리를 낼 수 있고, 때로는 풍자적인 목소리, 종종 동정적인 목소리, 항상 믿을 수 있는 목소리를 낼 수 있는 객관성과 사실성을 가지고 이야기에서 자신의 사회를 구현하는 데 흥미를 갖는다. 이후의 셰익스피어처럼 그는 엄청난 다양성을 가진 작가로서, 강렬한 희극과 낙천적인 것으로부터 심오한 감정과 실존의 문제에 이르기까지의 범주를 다룰 수 있는 직접성과 능력을 그만의 위트와 학식으로 조화시키고 있다.

2. 르네상스문학의 배경

> 왕과 군주는 선과 악처럼 신의 법령에 따라 지배한다. 그리고 백성은 그들을 복종해야 한다. 〔…〕 왕, 여왕, 다른 군주들은 신으로부터 임명되기 때문에 그들의 백성으로부터 복종되고 존경받는다. 그들의 군주에 복종하지 않고 반항하는 백성들은 신에게 복종하지 않은 것이므로 천벌을 받게 된다. 〔…〕 반항이야말로 모든 해악 중 가장 큰 해악이 아니겠는가?
> —《불복종과 제멋대로의 반항에 대한 훈계》(1571).

1485년 보즈워스 전투에서 리처드 3세의 패배와 죽음으로 30년간의 내란이 종식되었다. 승리한 헨리 7세가 튜더 왕조의 첫 번째 왕이 되었고, 뒤이은 튜더 왕조 치하에서의 장미전쟁에 대한 기억은 정권의 불안정에 대한 강력한 경고였다. 폭동이 일어날 우려가 계속되는 상황 속에서 튜더 왕조는 왕권세습을 공고히 하고 합법화하기 위해 노력하였다.

튜더 왕조

16세기 동안 국가를 불안정하게 하는 주된 요인은 종교개혁으로 알려진 신앙과 그 제도를 둘러싼 일대 격변이었다. 헨리 8세가 왕자를 생산하지 못했던 왕비인 아라곤의 캐서린과 이혼하고 임신한 여인 앤 볼린과 결혼하겠다는 결정을 내리면서 신교가 영국으로 들어오게 되었다. 그에게 이혼을 허가하지 않았던 교황에 반항하여 헨리는 스스로 영국을 로마의 교회로부터 독립시키고 스스로 영국국교회의 수장이 되었다. 1533년까지 헨리는 구교의 지지자였기 때문에 그의 집권 초기에 신교로 개종한 자들은 재판을 받고 이단자로 취급되어 화형에 처해졌다. 1533년 이후는 반대로 헨리에게 충성을 맹세하지 않는 구교도들이 박해를 받고 처형되었다. 1553년 헨리의 딸 메리가 왕좌에 오르자 그녀는 로마 구교를 부활시키고 구교도인 왕과 결혼하여 신교도들을 박해하였다. 메리 여왕 치하에서 거의 300명의 신교도들이 이단자로 화형에 처해졌고 많은 신교도들이 외국으로 도망하였다. 엘리자베스 1세가 왕위에 올랐을 때 그녀는 헨리 8세가 주도하던 온건한 신교를 재도입하였다. 조심스럽게 종교적 안정을 꾀하기 위하여 1559년 기도서가 재도입되었으며 예배는 라틴어 대신에 영어로 진행되도록 하였다. 점차적으로 종교적 긴장은 완화되었다. 하지만 엘리자베스 치하에서조차 폭동은 있었다.

폭동을 일어나게 하는 근간은 경제적인 이유였다. 즉, 헨리 7세와 8세 치하에서의 조세에 대한 반발, 헨리 8세와 에드워드 6세 치하의 목양을 위하여 공유지 등을 울타리로 둘러싸서 사유지로 하는 엔클로저 정책에 대한 반대, 에드워드 6세 · 메리 · 엘리자베스 치하 동안의 고물가 · 식량부족 · 인플레이션으로 인한 빈곤 등이 그 원인이었다. 그러나 대부분의 경우에 있어서 지방의 도반들은 익숙하던 종교적 관습이 무너지자 불안감을 느껴 폭동을 일으키게 되었다. 모든 튜더 왕들은 복종을 이끌어내기 위한 정책을 통해 불만을 누그러뜨리고 제거하려고 노력했지만 폭동은 계속되었다. 군주에 대한 신하의 충성은 그리스도 교리에 충실한 미덕으로 공포되었다. 신만이 부당한 군주를 처벌할 수 있었기 때문에 군주의 요구가 부당할 때조차도 불복종은 죄로 간주되었다. 튜더 왕조의 이러한 교서는 교단에서 설교되었고 선전용 인쇄물이나 소책자를 통해 전파되었다. 이 장의 서두에서 인용된 것과 같은 훈계의 글이 일요일마다 교회에서 읽혔다. 이러한 복종론은 신하와 군주, 도제와 스승, 자식과 부모 간의 모든 관계로 확대되었다. 엘리자베스 여왕 치하의 대주교인 위트기프트가 "국왕과 신하 사이의 복종의 원칙은 남편과 아내, 아버지와 자식, 주인과 하인 사이에도 적용된다"라고 썼다.

튜더 시대에는 국가라는 통합된 가정의 애정 있는 우두머리로서의 군주의 이미지를 심기 위해 정치적인 선전을 이용하였다. 1516년 《그리스도교의 제도적 원리》라는 저서에서 에라스무스는 다음과 같이 썼다. "훌륭한 왕은 신하에 대하여 가정에서의 훌륭한 가장과 같은 태도를 가져야 한다. 하나의 왕국이 거대한 가정이 아니라면 무엇이란 말인가? 왕이 거대한 식구의 아버지가 아니라면 무엇이란 말인가?" 튜더 시대의 왕들은 백성으로부터 지지를 받기 위하여 이러한 사상을 계속하여 펴 나갔다. 서머싯 호민관은 1549년 에드워드 6세를 대신하여 반란자들의 요구에 답변하면서 다음과 같이 썼다. "왕으로서의 우리의 권위를 아버지가 자식들에게 하듯이 기꺼이 사용하노라." 와이엇Wyatt이 폭동을 일으킨 위험한 시기에 런던 시민들에게 그들의 지지를 호소하기 위해 메리 여왕은 다음과 같이 말했다. "어머니가 자식을 사랑하듯이 당연히 왕과 군주가 신하를 진정으로 사랑할 수 있다면, 국모이자 여왕으로서 나는 너희를 진정으로 사랑하고 아껴 줄 것임을 확신하라." 또한 튜더 왕들은 왕을 인간 신체의 머리 부분으로서 귀족과 신사계급은 사지나 신체의 다른 부분으로서 묘사하는 정치적 통일체로서의 국가의 개념을 조심스럽게 계발하였다. 연설, 인쇄물, 회화 속에서 정치적 통일체로서의 국가라는 말은 왕과 백성이 분리될 수 없는 하나의 통일체라는 개념을 강화하기 위해 사용되었다.

인쇄기는 16세기에 급속도로 보급되었고 인쇄의 통제는 강력한 정치적 무기가 되었다. 연극은 인쇄된 원고는 아니었지만 종교나 통치의 문제에 대한 언급이 있는지 검열을 받았다. 1559년 엘리자베스 여왕 지배 초에 공연을 규제하는 초안이 상재되었다.

> 여왕 폐하께서는 사전에 신고하여 허가를 받지 않으면 모든 연극(풍속 중간극)을 공적으로나 사적으로 공연하는 것을 엄히 금지한다. 또한 여왕 폐하께서는 종교나 국가의 통치 문제를 다루는 극을 공연하는 것을 허가하지 않음을 엄명하셨노라.

1578년부터 모든 연극의 정서된 대본은 공연 허가를 받기 전에 왕실 축하연 관리원장Master of the Revels의 검열을 통과하여야 했다. 불경스럽거나 선동적인 것이 있으면 검열을 통과할 수 없다는 것을 알고 있었던 엘리자베스 시대의 극작가들은 스스로 사전 검열을 강화하였다. 연극에서 현존하는 왕에 대한 묘사는 전혀 할 수 없었다. 왕권의 안정을 위협하는 어떠한 것도 용납될 수 없었다. 신의 이름을 빌려 맹세를 하는 것은 불경이었기 때문에 극작가들은 이러한 제한을 피하기 위해서 케레스, 주노, 주피터와 같은 고전 신들을 부르거나 "참새가 추락하는 데에도 특별한 섭리가 있도다There's a special providence in the fall of a sparrow"(V.2.158)라는 햄릿의 말에서처럼 하늘, 신들, 운명들, 섭리와 같은 가치중립적인 말들을 사용하였다.

검열에서 허가된 극은 반항과 불복종에 대한 튜더 왕조의 두려움을 표현하였다. 셰익스피어의 극중 사건들도 종종 왕에 대한 신하의, 주인에 대한 하인의, 남편에 대한 아내의, 부모에 대한 자식의 효도와 같은 충성의 문제로 시작된다. 가정 내에서의 반항은 불화를 낳고 국가 내에서의 반항은 죽음과 재난을 낳는다. 희극들은 자연히 화목한 결말을 맺도록 구성될 수밖에 없었다. 역사극이나 비극들을 생각해 볼 때 그 결말에서 불화나 반항의 위험들을 어떻게 해소시키는지를 주목해 보는 것은 더욱 뜻 깊은 일이다. 비극의 주인공은 죽지만, 〈로미오와 줄리엣*Roemo and Juliet*〉의 끝부분에서 왕자가 묘사하듯이 그 결말이 활기 없는 혹은 침울한 평화라 할지라도 극은 평화로운 상태로 결말이 난다.

연|습|문|제

한 집안의 얘기를 담은 셰익스피어의 극을 생각해 보라. 그 가정은 화목한 곳인가, 불화가 있는 곳인가? 화목한 가정에서 사는 보람은 무엇이며 불화가 있는 가정에서는 어떤 사건들이 일어나는가?

16세기 말에 인구는 급속도로 증가하였는데 런던에서 가장 급속도로 인구가 증가하였으며, 런던은 유럽에서 가장 급성장하는 도시였다. 인구의 증가로 인해 토지에 압박이 있었던 시골로부터 사람들이 런던으로 직업을 찾아 이주해 왔다. 런던의 인구는 16세기 초에 6만 정도였는데 백 년 이상 동안 그 정도밖에 되지 않았었지만 1600년경에는 20만으로 증가하였다. 런던은 16세기의 정치적, 경제적 중심지였다. 튜더 왕조의 궁정이 런던에 자리를 잡았고, 귀족들과 지방 유지들도 이 도시로 몰려들었다. 국가 경제의 근간이었던 모직물의 수출은 주로 런던에 있는 항구들을 통해 이루어졌다. 존 스토John Stow는 《런던 개관*Survey of London*》(1598)에서 다음과 같이 썼다.

> 그러므로 소매상인이나 장인들의 경우 지방 마을을 떠나 런던으로 올라오는 것이 이상한 일이 아니었다. 왜냐하면 이제 왕실은 전 시대보다 훨씬 더 크고 화려해졌고, 이전에는 소규모의 일행을 데리고 때로는 수도원에서 때로는 주교의 집에서 때로는 왕 자신의 초라한 장원에서 지냈으나 이제는 거의 런던에서 지내거나 아니면 런던에 아주 가까운 곳에서 지내기 때문에 왕실에 가장 어울리는 것들을 런던에서 쉽사리 가져올 수 있었다. 게다가 이 때문에 모든 주에서부터 유지들이 이 도시로 떼를 지어 몰려들었다.

스토가 주목하였듯이, 유지들이 런던으로 몰려들었고 그들은 승진이나 등용의 기회를 엿보거나 교육을 마저 받기 위하여 왕실 주변을 맴돌았다. 16세기 동안 많은 공립중

학교의 설립과 대학생 수의 증가와 더불어 교육은 확대되었다. 20세기 후반 이전까지 엘리자베스 1세 때만큼 고등교육을 받는 학생이 많았던 적이 없는 것으로 역사가들은 믿고 있다. 〈헨리 4세 2부*Henry IV Part 2*〉에 나오는 폴스타프, 저스티스 셸로, 사일런스는 모두 런던의 법학생 숙사에 있는 대학생들이었다. 사일런스에게는 대학에 다니는 아들이 하나 있다. 대학은 젊은 신사를 만들기 위한 일반적인 교육이었으며 왕실에 출입하고 고관대작에게 말할 수 있는 특권이 주어진 자리였다. 폴스타프는 할이 왕이라는 소리를 듣자마자 그는 자신과 친구들을 위한 호의를 받을 수 있을 것이라 믿는다. "왕실에 있는 친구는 지갑 속의 동전 한 닢보다 낫다A friend i'the Court is better than a penny in purse"(5막 1장 26행)고 〈헨리 4세 2부〉에서 저스티스 셸로가 말하고 있다.

16세기 말에는 유지들과는 상반되는 계급의 가난한 사람들이 런던으로 몰려왔다. 유랑을 금하는 튜더 시대의 법령에서 주인 없는 자들, 즉 가난하지만 재능 있는 무직자들에 대한 염려가 드러나고 있다. 그런 사람들을 그들이 태어난 교구로 돌려보내려고 법령이 제정되었다. 1531년에 제정된 법령은 다음과 같이 정하고 있다.

> 신체 건강하고 일할 수 있는 어떤 남녀든지 땅도 없고 주인도 없고 밥벌이가 되도록 합법적으로 상품을 팔거나 기술이나 수공을 사용하지 않으면서 유랑을 한다면 앞서 말한 그런 부랑자나 할 일 없이 노는 사람들을 붙잡아 치안판사 앞에 데려가는 것은 적법한 일이며, 치안판사는 모든 그러한 할 일 없는 자들을 벌거벗긴 채 짐마차 끝에 묶어 채찍질을 받게 하였고 그러한 처벌 후에 곧장 그들이 태어나서 이전까지 살았던 곳으로 돌아가게 하였다.

셰익스피어의 극이 처음으로 무대에 공연이 되었던 1590년대는 기근, 역병, 실업, 물가 폭등, 고가의 식료품 시대였다. 1580년대에는 이미 몇 차례에 걸친 흉년이 있었고, 1594년에서 1598년까지 5년 동안 악천후, 폭우, 흉작이 계속되어 기아와 역병이 발생하였다. 셰익스피어에 의해 빈곤은 항상 동정적으로 그려졌고, 폭풍우가 치는 장면에서 리어왕이 가난하고 헐벗은 가엾은 백성들을 제대로 보살피지 못했다는 것을 깨닫고 괴로워할 때 절정을 이룬다. 모든 셰익스피어의 극에서, 심지어는 가난한 자나 재산을 빼앗긴 자가 등장하지 않는 극에서조차 삶이 깨지기 쉽다는 인식이 있기 때문에 화목한 가정의 안전은 소중한 가치가 된다. 〈십이야*Twelfth Night*〉에서 페스테가 노래하는 "매일같이 내리는 비the rain it raineth every day"라는 반복 어구는 올리비아가 보호받지 못하는 처절한 삶을 살고 있다는 것을 암시하고 있다. 페스트가 때때로 그 한계를 넘어서지만 결국 그녀가 있는 가정으로 돌아온다.

외국인 또는 이방인들이 당국의 또 다른 골칫거리였는데 그중에는 유대인들과 흑인들이 있었다. 1290년 유대인들의 추방 이후 일부는 돌아가거나 남아 있었고 14세기부터 17세기까지는 유대인 인구가 소수였다고 역사가들이 현재 인정하고 있다. 그 수는 적었고 그들이 왜 그리 욕을 먹었는지 분명하지는 않지만 그들은 미움을 받았고 유대인들이 의식에 따라 그리스도교도들을 살해하고 어린아이들을 죽이고 우물에 독을 타고 돈을 빌려주고 이자를 강요했다는 등 성경에 금지된 짓을 했다는 무시무시한 이야기들이 믿어졌다. 유대인들보다 훨씬 더 작은 규모의 흑인들이 있었지만 1601년에 엘리자베스 여왕은 모든 노예들을 영국에서 추방하라고 명했다. (하지만 이런 일이 실제 일어났다는 증거는 없다.) 여왕의 칙령에 적힌 이유들이 당국의 염려를 설명해 줄 수 있다. 즉 이방인들이 무직의 영국인들 대신 일자리를 가질 것이라는 염려였다. 이러한 염려와 꾸며낸 이야기들이 문학 속으로 유입되었다. 말로Marlowe의 〈몰타섬의 유대인*Jew of Malta*〉에 나오는 바라바스나 셰익스피어의 〈티투스 안드로니쿠스*Titus Andronicus*〉에 나오는 무어 인 아론처럼 문학 속에서 유대인이나 흑인들은 악한으로 재현되었다. 셰익스피어가 〈오셀로*Othello*〉에서 무어 인을 영웅적으로 묘사한 것은 당시의 전례를 타파하는 이례적인 일이었다.

엘리자베스 여왕 시대의 드라마

일을 찾아 런던으로 몰려드는 많은 장인들처럼 극작가들과 배우들도 런던으로 몰려왔다. 배우들은 간신히 합법적으로 고용되었다고 할 수 있을 상태에서 생계를 꾸렸다. 왕이나 대귀족의 보호를 받지 못했다면 배우들은 부랑자로 취급되는 위험한 상황에 처했으며 불확실한 신분 때문에 초래되는 처벌을 받아야 했다. 번창하는 극단의 단원들은 모두 법적으로 지정된 귀족의 집안 하인들이었다(〈8. 극장과 공연 공간〉 참조). 이전에는 결코 대중들이 도시의 한 장소로 모인 가운데 공연을 한 적이 없었으나, 16세기 마지막

20여 년 동안 그들 스스로 상설 극장을 설립할 수 있었다.

크리스토퍼 말로Christopher Marlowe와 윌리엄 셰익스피어는 둘 다 같은 나이로 1564년에 태어났다. 벤 존슨은 그들보다 다소 어렸으며 1572년에 태어났다. 말로는 캔터베리의 제화공의 아들이었고, 셰익스피어의 아버지는 스트랫퍼드 어펀 에이번의 장갑 제조업자였으며, 존슨은 런던 벽돌공의 양자였다. 이 세 작가는 모두 고향에 있는 공립 중학교에서 훌륭한 인문주의적 고전 교육을 받았으며, 머지않아 사회 계급도 장인에서 신사로 상승하였다. 말로는 대학에 진학하였다. 그는 캔터베리의 대주교로부터 장학금을 받아 케임브리지 대학의 코퍼스 크리스티 칼리지에 들어갔다. 이러한 대학 진학을 통하여 졸업 시에는 자동적으로 신사의 신분을 획득하게 되었다. 셰익스피어와 존슨은 고등교육을 받지 못하였기 때문에 말년에 가서야 신사의 신분을 갖게 되었다.

크리스토퍼 말로

케임브리지 대학에서 말로의 학창시절에 대한 불가사의한 일화가 있다. 은밀한 가톨릭 신자였던 학생들은 석사학위를 받기 위해 계속 대학에 머물러 있다가 졸업 직전에 프랑스의 랭스로 사라져서는 거기서 가톨릭 신부가 되기 위한 교육을 받고는 영국으로 몰래 돌아오는 것이 일반적인 관례였다. 말로도 석사학위를 받기 직전에 사라졌다가는 후에 다시 나타났다. 대학 당국은 그를 졸업시키려 하지 않았으나 추밀원의 지령에 따라 졸업을 시키고 말았다. 그 지령서에는 다음과 같이 적혀 있었다. "조국의 이익을 위한 일에 헌신한 자를 그가 하는 일에 대해 알지 못하는 자들이 중상하는 것은 여왕폐하의 의향이 아니니라." 월싱엄 경은 엘리자베스 여왕 1세를 위해 효과적인 정찰 업무를 운영하고 있었는데, 케임브리지 대학에 있는 동안 월싱엄 경의 조카의 친구였던 말로가 자신도 가톨릭 신자인 척하며 가톨릭 신자인 학생들을 따라 랭스로 갔는데 실제로 그는 여왕을 위해 정찰을 하고 있었던 것이라고 전기 작가들은 생각하고 있다. 29세 때 무신론자라는 불리한 증거와 함께 반역죄로 보석 중인 동안 어느 선술집에서 살해되었는데 이런 사실은 그를 둘러싼 미스터리를 더해 주고 있다.

〈포스터스 박사〉

말로의 희곡 주인공들은 르네상스 시대의 대단한 노력가이고, 자신의 직업을 조심스럽게 시작했지만 최고가 될 정도로 출세한 재능 있는 사람들, 자신의 훌륭한 재능을 한계와 시련 속으로 밀어 넣고는 실패에 의해 자신의 야심의 궁극적 한계를 의식하는 용감한 자들이다. 포스터스 박사는 작품이 시작될 때 이미 박식한 학자다. 그의 학문은 이미 막다른 길에 도달해 있다. 즉 그는 자신의 학문의 결론에 불만하고 금지된 지식을 추구하게 된다. 지적인 호기심과 학문 능력은 그의 눈부신 재능이기는 하지만 또한 그를 파멸시키는 특질이기도 하다.

연|습|문|제

〈포스터스 박사〉는 학문과 지식의 잠재력에 대한 인식에 뿌리를 두고 있지만 포스터스가 지니고 있는 훌륭한 지식으로 인해 악마와 계약을 하게 된다. 자신의 영혼을 희생하여 얻은 지식은 하찮게 사용된다. 〈포스터스 박사〉는 종교개혁 동안의 학문의 발전에 대한 관심과 염려를 어떻게 표출하고 있는가? 이 희곡에서의 학문의 대한 태도는 어떠하다고 생각하는가?

〈포스터스 박사〉의 핵심은 종교적 믿음이고, 또한 이 극이 전하고자 하는 메시지는 복잡하고 그 자체가 문제가 된다. 이 때문에 비평적 논란이 있어 왔고, 말로의 불가사의한 생애와 잔존하는 원고 없이 서로 다른 두 가지 인쇄본들의 불확실한 본질이 논란을 더욱 복잡하게 만들었다. 골치 아픈 문제는 이 극의 어떤 점에 대해 공감하느냐 하는 것이다. 구교에서는 죄지은 자가 구원을 받기 위해 신의 은총을 구할 수 있다고 가르쳤다. 그리스도는 인간의 죄를 떠안고 죽었고, 세례를 받았지만 죄를 짓고 참회하는 자에게 그의 신성한 은혜, 즉 그의 '은총'을 주었다. 사람들은 용서받을 수 없는 죄를 짓고도 참회하지 않음으로써 혹은 믿음을 가지지 않음으로써 은총을 받을 수 있는 기회를 상실할 수 있었다.

축복받은 자는 사후에 천국으로 갔고 죄인들은 불길 속에서 고통받는 곳으로 종종 묘사되는 지옥으로 갔다. 그러나 말로는 지옥을 신으로부터 영원히 이탈한 세계로 간주하는 학문적이며 신학적인 개념으로 사용하고 있다. 불행하게도 인간들은 철저하게 선과 악으로 분명히 이분되지 않는데, 그래서 12세기에는 연옥이라는 개념이 고안되었다. 연옥은 천국으로 가는 중간 지점으로서 죄인들이 고통을 받음으로써 모든 죄에 대한 죗값을 치를 수 있었다. 선행, 기도, 금식, 자선 등을 통하여 사람들은 연옥에서 용서를 받을 수 있었다. 이 극에서 흥미로운 점은 내세에 대한 태도가 상당히 전통적으로 구교적이지만 연옥을 무시하고 있다는 점이다. 포스터스가 메피스토펠레스를 불러서 악마와 계약을 맺을 때 그는 용서받을 수 없는 죄를 범한 것이기 때문에, 그 죄를 참회하지 않는다면 오로지 영원토록 지옥에 있게될 운명에 갇히게 된다.

〈포스터스 박사〉가 씌어지기 50년 전부터 사후에 영혼이 어떻게 될지에 대한 논란이 진행되고 있었다. 이러한 논란은 1580년대 말에서 1590년대에 런던에서 그 절정에 달했는데, 이때 이 극이 씌어졌다. 종교개혁과 함께 누구든지 공덕에 의해 구원을 얻을 수 있다는 생각이 나왔다. 루터교인들은 신념에 의해서만 은총을 받을 수 있다고 주장했다. 신념이 건전하고 강하다면 구원을 받게 되고 이러한 신념이 선행으로 나타나게 된다. 그러므로 포스터스가 신을 저버리고 악마를 따르자마자 루터주의 교리에 따라 그는 저주를 받는다. 그의 교만과 행동들은 그의 신념 부족을 입증한다. 칼뱅교도들은 더욱 극단적이다. 그들은 신이 처음부터 모든 자들의 운명을 알고 있다고 주장했다. 구원받기로 미리 정해진 것으로 신이 믿고 있는 자들은 '선민'이라고 불렸다. 선민에 속한다고 확신하지 못한다면 이 교리는 괴로움을 주는 교리가 될 수 있다. 포스터스가 지옥에서 지내야 할 자신의 운명을 직면하여 끝없는 처벌을 피하기 위해 참회해 봐야 이미 늦었다는 절망 속에 있을 때 처음 관객들 중 일부는 포스터스와 비슷한 운명에 처해 있을지도 모른다고 생각했던 것이 틀림없다.

말로는 이 이야기 속에 종교개혁 이전의 요소들을 사용하였다. 선한 천사들과 악한 천사들은 고대의 도덕극에 나오는 인물들이었다. 인간의 사후에 대한 책임에 관련된 전통적인 구교의 견해는 이 극에 극적인 힘을 부여하는 데 매우 중요하다. 포스터스는 신을 저버리고 악마를 따른다. 자신의 지력에 대한 오만한 믿음과 순전히 자기중심적인 행복을 얻기 위해 그 지력을 사용하려는 결정에 의해 악마의 꼬임에 빠져들지만 그가 선한 천사와 윗사람의 경고에 주의를 기울일 가능성은 항상 있었다. 그에게 피할 수 있는 가능성이 없었다면 이 극의 플롯은 훨씬 더 극적이지 않을 것이다.

그렇지만 처음부터 포스터스는 저주를 받고 있다는 느낌이 든다. 그는 불가피한 파멸의 근원이 되는 엄청난 지력을 가지고 태어난 사람으로 보일 수도 있다. 종교개혁과 함께 성경은 신교의 믿음의 기본적인 토대가 되었고 사람들은 자신의 구원을 위해 성경을 읽도록 촉구되었다. 메피스토펠레스는 자신이 포스터스의 몰락을 교묘하게 계획해 왔다고 주장하면서 흡족해 한다. "네가 천국으로 가는 중이었을 때 너의 길을 막았던 것은 나였지. 네가 성경을 보기 위해 집어 들었을 때 내가 책장을 넘겨 너의 주의를 내 맘대로 이끌었지twas I, that when thou wert i' the way to heaven,/Damned up thy passage. When thou took'st the book/To view the Scriptures, then I turned the leaves/And led thine eye"(V.2.103-106) 포스터스는 이미 악마에 의해 좌우되고 있었다. 당시의 많은 사람들처럼 말로도 인간의 구원이 어느 정도 예정되어 있었고 인간이 자신의 구원을 자기 생각대로 어느 정도 얻을 수 있는지에 대해 확신하지 못했던 것처럼 말이다.

엘리자베스 여왕 시대의 청중들은 포스터스가 저주받을 것이라는 점에 대해 전혀 의심하지 않았을 것이다. 혹은 주술을 행하는 것이 엘리자베스 시대 사람들이 주술에 대해 느끼고 있었던 공포나 미신을 불러일으키기는 했겠지만 그 자체 때문에 그가 비난받지는 않았을 것이다. 악마와의 계약, 트로이의 헬렌과의 육체관계, 악마의 정신을 가짐으로써 악마를 표현하는 것 등이 비난받을 수 있는 행위들이다. 선한 천사와 악한 천사들은 단순하고 솔직하게 보이는 방법으로 포스터스의 정신적 선택을 명쾌하게 설명하지만 플롯과 시점은 서로 상반되게 움직인다. 최상의 주장과 최상의 시행은 포스터스에게 할애되어 있는데, 이 때문에 많은 비평가들은 이 극이 의식적이든 무의식적이든 의문을 품는 정신의 편에 있다고 느낀다.

연|습|문|제

자신이 선택한 구절들이나 대사들에 대한 종교적인 배경을 연구한 후에 그 언어의 극적인 효과를 생각해보라. 포스터스의 행위나 말 속에 감탄할 만한 것이 있는가, 아니면 그는 마땅히 받아야 할 저주 속으로 점점 더 빠져 들어가는 인간일 뿐인가? 이 두 가지 견해를 동시에 가질 수도 있는가?

셰익스피어의 역사극

셰익스피어는 1580년대에 런던으로 왔으며, 제임스 버비지James Burbage가 이끄는 극단에 합류했던 것 같다(〈8. 극장과 공연 공간〉 참조). 처음에 그의 극작 활동은 〈토머스 모어 경에 관한 극*The Play of Sir Thomas More*〉과 같은 다른 작가들의 작품에 대한 기여이다. 이것은 당시에는 아주 흔한 일이었다. 1590년대가 되어서 그는 초기의 희극들을 썼고 엘리자베스 시대 사람들의 상상력을 사로잡았던 장미전쟁에 대한 극인 〈헨리 6세*Hnery VI*〉를 필두로 일군의 역사극들을 썼다. 그는 엘리자베스 1세의 조부이자 미래의 헨리 7세의 승리로 끝나는 〈리처드 3세*Richard III*〉에서 튜더 왕조를 찬양하였다. 결국 그는

〈리처드 2세*Richard II*〉에서 〈헨리 5세*Henry V*〉에 이르는 랭카스터 가문에 대한 일련의 역사극을 쓴 것이다.

역사극들은 폭동과 더불어 왕을 폐위시키는 것의 잘잘못, 사회 혼란의 문제들, 평화와 견고한 규율과 효과적인 법과 질서와 같은 이상들을 다루고 있다. 〈리처드 2세〉는 세습에 의해 왕권을 물려받은 왕이 폐위되는 것을 보여 주었기 때문에 왕정 당국에게는 가장 문제가 되는 극이었다. 엘리자베스 여왕 생존 시 연극의 인쇄본에는 폐위 장면이 삭제되었다. 어떤 학자들은 무대에서 폐위 장면이 공연되지 않았다고 생각하고 있다. 연극 공연으로부터 받게 되는 영향력은 1601년 에식스 폭동 전날 밤에 에식스 백작의 지지자들이 체임벌린의 배우들에게 〈리처드 2세〉를 공연하도록 돈을 줬다는 사실에 의해 입증된다. 배우들 중 한 명이 에식스의 공판에서 증언을 하도록 소환되기는 했지만 배우들은 처벌받지 않았다. 폭동의 주동자들만이 처형되었다.

에식스 백작의 지지자들은 〈리처드 2세〉가 폭동을 정당화하는 데 일조할 만큼 분명히 설득력 있는 연극이라고 생각했다. 왕이 폐위될 수 있는가에 대한 논란은 이 극의 중심이 되고 있고, 세습적 군주제에 대한 인식을 조장하는 정치선전과 함께 왕들이 자신의 왕위를 상실했다는 역사적 사실에 튜더 왕조의 지론이 조정되어야 할 만큼 그 논란은 핵심적이다. 왕실 축하연 관리원장이 〈헨리 4세 2부〉에서의 반역자들의 담화, 특히 요크의 대주교의 담화를 삭제하였다. 제1막 3장 85–108행과 4막 1장 53–87행에서 대주교가 하듯이 엘리자베스 시대의 교회는 폭동을 비기독교적인 것으로 비난하고 반역의 동기를 지지해서는 아니 되었다.

연|습|문|제

도입 부분에서 그 나라의 어떤 모습이 보여지고 있는가? 혼란한 분위기가 어떻게 만들어지고 있는가? 은밀할 뿐만 아니라 공공연하게 만들어지고 있는가? 혼란에 의해 위협받게 되는 것은? 혼란에 의해 괴로움을 당하는 사람은 누구이며 그 이유는?

엘리자베스 여왕의 계승자에 대한 튜더 왕조의 근심은 이 극을 통해 내내 걱정스런 분위기 속에서 표면화된다(〈9. 극문학 입문—셰익스피어〉 참조). 대부분의 인물들은 걱정스러워하며, 그들 중 많은 사람들이 중년을 넘은 자들이다. 할은 몇 안 되는 젊은 등장인물들 중 하나이다. 그의 정력과 원기 왕성함은 왕의 악화되는 건강과 폴스타프의 질병과 셸로의 과수원에서의 초로의 친구들 사이의 회고조의 대화들과 대조되고 있다. 다시 활기를 띠게 할 지도자가 필요하다는 것은 분명하고, 나이듦 대 젊음과 질병 대 건강의 주제는 방종한 젊은 할이 자신의 무책임하고 반항적인 버릇을 고치지 않는다면 생길 이 나라의 문제를 부각시킨다.

폴스타프에 대한 수많은 논급은 17세기에 그가 가장 인기 있는 인물이었다는 것을 보여 준다. 18세기에는 그 역할을 일류 배우들이 맡아서 내내 웃음을 자아내도록 연출하다가 마지막 장면에 가서는 동정을 자아내도록 연기하였다. 18세기 비평은 폴스타프에게 집중되었다. 그의 온정과 기지에 의해 그의 비행이 용서되었는가? 1698년 무대 개혁가였던 제러미 콜리어에게는 폴스타프가 총애를 받지 못하게 되는 것은 도덕적으로 옳았다. 니콜라스 로Nicholas Rowe는 자신의 1709년판 셰익스피어 희곡 서문에서 "폴스타프의 친구인 할이 왕위에 오를 때 할이 너무도 야비하게 폴스타프를 이용하는 것을 보고 관객들은 유감스러워 한다"고 밝혔다. 두 가지 관점을 갖고 새뮤얼 존슨은 1765년 "타락할 뜻과 함께 하고 싶은 대로 할 수 있는 힘을 가진 자보다 더 위험한 자는 없다"고 주장했다.

19세기 비평은 여전히 인물에 집중하면서 할과 핫스퍼가 영웅적인 인물인지 아니면 이기적인 인물인지를 연구하였다. 이 두 젊은이에 대한 관심은 19세기의 중세적인 것들에 대한 열광적인 관심과 융합되었다. 윌리엄 해즐릿William Hazlitt이 1812년 할과 핫스퍼에 대해 기술했다시피, 어떠한 결점이든 그들의 결점이 감지가 되어도 그들은 기사도 정신의 요체라고 찬양받았다. 해즐릿은 폴스타프에 대해 다음과 같이 기술했다. "그는 거짓말쟁이, 허풍선이, 겁쟁이, 대식가 등으로 묘사되지만 우리는 그에 대해 불쾌해하지 않고 오히려 즐거워한다." 20세기 초반의 문학이론에 있어서의 변화로 말미암아 문학을 인물묘사로서 보는 19세기적인 인식은 언어의 구조물의 집합, 다시 말해 의미가 통하도록 구성된 단어로 이루어진 텍스트들의 조직체로서 문학을 이해하려는 쪽으로 바뀌었다. 문학이론의 변화에 따라 비평도 인물보다 텍스트의 구조와 언어에 그 주의를 기울이는 쪽으로 바뀌었다.

〈헨리 4세 2부〉에 대한 구조의 연구가 이 작품을 이해하는 데 어떠한 도움을 주는가? 첫째로, 이 극은 리처드 2세의 폐위와 볼링브로크의 찬탈에서부터 할 왕자의 개혁을 통해 헨리 5세의 찬양에 이르는 보다 더 긴 역사적 기간의 일부이다. 헨리 5세에 대한 우리의 견해가 할에 대한 우리의 해석에 영향을 주는 것처럼, 비평가들이 그 기간의 진행을 총괄해서 보는 방식은 단일 극에 대한 그들의 해석에 영향을 준다. 20세기 중엽의 영향력 있는 비평가인 틸리어드E. M. Tillyard는 《셰익스피어의 역사극*Shakespeare's History Plays*》(1944)에서 그 역사적 기간은 실정과 폭동과 같은 파괴적인 세력들이 섭리에 의하여 억제되고 국내에는 사회의 안녕과 국외에서는 승리를 이루게 된다는, 역사에 대한 튜더 왕조의 공인된 견해를 선전하는 역할을 한다고 주장하였다.

이 극에 대한 구조적 해석에서 트래버시D. A. Traversi는 이 극이 공적이고 사적인 도덕성과 대립하고 있다고 주장했다. 정치적 성공을 거두기 위하여 사적인 감정들은 희생되어야만 한다. 할의 왕자로서의 교육에는 우정의 기쁨으로부터 스스로 점차적으로 물러나는 것과 사적인 충절을 배반하는 것이 포함되어 있다. "폴스타프의 추방을 요구하는 상황에는 삶의 외면과 어떠한 정치적인 혹은 심지어는 도덕적인 필요성에 의해서도 전혀 부적절해질 수 없는 상실이 포함된다." 그러나 트래버시는 그러한 상실은 정치적 미덕을 극도로 구현하고 정치적 능력을 구체화하는 자로서 할의 출현에 의해 정당화되었다고 결론적으로 주장했다. "웨스트민스터에 불어 닥치는 올바른 권위의 차가운 바람은 비정할 수도 있고 어느 정도는 비정하다 할지라도 그 바람이 날려 버리는 부패는 적어도 정치적 질서 안에서는 그 비정함을 정당화하고 있다."

연 | 습 | 문 | 제

이 극의 인물 묘사와 비유적 표현에서 질병과 부패와 죽음이 어떻게 표현되어 있는지를 생각해 보라. 그것들은 단지 할을 돋보이게 하는 기능을 하고 있는가 아니면 권력의 변환에 대한 근심을 암시하고 있는가?

최근에 몇 가지 가장 자극적인 평론들은 문학 텍스트들을 그 텍스트들이 쓰인 시기에 대한 반영으로서가 아니라 그 시기의 문화를 형성하는 데 적극적으로 기여한 요소들로서의 그 역사적 배경과 관련시키는 이론들로부터 출발한다. 그 역사극들이 권력과 지배와 적법성을 파괴할 정도로 그것들에 대한 의문을 포함하고 있으며, 나약하고 성마르고 불안정한 사람으로서 리처드 2세를 묘사한 것은 쇠퇴기에 있던 엘리자베스 1세를 암암리에 묘사하는 것이며, 헨리 5세를 자신의 정복을 위해서 일반인들의 생명을 희생시키는 무자비하고 권모술수가 능한 왕으로 보지 않기 위해서는 〈헨리 5세〉에서의 몇몇 주요한 시행들을 삭제할 필요가 있다고 최근의 비평가들은 주장하고 있다.

〈베니스의 상인〉

셰익스피어의 극들도 유행에 따라 인기를 얻기도 하고 잃기도 하였는데 〈베니스의 상인*The Merchant of Venice*〉이 그러한 작품이다. 이 작품은 17세기와 18세기 초에는 거의 공연되지 않았고, 150년 이상 동안 무시를 받다가 배우인 찰스 맥클린에 의하여 1741년에 부활되었다. 이 작품의 공연은 즉시 성공을 거두었고 그 이후로부터 이 작품은 계속 인기를 누렸다. 18세기 독자와 관객들에게 샤일록은 나쁜 구두쇠이고 모질고 욕심 많은 악인이었다. 1733년에 알렉산더 포프Alexander Pope는 이 극이 더 이상 공연되지는 않았지만 이 인물이 충분히 인식될 것이라고 생각하고 "모든 아이들은 샤일록을 싫어한다"라고 썼다. 샤일록에 대해 동정심을 갖는 방향으로의 변화는 역사적으로 유대인들을 다루어 왔던 방식의 부당함에 대한 낭만주의 작가들과 19세기인들의 개방적인 인식과 더불어 나타났다. 월터 스콧Walter Scott의 〈아이반호*Ivanhoe*〉에는 요크의 상인 아이작과 그의 아름다운 딸 레베카와 같은 덕망 높은 유대인 인물들이 등장한다. 조지 엘리엇George Eliot은 〈대니얼 데론다*Daniel Deronda*〉에서 교양 있는 귀족의 유대인 인물을 창조하였다. 디킨즈는 〈올리버 트위스트*Oliver Twist*〉의 인물 페이긴을 보완이나 하듯 의식적으로 〈우리 서로의 친구*Our Mutual Friend*〉에서 유대인을 이상적으로 그렸다.

해즐릿은 1814년 에드먼드 킨이 샤일록 역을 혁신적으로 맡아 했던 개막 공연에 참석하였는데 이 공연에 의해 이 극에 대한 생각이 바뀌었다. 그는 다음과 같이 적고 있다.

> 샤일록은 자신의 종족의 복수를 맡은 사람처럼 보인다. 매일같이 당하는 모욕과 침해에 대해 곰곰이 생각하는 오래된 습관으로 인해 그의 기질은 뿌리 깊은 인간 혐오에 의해 휩싸이고 사람들의 경멸에 무감각하게 되었지만, 그렇다고 그의 적들의 의기양양한 자만이 커지지는 않았다. 그에게는 괴롭고도 쓰라린 분노와 뒤섞인 강렬하고도 깊은 정의감이 있다. 산 채로 화형에 처해지거나 약탈을 당하거나 추방되거나 욕을 먹거나 유린되지나 않을까 하는 끊임없는 걱정으로 인해 그 참을성 있는 성격이 못쓰게 되고 그 따뜻한 인정이 없어져 버렸는지도 모른다. 그러한 따뜻한 인정을 가지고 그를 박해했던 자들은 그의 경멸에 대해 깊이 생각했다. 복수에 대한 열망은 잘못에 대한 의식과 거의 분리될 수 없다. 그래서 우리는 마지막에서까지 되풀이되는 부당한 자극에 의해 미칠 지경이 된 유대인 특유의 개버딘 옷 속에 감춰진 자부심을 동정하지 않을 수 없다. 우리는 그를 동정하며 그가 정당한 심판을 받았다고는 생각하지 않는다.

19세기에 이 작품을 연출한 공연에는 종종 마지막 막이 없이 재판 장면을 클라이맥스로 하고 샤일록에 초점을 맞추었다. 배우들은 그에 대한 관객들의 감정을 누그러지게 하기 위하여 사건들을 소개하였다. 예를 들어 킨은 샤일록이 자신의 딸을 욕하는 가혹한 구절, 즉 "딸년이 관 속에 보석과 함께 내 발치에 묻혀 있다면 얼마나 좋을까Would she were hearsed at my foot and the ducats in her coffin"라는 시행을 말할 때, 잠시 멈추었다가 갑자기 뒤쪽으로 획 움직이고는 다음 행에 나오는 한 단어를 빌려와 마치 그가 상상한 장면을 기겁을 하면서 거부하는 것처럼 "안 돼, 안 돼, 안 돼"하고 소리쳤다.

어빙은 딸이 도망치는 장면 끝에 새로운 에피소드를 첨가하여 사실주의적인 19세기 무대장치를 충분히 활용하였다. 색채와 음악과 동작이 혼합된 광란 속에서 한 무리의 가면을 쓴 쾌활한 배우들이 무대를 누비며 한껏 즐기면서 제시카와 로렌조를 그들 속에 끼어 넣고 지나갔다. 순간적으로 커튼이 내려졌다. 커튼이 다시 열렸을 때를 포샤 역을 맡았던 19세기의 위대한 여배우인 엘렌 테리는 다음과 같이 회상하였다. "무대는 텅 비고 황량했으며 희미한 달빛 외에는 아무 빛도 없었고 모든 삶의 소리들은 저 멀리서나 들렸다. 그리고 다리 위로 지친 유대인이 나타났다." 천천히 커튼이 다시 내려왔다.

연|습|문|제

19세기에 이 극의 마지막 막 전체를 빼고 재판 장면에서 끝을 내는 것은 흔한 일이었다. 헨리 어빙은 샤일록이 낙담한 채 무대 뒤편에서 욕설을 퍼붓는 군중 쪽으로 비틀거리며 나가는 재판 장면으로 끝을 냈다. 이렇게 함으로써 이 극에 무슨 차이가 생기는가? 일단 샤일록이 패배를 했는데도 해결되지 않은 일이 어느 정도 남아 있는가?

샤일록에 대한 동정이 커짐에 따라 이로 인해 그리스도교를 믿는 인물들에 대한 인식도 변화되었다. 학자인 월터 롤리는 1907년 다음과 같이 적었다.

> 안토니오와 바사니오는 자신의 종족에 대한 애정이 생명만큼이나 깊은 이 몹시 야윈 비극적인 인물과 비교할 때 인간의 희미한 그림자에 불과하다. 그는 편견의 가혹성에 반하여 공통된 인간성을 변호한다. 그의 증오심에는 정열적인 애국심의 고결함이 어느 정도 들어 있다. 그의 마음은 도둑맞은 보석에 대해 비탄하는 가운데서도 미묘한 기억들에 의해 움직인다. 결국 그는 항의도 못한 채 모욕받고 잊혀지게 된다.

이런 식으로 해석할 때 그리스도교를 믿는 인물들은 최악의 경우에는 무감각하고 인종차별적이고 무정하다. 그들은 기껏해야 경망하고 천박하다. 진지한 안토니오조차 경솔한 것 같고, 별생각 없이 무리한 약속을 하는 상인이다. 엘렌 테리Ellen Terry는 자신의 강의 노트에서 바사니오를 "약간은 게으름뱅이고 자신의 매력적인 용모에 의존하여 살아가는 좋은 집안 출신의 옷 잘 입고 잘 생긴 젊은이"라고 묘사하였다.

20세기 학자들은 그러한 동정적인 묘사가 엘리자베스 여왕 시대 사람들이 샤일록에 대해 가졌을 견해를 반영하고 있다는 데 반대하였다. 그러나 1930년대에 나치주의의 확산이라는 위협하에서 그를 동정심 없이 논의한다는 것은 어렵게 되었다. 1930년대에 그랜빌 바커H. Granville-Barker가 말했다시피, 벨몬트가 동화 속의 장소이거나, 아니면 반유대주의가 이 극의 현실로서 인정되어야 했다. (예를 들어 1594년 엘리자베스의 주치의 유대인 의사 로페즈의 처형에 대한 군중들의 환희와 같이) 유대인에 대한 엘리자베스 시대 사람들의 생각을 뒷받침하는 역사적 증거는 이 극이 셰익스피어의 개방적인 사견을 나타내고 있다는 반대 주장과 부딪혔다. 셰익스피어의 작품들로부터 그의 견해를 추론하는 것은 극히 문제가 된다. 그러나 1596년 그가 목격했을지도 모르는 사우스워크에서 영국 내 외국인들을 반대하는 폭동이 일어난 직후에 이 극을 썼다는 사실은 흥미롭다.

셰익스피어는 〈토머스 모어 경에 관한 극〉(1595년경)에서 다음 시행들을 쓴 것으로 생각된다. 토머스 모어 경은 이방인들에 반대하여 폭동을 일으킨 많은 런던의 도제들에게 동정을 호소함으로써 사태를 진정을 시키고 있다.

> 등에는 애기를 업고, 보잘것없는 짐 보따리를 들고
> 탈 것을 찾아 항구로 해안으로 터벅터벅 걸어가는
> 비참한 이방인들을 보고 있다고 상상해 보라.
>
> Imagine that you see the wretched strangers,
> Their babies at their backs, with their poor luggage
> Plodding to th'ports and coasts for transportation.

만약 왕이 폭도들을 처벌하기 위해 추방령을 내린다면 폭도들도 이방인들과 비슷한 곤경에 처하게 될 것이라고 군중들에게 더욱 경고한다.

어디로 갈 것이냐?
너희들의 잘못을 알고 나면 어느 나라에서 너희들에게
은신처를 제공해 주겠는가?…
그야 물론 너희들도 틀림없이 이방인이 되겠지.
갑자기 무시무시한 폭력을 쓰기 시작하면서,
신이 너희를 소유하지도 만들지도 않은 것처럼
너희에게 살 곳을 전혀 주지 않고
너희의 목에 갖다 댈 증오의 칼을 갈고
개처럼 너희를 걷어차는 그런 너무나 야만스런 기질을 가진
나라를 찾게 된다면 좋겠는가?…
그렇게 대우를 받는다면
어떤 생각이 들겠는가? 이게 바로 이방인들의 경우이다.

whither would you go?
What country, by the nature of your wrror,
Should give you harbour?…
Why, you must needs be strangers. would you be pleased
To find a nation of such barbarous temper
That breaking out in hideous violence
Would not afford you an abode on earth,
Whet their detested knives against your throats,
Spurn you like dogs, and like as if that God
Owed not not made not you…
what would you think
To be thus used? This is the strangers' case.

연|습|문|제

만약 〈베니스의 상인〉을 연출해야 한다면 반유대주의를 강조할 것인가, 아니면 억제할 것인가? 연출 시 그 시대의 관객들의 감수성을 어느 정도 고려해야 할까? 또 어느 정도로 연극이 그 극이 쓰인 시대에 속하는 것으로 간주되어야 할까?

20세기에 와서 사실주의적인 공연에 대한 반발과 인물 분석보다는 구조, 이미지, 언어에 중점을 두는 문학비평으로 인해 〈베니스의 상인〉은 잘못된 경제적 부와 사회의 진정한 부, 즉 돈에 대한 사랑과 동료 인간에 대한 사랑, 혹은 상업적 이익의 가치와 좋은

우정의 가치를 상징적으로 대립시키고 있는 것으로 생각되었다. 사랑의 유대는 법적인 유대보다 더욱 축복받은 것이다. 관대함과 자신을 헌신적으로 바치는 일은 포샤와 바사니오가 가진 신의 은총이다. 다시 말해 바사니오의 대접, 변장, 환락, 연회 등이나 포샤의 기지, 예의, 환대 등은 개방적인 관대한 정신을 나타낸다. 점잖다는gentle 말과 유대인이 아니라는gentile 말의 말장난에는 베니스라는 상업적이고 법에 얽매인 세계보다는 벨몬트라는 번영하는 귀족 세계를 존중한다는 언어학적인 의미가 있다. 자기중심주의를 극복하는 자들만이 벨몬트라는 애정이 깃든 세계로 들어갈 수 있고, 초상화 상자 선택 장면에서 예시되었다시피 이 때문에 샤일록보다 그리스도교인들에게 먼저 그런 특권이 주어진다. 양보 정신의 도움으로 공작(과 베니스가)은 법적이지만 무자비하고 비 그리스도교적인 판결로부터 구제를 받게 된다. 또한 전 주인을 떠나 다른 주인에게로 가는 하인이 정당화되고, 친구를 위해 자신의 목숨을 내놓을 각오가 되어 있는 안토니오와 연인들에게 동의가 주어진다.

이 극의 결말은 한 사회를 화해시키는 것이다. 제5막에서 로렌조에 의해 묘사되는 천체의 음악은 벨몬트에 반영되어 있고, 또한 감미로운 달빛, 반짝이는 별들, 잘못되기 쉬운 인간 세계에서 선량한 행동과 직접 관련이 있는 이미지인 멀리서 "빛을 비추는 작은 초" 등에서 생생하게 묘사되어 있다. 포샤는 비용도 받지 않고 모든 이에게 신의 은총을 가져다주고, 자신은 법적이고 경제적인 언어를 사용하지만 교묘하게도 그런 법적이고 경제적인 갈등은 멀리한다. 20세기 후반에 이 극을 연출한 몇 가지 공연들은 제시카나 안토니오 같은 인물을 집 밖에 고립시켜 놓은 채 끝이 났다. 이는 사회를 규정하는 통찰력으로 편안한 벨몬트도 부주의한 무분별 상태에서는 베니스만큼이나 배타적이라는 것을 암시한다. "어두워진 무대 위에, 즉 다른 사람들의 선택에 의해서가 아니라 자신의 천성에 의하여 에덴동산으로부터 몰아내져 에덴동산 밖에 고립되어 있는" 안토니오는 오든W. H. Auden의 시점으로 보면 샤일록만큼이나 이방인이다.

1930년대 이후로 정신분석학적인 연구는 안토니오의 성격을 동성애적인 것으로 해석해 왔다. 페미니즘 비평은 작고한 부친의 가부장적인 명령에 대항하여 초상화 상자 선택 장면을 교묘하게 잘 처리하는 것과 재판과 반지 장면에서 모든 남자들을 뻔뻔스럽게 속이는 등 포샤의 장점들을 지적하였다. 이러한 견해들을 결합한 최근의 해석들에는 안토니오와 샤일록 사이의 분명한 갈등에다가 바사니오의 사랑에 대한 안토니오와 포샤 사이의 보다 미묘한 갈등이 추가되었다.

연|습|문|제

안토니오에 대해 무언가 이상한 느낌이 있다. 이 극의 제목이 샤일록이 아니라 안토니오를 지칭하고 있다는 사실을 왜 기억하기가 어렵다고 생각하는가? 그가 그 자신 극의 주인공인가?

제 임 스 1 세 시 대

1603년 제임스 1세가 엄청난 부를 누리게 될 것이라고 생각하고 영국 왕위에 올랐지만 현실은 더 이상 왕의 경비를 충족시킬 만큼 왕의 수입이 많지 않다는 것이었다. 제임스는 그의 가족과 총신들에게 지나치게 관대하였는데, 이 때문에 왕을 직접 알현함으로써 모든 것이 좌우되던 궁정에서는 경쟁적이고 시샘하는 분위기가 더욱 심화되었다. 그가 베푸는 지나치게 많은 연회는 사치스럽고 낭비적이라고 비난받았다. 그가 동성애자라는 의심과 남성 총신들에 대한 편애는 방종한 것으로 여겨졌다. 엘리자베스 여왕은 주도면밀하게 자신을 막연하고 위엄 있는 이미지로 보여 주기 위해 노력하였다. 그러나 제임스는 자신이 신하들에게 어떻게 보일지에 대해 신경 쓰지 않았고 또한 자신의 궁정이 부정부패로 가득하다는, 즉 월터 롤리 경의 말로 "썩은 나무"라는 평판을 받고 있다는 사실에도 개의치 않았다. 엘리자베스 시대의 드라마에서 왕과 공작은 생각이 잘못되었을지 모르지만 궁정이 부패한 것은 아닌 것으로 재현되었다. 그러나 제임스 1세 시대의 드라마에서 궁정은 불충하고 방종하며 위선적이고 흉악하게 묘사되었다.

엘리자베스 1세와 제임스 1세는 귀족들의 결혼에 권력을 행사하였고, 반항할 수 있는 잠재적인 근원이었던 귀족들을 통제하기 위하여 결혼을 이용하였다. 대귀족들은 자신의 상속자를 결혼시키기 위하여 엘리자베스 여왕의 허가를 받아야 했다. 제임스 1세는 그 이상으로 대명문가 간에 그들 자제의 결혼을 직접 정함으로써 그들 사이의 마찰을 줄이려고 하였다. 개인적인 차원에서 부모들은 자식들이 복종하기를 기대하였고 복종을 요구함으로써 교회의 지원을 받았다. 엘리자베스 1세와 제임스 1세 시대의 드라마는 이러한 사회적 현실을 반영하였다. 〈템페스트 *The Tempest*〉에서 알론소 왕의 딸, 〈로미오와 줄리엣〉에서 줄리엣, 〈한여름 밤의 꿈*A Midsummer Night's Dream*〉에서 연인들, 〈리어왕*King Lear*〉에서 코딜리아, 〈몰피 공작 부인*The Duchess of Malfi*〉에서 공작 부인 등 이들 모두에게는 결혼을 하기 위하여 가장으로부터의 허가가 필요했다.

희극에 등장하는 독립적이고 유복한 여주인공들은 자신이 선택한 배우자를 얻게 되지만 자신의 권력과 부를 자신이 결혼하는 남자에게 양도한다. 비극적인 여주인공들은 독립성 때문에 처벌을 받지만 오필리아나 코딜리아처럼 비극적인 여주인공들이 부친에게 복종할 때는 결백해 보이고 그들의 죽음도 비극의 조건 내에서 부당하게 보인다. "제멋대로 구는unruly" 여성들은 가부장적 사회를 위협하는 것으로 보인다. 페미니즘 비평은 (클레오파트라나 데스데모나처럼) 종족의 제한을 깨거나 (고너릴, 리건, 몰피 공작 부인처럼) 계급의 제한을 깨고 인정된 기준을 넘어서 배우자를 찾는 여성들에게 어떤 결과가 생기는지를 논해 왔다. 무대에서 여성의 신체는 명백하게 공격을 받는다. 16세기나 17세기 초반의 비극에서 여성들은 심히 학대받거나 강간을 당하거나 병신이 되거나 고문을 당하거나 교살되거나 살해되기 전에 어떤 범죄나 도덕적인 죄를 범하는가? 미들턴이나 웹스터의 극에서 여성들은 그들보다 낮은 신분의 사람을 아마 사랑했던 것 같다. 그렇게 함으로써 여성들은 허용된 이성 관계의 한계를 넘어서고 있다고 페미니즘 비평은 주장한다. 그들의 불륜의 연애와 결혼은 귀족 집단을 모독하게 되며, 그 집단은 그들을 처벌한다.

이 당시에 권력을 사용할 기회가 많았던 여성들은 부유한 귀족의 미망인이었다. 리사 자딘Lisa Jardine과 같은 페미니즘 비평가들은 드라마를, 그 역사적 시기 즉 엘리자베스 1세와 제임스 1세 시대를 예로 들면, 주로 부동산의 양도를 의미하는 재산 상속법과 관련을 시키고 있다. 그들은 극중 여성들의 정열적인 사랑은 남성 등장인물들에 의하여 비행이나 비신뢰성 또는 죄의 표시, 즉 관능적 욕구로 인식되고 있다고 주장한다. 여성들이 더 자유롭게 배우자를 선택하면 할수록 그들은 더욱 위험하고 호색적으로 보인다. 페미니즘 비평가들은 이러한 극에서의 근원적인 메시지는 여성들에게서 권력을 빼앗아 종속적인 상태로 붙들어 두려는 사회의 열망을 뒷받침하고 있다고 주장한다.

연|습|문|제

이 시기의 모든 비극에 나오는 여주인공의 죽음을 생각해 보라. 그 죽음이 편안한 죽음이냐 응징의 죽음이냐 강요된 죽음이냐 아니면 자초한 죽음이냐? 그 여주인공이 왜 죽었는가? 그녀의 죽음이 극중 인물들에게 정당한 것으로 보였을 것인가? 또 그 죽음이 여러분에게도 정당한 것으로 보이는가?

〈오셀로〉

엘리자베스 여왕 시대의 사회에서 흑인으로 분장한 배우들은 드물었지만 제임스 1세의 궁정에는 콘스탄티노플에서 온 외교사절들이 있었다. 성지를 정복했던 그리스도교도들의 전설적인 적인 무어 인들에 대한 이야기는 널리 퍼져 있었다. 그들은 이국적인 인물들로서 매혹적이지만 위험하고 용감한 무사이지만 기만적으로 보였다. 〈오셀로〉 이전까지 무어 인들은 극 중에서 항상 악한으로 그려졌다. 이와 반대로 병사에 대한 일반적인 이미지는 정직하고 능력 있고 용감하고 충성스런 사람이었다. 〈오셀로〉는 이러한 두 전형적인 등장인물들을 반대로 설정함으로써 제임스 1세 시대의 관객들의 예상을 의도적으로 뒤집어 놓았다.

연|습|문|제

도입부에서의 이아고의 말은 복수심에 불타고 분노에 차 있다. 그는 자신의 불충을 자랑삼아 떠벌린다. 당시의 관객들은 병사에게 있어서의 이러한 모습에 의해 충격을 받았을 것이고 그가 대단히 나쁜 사람이라는 것을 금방 알아차렸을 것이다. 어떻게 오셀로가 즉시 영웅적인 인물로서 자리를 잡게 되는가? 무대 연기, 보디랭귀지, 의상, 언어의 함축된 의미 등을 고려하면서 "당신들의 번쩍이는 칼들을 집어넣으시오, 밤이슬에 녹슬겠소"라는 이 시행의 효과를 구체적으로 생각해보는 것이 좋을 것이다.

〈오셀로〉 공연 역사는 유별나다. 대부분의 셰익스피어의 극들은 17세기 후반이나 18세기에 공연 목록에서 빠져 있거나 심히 고쳐 만들어지거나 다시 씌어졌지만 〈오셀로〉는 계속 인기가 있었다. 이 작품은 가장 자주 공연되는 세익스피어의 극이었고 대본도 거의 변경되지 않았다. 18세기 중엽까지 배우들은 계속 당대의 의상을 입었다. 로우의 1709년판 속표지에 그려진 그림에는 오셀로가 빨간 영국군 장교 제복을 입고 있는데 이 복장이 무대에서의 오셀로의 모습이었다. 오셀로는 자제력을 갖춘 영웅적인 군인이지만 질투심과 압도적인 사랑 때문에 격정에 휘말리는 인물로 그 역은 기품 있고 예의 바르고 동정적으로 연기되었다. 타고난 위엄과 예의를 갖추고 아름다운 육체를 가진 흑인으로 그를 묘사한 데에는 '고결한 야만인'에 대한 관객들의 생각이 반영되어 있다. ("그들이 그녀를 속일 때we say, lie on her when they belie her", "일어나라 사악한 복수여Arise black vengeance", "제기랄, 나를 쳐라Whip me ye devils"처럼) 품위 없는 격정을 암시하는 말들은 삭제되었다.

오셀로는 낭만적인 이방인이고 영국군 장교이며 용감하고 예의 바른 신사였다.

모든 면에서 오셀로의 영웅적 행위는 격찬을 받았지만, 신체적으로 흉하게 되어 가고 있는 이아고는 순전한 악인이 되어 갔다. 콜리 시버에 따르면 왕정복고 시대에 배우인 배터턴이 맡은 오셀로의 상대역을 맡았던 새뮤얼 샌포드는 "키가 작고 구부정한 사람"이었다. 18세기 초에 이아고 역을 맡았던 배우들은 악의 도덕적 추악함을 상징적으로 구현하기 위해 검은색 의상을 입고 목소리와 동작을 제어하였다. 반대로 데스데모나는 순종적이고 유순한 순수 상태가 되었다.

존슨 박사Dr. Johnson는 1765년 이 극에 대한 주해에서 세 인물에 대한 18세기의 일반적인 견해를 기술하였다. 그는 각 인물의 해석이 다른 두 인물들과의 대비에 의하여 어떻게 강화되는지를 설명하였다. 문학의 도덕적 효과에 대한 그의 지속적인 관심은 이아고를 절대적 악으로 취급함으로써 자신의 입장을 견고하게 하였다.

> 이 극은 그 자체가 독자들에게 너무나 강렬한 인상을 주기 때문에 이를 이해하는 데 비평적 설명의 도움이 필요하지 않다. 관대하고 꾸밈없고 쉽사리 믿고 자신감은 무한하고 애정은 격렬하고 결심은 강직하고 복수심은 냉혹할 정도의 오셀로의 열렬한 개방성과, 분노를 드러내지 않고 음모는 음흉하고 자신의 이해와 복수에 고심하는 이아고의 냉혹한 악의와, 가치를 확신하고 순수를 의식하며 간청할 때의 꾸밈없는 참을성과 자신이 의심받고 있다는 것을 좀처럼 생각하지 못할 정도로 둔한 데스데모나의 연약한 단순성 등은 인간의 본성을 표현하는 셰익스피어의 천재성을 보여 주는 증거가 되고 있기 때문에 이러한 점을 현대 작가에게서 찾는다는 것은 헛된 일이라고 생각한다. 이아고가 그 무어인을 믿게 만드는 그 점진적인 진행과정과 그를 분노케 하기 위해 이용하는 상황은 너무나도 교묘할 정도로 자연스럽기 때문에 오셀로가 말하듯이 자신이 "쉽게 질투하는 사람이 아니라"고 드러내지 않더라도 우리는 마침내 그가 "극도로 혼란해" 할 때 그를 동정하지 않을 수 없다.
>
> 재능과 결합된 사악함에는 인정되지는 않지만 존경받게 될 수도 있는 위험이 항상 따라다닌다. 그러나 이아고라는 인물은 너무도 잘 처리가 되어서 처음부터 끝까지 증오받고 경멸받는다.

18세기 중엽 부터 무대는 사실주의 경향으로 움직이기 시작했고 19세기에는 지나칠 정도로 많은 역사적인 장면이 연출됨으로써 절정을 이루었다. 오셀로는 영국 의상을 벗고 무어 인의 복장을 하고 등장했으며 동시에 이아고의 검은색 의상의 상징성이 문제시되었다. 1759년 어느 비평가는 "그와 같은 교활한 악한이 모든 사람들에게 그를 낙인처럼 비난하게 할 옷을 선택한다고 생각하면 이상하다. 캐시오와 그가 한 연대에 소속되어 있기 때문에 그들 둘 다 같은 제복을 입어야 한다고 생각한다"라고 적고 있다. 19세기까지 인물에 대한 사실주의적 관심이 지배적이었지만 이아고는 다른 인물들보다 이러한 비평 방법에 잘 맞지 않았다. 중세 도덕극에 등장하는 악역처럼 그는 악마적인 존재로서 간주되었고, 그의 악마 같은 속성을 암시하는 구절들("나는 실제의 내가 아니다 I am not what I am"(1막 1장 65행)와 "나는 그의 발을 내려다보지만 그것은 거짓말이다I look down towards his feet, but that's a fable"(5막 2장 292행)와 같은)이 인용되는데, 이는 이 극에서 성공하는 것은 이아고가 아니라 악의 힘이라는 해석을 뒷받침하기 위해서이다.

연|습|문|제

이 비극은 전적으로 이아고에 의해 비롯되는 것인가? 오셀로나 데스데모나의 성격에서 이아고의 음모에 도움을 주는 점이 있는가? 이 극이 성격의 비극이라고 생각하는가, 선과 악의 상징적 격돌이라고 생각하는가?

빅토리아 시대의 오셀로는 동양이나 아프리카로부터 온 낭만적이고 신비한 인물이었고 그가 겉으로 기독교를 믿고 개화된 것처럼 행동하는 것은 베니스의 관습에 대한 단순한 이해(혹은 오해)에 근거하였다. 배우였던 머크리디Macready가 1836년 오셀로를 "대담하고 기사답다"고 했던 것처럼 오셀로는 고상한 신사였는데 이아고에 의해 배신당했다. 19세기 말까지 이아고의 행동들을 일으키게 된 자극이 발견되었다. 즉 그는 극에서 정말로 총명한 사람이었고 지배하고 관리하는 데서 내적으로 지적 기쁨을 얻었다. 이 때문에 1870년대와 1880년대에 이아고는 악마로부터 바로 그 시기에서의 유능하고 합리적인 "백인"으로 변모되었고, 반면에 오셀로는 "자기 지방 고유의" 단순한 감정으로 가득찬 이국적이고 열정적이고 "백인과는 다른" 사람으로 보여지고 있었다. (일부 비평가들이 "백인의 부담"에 대한 빅토리아 시대적 사고나 대영제국주의와 관련시키는) 이러한 해석에서 문명과 야만사이를 불안정하게 맴돌며 전혀 확고하게 살고 있지 않은 오셀로에게서 이아고는 쉽게 의심을 불러일으키게 된다. 19세기 말부터 심리적인 행동 동기가 이아고에 주어졌다. 즉 동성애적으로 오셀로에게로 이끌렸거나, 오셀로의 주의를 끌기 위해 데스데모나와 경쟁하게 하고 여성을 배제하는 군대의 공동생활로 인한 남성간의 긴밀한 유대가 그 동기들이다.

지나치게 섬세한 이아고에게는 오셀로의 타고난 고결함과 단순성은 정말로 개화된 것으로 보일 수 있고 베니스의 세련됨은 야만적인 것으로 보일 수도 있다. 〈셰익스피어의 비극*Shakespearean Tragedy*〉(1904)에서 브래들리A. C. Bradley는 낭만적이고 빅토리아 시대적인 오셀로를 우리에게 제시했다.

> 그는 우리 세계에 속하지 않지만 어디서인지는 모르지만 거의 이상한 나라로부터인 것처럼 우리 세계로 들어오는 것 같다. 그가 왕실 출신이라는 데에, 그가 광대한 사막과 훌륭한 사람들 사이를 헤매고 다녔다는 데에, 마법의 손수건과 여자 점쟁이들에 대한 그의 이야기에, 그가 영웅적인 역할을 했고 불사신이 되었던 수많은 전투와 공성에 대하여 우리가 갑자기 어렴풋이 알게 된 데에, 그의 세례와 노예로 팔려가게 된 사건과 알레포에서의 체류에 대해 그가 우연히 언급한 데에도 이상한 점이 있다. 〔…〕 그렇게 그는 그가 태어난 곳의 햇빛을 받으며 검지만 당당하게 우리 앞에 나타난다. 그러나 더 이상 젊지는 않지만 이제 진지하고 자제력을 갖추고 수많은 위험과 곤경과 부침을 겪어 강철같이 단단해졌고 태도와 말투에서 단순하지만 위엄 있고, 본래 겸손하지만 자신의 가치를 충분히 의식하며 국가에 대한 자신의 공헌을 자랑스럽게 여기며 고관들을 두려워하지 않고 명예와 무관한 훌륭한 사람이며, 밖으로부터의 모든 위험과 안으로부터의 모든 반항에 대해 안전한 것 같다. 그리고 그는 결국 자신의 인생에 있어서 사랑이라는 최후의 영광을 받게 된다.

브레들리는 오셀로의 파멸이 자신에 의해 초래되었다고 주장했다. "오셀로의 마음은 〔…〕 매우 단순하다. 〔…〕 감정에 의해 자신의 상상력이 자극되지만 자신의 지성은 혼란되고 둔해진다. 〔…〕 그는 본래 너무나 격렬한 열정으로 가득 차 있다." 반대로 이아고는 "빼어난 의지력과 지력"을 가지고 있다. 브레들리는 이런 식으로 두 사람을 대조함으로써 냉정하고 합리적이고 지적인 이아고와 점차적으로 이성을 상실하게 되는 성미가 급하고 감정적인 오셀로를 대비시키고 있는 이 극을 구조적으로 해석하였다. 이성 대 격정.

이외에 악과 선, 기독교와 이교도, 내부자와 외부자, 흑과 백 등의 분명한 구조적인 대비들이 있다. 악마 같은 이아고는 인내심이 강하고 고통받고 그리스도 같은 데스데모나와 대비될 수 있고 기독교도인 베니스 인들은 도로 이교도가 되어 가는 오셀로와 대조될 수 있다.

확고한 기초를 두고 있는 베니스사회는 "선회하는 이방인wheeling stranger"과, 베니스의 백인들은 흑인 오셀로와 대조될 수 있다. 로데리고와 브라반티오는 둘 다 그들이 인종차별주의자임을 나타내는 언어를 사용하고 있으며, 공작의 분명히 칭찬하는 말인 "당신의 사위는 피부는 검지만 마음은 더 희오Your son-in-law is far more fair than black"(1막 3장 289행)라는 말은 어떤가? 희다는 것이 선하고 잘 생긴 것과 동일하고 검다는 것은 나쁘고 못생긴 것과 동일하다는 비교의 조건을 다 같이 이해할 때 칭찬인지 아닌지가 결정되고 이 칭찬은 베니스의 무의식적인 인종차별을 보여 준다. 오셀로는 그의 군사적 용맹함을 극히 필요로 하는 국가에 의해 친절하게 대우를 받았다면 이아고한테 속아서 그러한 생각을 갖게 될 때까지는 데스데모나에게서조차 잠재의식적인 인종차별의 가능성을 직면하지 못했을지도 모른다.

연|습|문|제

1930년 런던에서 1943년 미국에서 폴 롭슨의 오셀로 역의 연기는 무대에서 백인 여인을 포옹하는 흑인에 대한 대중의 반응을 시험하였다. 물론 이는 본래 〈오셀로〉의 플롯이지만 그 당시에는 흑인 남자 배우와 백인 여자 배우를 배역에 맡기는 일은 흑인 금기에 대한 도전이었다. 로렌스 올리비에가 1964년 국립극장에서 오셀로 역을 했고 앤소니 홉킨스가 1981년 BBC 방송에서 그 역을 했던 것처럼 백인 배우가 오셀로 역을 맡을 때가 언제인가 하는 질문을 오늘날 더 많이 할 것 같다. 이러한 연출이나 다른 연출의 공연들에 대한 상황이나 관객의 반응을 연구하고 싶을지도 모른다. 오셀로의 배역을 정하는 문제와 관객의 인종에 대한 인식 사이에 관계가 있다면 그 관계는 무엇인가?

20세기에 "고상한noble" 오셀로에 대한 생각은 궁지에 몰리게 되었다. 그를 "비열한ignoble" 인물로 묘사하기로 결정한 사람들은 그의 자기중심적이고 자신을 극적으로 표현하는 말들을 지적하였는데 그 말들 속에서 그는 영웅으로서의 자신에 대한 낭만적 이야기를 만들어 내고 있다. 엘리엇T. S. Eloit은 그가 현실을 도피하려고 애를 쓴다고 비난하였다. 그의 자살에 대한 변에 관해 엘리엇은 다음과 같이 썼다. "나는 인간의 약점을 더 심하게 드러내는 글을 읽어 본 적이 없다고 항상 느껴 왔다." 만약 결점이 별로 고상하지 못한 오셀로에게 있었을 때엔 이아고의 힘도 축소되었다. 더 이상 악의 상징이 아닌 그는 낮은 자존심을 높이기 위하여 악마에 대한 허튼소리를 내뱉는 야비한 소인배 정도밖에 안 되는 인물로 일부 비평가들의 눈에 비쳤다. 그러나 가장 과격한 재평가가 이루어진 인물은 데스데모나였다.

빅토리아 시대 사람들에게 데스데모나는 순수하고 겸손하고 의존적이고 힘없는 여자였다. 해즐릿은 그녀의 체념과 천사같이 사랑스런 천성에 대해 이야기했다. 무대에서 데스데모나 역을 하는 여배우들은 원로원이나 브라반티오나 이아고 앞에서 그리고 기도를 하면서 무릎을 꿇은 채 많은 시간을 보냈다. 그러나 무대에 처음 등장할 때 데스데모나는 권력을 구현한다. 제임스 1세 시대의 관객들은 그녀가 아버지의 동의 없이 결혼을 하고 남성 청원자를 통하지 않고 직접 공작에게 말하기 때문에 그녀를 매우 고의적으로 반항하는 인물로 간주했을 것이다. 왜 그녀가 키프로스에서는 너무도 복종적이고 수동적이 되는가?

페미니즘 비평은 이 극에서 남성의 규범과 여성의 규범이 모든 여성들에게 어떠한 영향을 미치는지를 물음으로써 그 문제를 그 이상으로 해석하기 시작하였다. 에밀리아와 비안카는 남성 소집단인 군대에서의 그들의 열등한 위치 때문에 무시되고 있다. 일부 비평가들은 에밀리아가 학대받는 아내라고 주장하기까지 한다. 비안카는 그녀의 직업 때문에 경멸받고 불신받는다. 페미니즘 비평의 시각에는 데스데모나가 극의 초반에 강하고 개방적이고 자신 있는 여성으로 보이지만 왜 자신의 행동에서 너무나도 급진적인 변화가 일어나고 또 너무나도 빨리 일어나는가? 이아고와 오셀로는 군 경험을 같이 함으로써 맺어지고 자신들의 아내보다는 서로한테 더 편안하게 느낀다. 최근의 한 페미니즘 비평은 키프로스에서 데스데모나가 결혼한 날밤 그녀에게 일어나는 주요한 사건에 근거하여 그녀는 성적으로 격렬하고 이 점은 결혼 전까지만 해도 경멸감을 가지고 여성들을 다루는 남성의 군대 규범을 가지고 살아온 오셀로에게 충격을 준다고 주장하고 있다.

연|습|문|제

연극이나 영화를 통해 보았던 여러 연출 공연들에서 데스데모나의 연기를 비교해 보라. 순수하고 수동적인 독서는 의외로 계속되고 있다. (오슨 웰스의 영화를 보고 싶을지도 모르고 그 영화에 나오는 장면의 사진들을 보고 싶을지도 모른다). 연극 내내 데스데모나를 강한 인물로 보이도록 한 그녀의 묘사를 본 적이 있었는가, 혹은 보고 있다는 상상을 할 수 있는가?

〈몰피 공작 부인〉

〈몰피 공작 부인〉(1613)의 여주인공은 자신이 선택한 남자와 결혼하기 위하여 집안에 반항하는 또 다른 강한 여성이다. 극이 시작할 때 그녀는 과부가 되어 남성 음모가들로 가득한, 위험스러울 정도로 부패한 이탈리아의 궁정에 맞서서 은밀하게 행동해야 한다. 웹스터Webster의 인물들은 황폐하고 병적인 세상에서 살고 있다. 그의 플롯은 계획된 살인이나 우발적인 살인의 장면들을 제공하고 그의 시는 죽음과 부패와 묘지에 대한 언급으로 가득 차 있다. 비밀은 어둡고 의심스러운 분위기에 기여하고 있다. 인물들은 서로에 대한 진실을 알아내기 위해 몹시 노력하면서 아첨하고 기만한다. 공작 부인은 자신의 은밀한 삶에 의해 고립되고, 보졸라가 그녀를 알고 사모하게 되지만 그는 너무 서서히 변화하기 때문에 그녀를 보호해 줄 수 없다.

연|습|문|제

웹스터의 모든 극에서 정직한 인물들이나 신뢰하는 관계는 거의 없다. 어떤 인물이 정직하다고 생각하고 그런 인물들은 플롯에 있어서 얼마나 중심이 되는 인물들인가?

보졸라는 〈몰피 공작 부인〉에서 가장 흥미로운 인물들 중 하나이다. 그는 줄리아에게 자신이 "어리석은 군인"이라고 말하지만 "간첩"이나 스파이로서 암약한다. 그는 둘로 양분된 인간이다. 그는 공작 부인의 오빠들이 그들의 복수를 위해 이용하는 우울증 환자인가, 아니면 공작 부인의 살인자들을 살해하는 정의의 사자이며 운명의 대리자인가? 아니면 신의 대리인, 다시 말해 공작 부인을 자만과 제멋대로 하는 성향으로부터 자기연민과 자살하고 싶을 정도의 절망을 통해 체념과 평정과 겸손으로의 정신적 여행을 겪게 하는 수단인가? 엘리자베스 시대의 드라마인 말로의 〈포스터스 박사〉의 플롯에는 신에 대한 절대적인 믿음이 그 중심에 있다. 제임스 1세 시대의 비극들은 이보다 더 회의적인 태도를 보여 주고 있으며 인물들은 내세에 대해 당혹해 하는 것 같지만, 죄가 있든 없든 모두 죽이므로 정의에 대한 우리의 인식이 문제시된다. 〈몰피 공작 부인〉에서 신의 존재가 명백한가, 아니면 극중 세계가 보복적인 운명이나 임의적인 우연에 의해 지배되는가? 이는 이 극이 순전히 단순한 복수극으로서 아니면 운명에 관한 극으로서 아니면 비유로서 읽히는가에 달려 있다.

연|습|문|제

〈몰피 공작 부인〉에서 인물들이 우주의 배경과 내세에 대해 언급하고 있는 구절들을 모두 수집하라. 이 인용 구절들로부터 이 극이 가지고 있는 이러한 개념에 대한 태도에 대해 어떤 점들을 알 수 있는가?

이 극에 대한 비평적 논쟁은 공작 부인에게 집중되어 왔다. 그녀는 그녀의 칭호만으로도 알 수 있듯이 대저택들과 삼림들과 목초지들을 소유하고 있는 지체가 높은 부인이다. 그녀는 르네상스 시대의 귀족이기 때문에 자신의 신분보다 낮은 사람과 결혼하는 것은 관습에 어긋난다. 3막 5장에서 그녀는 사람에게 있어서 "자신의 행동"은 계급보다 더 중요하게 생각되어야 한다고 감동적이면서도 재치 있게 주장하지만 자신이 사회의 규범을 어기고 있음을 알고 있다. 그녀의 오빠들은 제임스 1세 시대의 비극에서 재혼하는 과부들에 대한 남성 인물들이 갖는 성적인 혐오감을 반영하는 ("육욕lust", "매춘부whore", "악명 높은 매춘부a notorious Strumpet"와 같은) 말투로 그녀를 비난한다.

극 중에서 그녀는 무절제하고 거만하며 음탕하고 경솔하며 고집스럽다고 비난받지만, 다정하고 애타게 할 만큼 인정 많고 자제심이 강하고 능력 있으며 위험이 닥칠 때 명민하게 생각할 줄 아는 여자로 그려지고 있다. "나는 아직도 몰피 공작 부인이에요I am Duchess of Malfi still"라는 말은 그녀가 한 가장 유명한 대사이며, 이 대사는 거만하게, 혹은 반항적으로, 혹은 빈정거리며, 혹은 냉철하게, 혹은 자기 기만적으로 해석될 수 있다. 일부 비평가들은 그녀를 스스로 결정한 개인주의자로 간주한다. 신교의 교리는 자기결정을 인정하지 않았다. 칼뱅의 《법전*Institutes*》에는 다음과 같이 적혀 있다.

> 우리는 우리 자신의 것이 아니다. 그러므로 우리는 우리의 육체적인 요구에 합치될 수 있는 바를 추구하는 것을 우리의 목표로 삼아서 는 안 된다. 우리는 우리 자신의 것이 아니다. 그러므로 가능한 한 우리 자신과 우리의 것들을 잊어야 한다. 달리 말하면 우리는 신의 것이다. 그러므로 신을 위하여 살고 신을 위하여 죽어야 한다.

연|습|문|제

공작 부인을 신에 반항하고 스스로 결정하는 자, 즉 르네상스 시대에서의 개성의 요구를 구현하는 사람으로 판단해야 하는가? 그녀는 집안의 토지와 재산과 사회적 지위를 보호하려는 오빠들의 결정에 의한 희생양인가, 아니면 죄받을 자만으로부터 정신적 체념까지 경험하는 그리스도교적 인물인가? 그녀의 성격을 어떻게 생각하던 간에 그녀가 하는 대사의 힘과 무대의 고통과 죽음의 장면들에서 재현되는 그녀의 행동을 고려할 필요가 있다. 공작 부인에 대한 자신의 견해를 뒷받침하기 위하여 어떠한 증거들을 선택할 것인가?

벤 존슨

벤 존슨Ben Jonson은 대중 극장을 위해 연극을 썼고 제임스 1세의 궁정을 위하여 디자이

너인 이니고 존스Inigo Jones와 함께 가면극을 만들었다. 그가 궁정 가면극을 주도하는 작가가 되게 된 것은 그 극들에서 연기하는 것을 즐기는 앤 여왕에 힘입은 바 크며, 1604년에 그에게 처음으로 궁정의 관직을 주었던 것도 앤 여왕이었다. 1616년 그는 장려금을 받기도 했지만 궁정과는 불편한 관계를 가지고 있었다. 그는 궁정에서의 위선, 음모, 부패를 혐오하였다. 제임스 1세가 스코틀랜드 출신 친구들에게 많은 금전과 토지를 하사한 것에 대해 〈동쪽으로 향해*Easterward Ho!*〉(1606)라는 극에서 풍자적으로 공격한 것 때문에 존슨과 그의 공저자는 투옥되었다. 존슨은 호전적인 성격을 지니고 있었고 이 때문에 공저자들이나 다른 작가들과 사이가 틀어지고 결국 이니고 존스와도 틀어지게 되었다. 호전적인 성격 때문에 종종 곤경에 처하곤 했다.

그의 작품들은 고전의 전형에 기초를 두고 있다. 그는 자신의 시의 스타일에 있어서의 고전적인 정확성과 연극에서의 시간 · 장소 · 행동의 삼일치의 관례를 지키는 것을 자랑으로 삼았다. 계부와 함께 벽돌 쌓는 일을 하기 위해 어린 나이에 웨스트민스터 학교를 그만두기는 했지만 고전에 대한 확실한 기초를 가지고 있었으며, 고전을 계속하여 읽으며 독학을 통하여 고전에 대한 식견을 넓혔다. 그의 어느 극작품이든 그것들을 면밀히 연구해 보면 그가 얼마나 많이 고전을 이용하였는지를 알 수 있다.

〈볼포네〉

〈볼포네*Volpone*〉(1605)의 복잡성과 도덕적 모호성 내에서 존슨은 궁정에 대해서 그리고 세속적인 성공에 대해서 자신이 느꼈던 매력과 혐오감을 풍자적으로 표명하였다. 표면상 이 희극의 도덕적 입장은 단순해 보인다. 즉 이 연극의 도덕적 입장은 탐욕에 대한 비난을 요구한다. 인물들은 개인이 아니라 전형이거나 "인간의 기질"이다. 그들의 이름은 그들이 나타내는 동물이나 새의 포식성과 직접 관련이 있다. 독수리, 까마귀, 갈가마귀는 죽은 동물의 살을 먹는 새들이다. 우화 속의 교활한 동물인 여우는 속임수의 명수이다. 성가시지만 분명히 해롭지는 않은 파리는 이리저리 날아다니고, 결국 파리 또한 죽어 썩어 가는 고기를 먹는다는 것을 알게 된다. 볼토레, 코르바치오, 코르비노라는 인물들은 비난받아야 마땅한 인물들이다. 그들은 탐욕 때문에 그들이 추구하는 것, 즉 부를 위태롭게 하고 놓치게 된다. 그들은 탐욕 때문에 그것이 아내의 정조를 보호하는 것이든 아들의 유산을 보호하는 것이든 간에 인간을 동물과 구별하게 하는 관계를 저버린다.

착한 행동의 본보기인 실리아와 보나리오(보나리오는 "착한good" 사람을 뜻하고 실리아는 "천국 같은heavenly"이란 뜻이다)를 생각할 때 이 극은 더 이상 단순하게 보이지 않는다. 실리아가 볼포네의 사기 행각에 의해 매혹당할 때 그녀는 자신의 어려움을 부추기는 것인가? 손수건을 떨어뜨리는 그녀의 행동이 그녀가 유혹에 빠지기 쉽다는 표시가 될 수 있고 볼포네는 그 행동을 분명히 그렇게 판단했다. 그녀는 남편의 배반에도 불구하고 여전히 변함없고 그의 명령에 저항하지만 상황은 의심스럽다. 볼포네가 성공하기를 바랄 수는 없지만, 그녀 남편의 행동에도 불구하고 그녀가 정숙하게 남아 있어야 할까? 플롯의 해결은 그녀를 구제해 주는 자인 젊고 잘 생긴 보나리오에게 있는 것 같다. 그러나 또한 여기서의 사정은 결코 단순하지가 않다. 그의 선한 의도에도 불구하고 실리아와 그는 결국 그들 자신의 정직과 미덕에 의해서도 아니고 신이나 운명이나 법의 정당한 개입에 의해서도 아니라 볼포네가 스스로 정체를 드러냄으로써 구제된다. 공모자들이 혼란해 하고 있는 와중에 실리아와 보나리오의 결합이 기대된다. 희극으로의 익숙한 낭만적 결말을 인정하지 않으면서 선과 도덕적 미덕에 대한 제시도 미약하다.

연|습|문|제

실리아와 보나리오에 대한 인상은 어떠한가? 그들이 인물로서 매력적이라고 생각하는가? 이 극의 끝에서 이 두 사람을 짝지어 줌으로써 얻는 바는 무엇이고 잃는 바는 무엇인가?

볼포네라는 인물과 더불어 이 극의 도덕적 세계는 훨씬 더 모호해진다. 탐욕에 대한 비난은 이 극의 핵심이고 이 극은 사실적일 뿐만 아니라 상징적으로 부를 신성시하면서 시작된다. 그러나 볼포네가 숭배하는 것이 부인가, 아니면 부의 "교활한 획득cunning purchase"과 연기를 하는 데에 즐거움을 가질 기회인가? 왜냐하면 그는 훌륭한 배우여서 침착과 허세로 이런저런 역을 척척 해내고 자신의 성공에 매우 기뻐한다. 그는 그의 장난을 간파하고 있는 유일한 자인 모스카를 파멸시키기 위하여 자신의 정체를 드러내기로 결정한다. 그는 전통적이고 금욕적인 구두쇠가 아니라 관능주의자이다. 언어와 음악, 시와 창작이 그에게 쏟아져 나오는데, 이는 사랑스런 여인이건 실리아에게 그가 하는 유혹의 말 속에서 그가 묘사하는 관능적 즐거움이건 간에 인생의 아름다움 속에서 그가 갖는 쾌락의 증거이다. 존슨은 그에게 시인이 갖는 이미지와 활력을 부여하고 있다.

연|습|문|제

극중의 악한에게 주어지지 않았다면 영웅적인 인물에 의해 말해질 수 있었을 그런 대사나 이미지를 볼포네의 대사에서 찾아볼 수 있는가?

무대 연극으로서 〈볼포네〉는 매우 감동적이다. 이는 부분적으로는 볼포네와 모스카의 무대 연기에서 비롯되고 또 부분적으로는 그들의 음모와 그 실행을 그들이 분명히 즐긴다는 데서 비롯된다. 이 두 인물 모두 전염성인 즐거운 자축에 빠지고 그들의 열렬한 행동으로부터의 즐거움 때문에 그들에 대한 비난은 누그러진다. 볼포네의 활력은 그가 젊지 않기 때문에 인상적이지만 그가 가장하고 있는 병은 언제라도 현실이 될 수 있다.

연|습|문|제

할 수만 있다면, 인생에서의 쾌락을 얻어내려는 모진 결심을 보여 주고 있다는 느낌을 볼포네에게서 얻어낼 수 있는가? 그의 세 "자식", 즉 난쟁이, 남녀추니, 환관은 어찌 되었나? 그가 집안에 이 세 자식을 데리고 있다는 사실로부터 그에 관한 어떤 점을 알 수 있는가? 볼포네가 소름끼치는 인물이라고 생각하는가 아니면 매력적인 인물이라고 생각하는가?

이 극의 출판본 앞에 쓰인 서한에서 존슨이 여러 가지 점에서 방어적이라는 것이 드러나고 있다. 그 중 하나가 그의 희극의 결말 혹은 그가 하는 표현으로 "마감going-out"은 "즐겁지가 않다not joyful"는 것이었다. "우리는 막간극에서 악을 결코 벌하지 않지만 울부짖는 입에 재갈을 물리기to put the snaffle in their mouths that cry out, we never punish vice in our interludes" 위하여 그의 인물들을 심히 벌한다고 그는 주장한다. 그러나 그는 방어로서는 이것으로 충분하지 않다고 느끼는 것 같으며 그래서 "정의를 모방하여 실제로 가르치는 것이 희극 작가의 임무the office of a comic poet to imitate justice and instruct to life" 라고 계속 주장한다. 이 서한은 관객들이 이 극의 결말을 보고 충분히 즐겁지 못하다고 생각하여 그 결말에 실망할지도 모른다는 우려를 드러내고 있다.

연|습|문|제

이 극의 결말, 즉 보나리오와 실리아의 관계에 있어서 과단성의 부족, 볼포네와 모스카의 처벌의 강도에 있어서 계급에 근거한 차별, 볼토레와 코르비노와 코르바치오가 처하게 되는 상황을 생각해 보라. 이러한 결말이 정당하고 교훈적이라고 생각하는가, 아니면 해결되지 않은 상황들이 혼란스러운가?

〈템페스트〉

〈볼포네〉의 서문에서 존슨은 엘리자베스 여왕 시대의 희극들이 시간 · 장소 · 인물의 삼일치라는 고전의 법칙을 지키지 않는다고 넌지시 비난하고 있다. 초기의 셰익스피어의 희극들은 장소와 시간에서 그 범위가 매우 넓게 걸쳐 있지만, 마지막 희극에서 셰익스피어는 고전의 삼일치를 지키면서 작품을 썼다. 〈템페스트〉의 이야기는 한 장소, 즉 어느 섬에서 일어나는데 프로스페로는 단 하루 동안에 그의 계획을 완료해야만 한다고 생각한다. 아마도 셰익스피어의 마지막 일인극 작품인 〈템페스트〉는 폴리오의 세 가지 장르인 역사극, 희극, 비극 중 어디에도 잘 들어맞지 않는 일련의 마지막 작품들에 속한다.

〈템페스트〉는 또 다른 면에서 독특한 작품이다. 이 극은 셰익스피어가 실내 극장인 블랙프라이어스를 위해 쓴 유일한 극이다. 이 극은 극장 글로브에서 공연이 되었고 1611년과 1613년에 궁정에서 여러 행사 때 공연이 되었는데, 1613년의 공연은 제임스의 딸인 엘리자베스 공주와 선거후 팰러타인과의 결혼식 잔치의 일부로 행해졌다. 이 극에서는 화려한 구경거리와 기이한 장치를 사용하는 가면극 전통의 효과를 볼 수가 있다. 프로스페로의 마법은 마법, 환영, 춤, 가면극을 통해 발휘된다. 환영들은 가면극들과 책만으로 학문을 배우기를 좋아했던 제임스 왕에 대한 경의의 표시로서 고안이 되었는지도 모른다. 환영들은 흔히 형상화의 비유, 즉 예술의 환상을 일으키는 힘으로 생각되었고, 전기적으로는 셰익스피어의 의식적인 무대와의 결별로 해석되었다. 현재의 비평에서는 전기적인 해석에 대해 회의적이지만, 극 자체에 대한 예술가의 통제를 반영하는 이 극 중에서의 사건들과 인물들을 프로스페로가 통제하고 있다는 것은 분명하다.

셰익스피어는 이 이야기를 실제 사건에 대한 소문에 근거하였다. 1606년에 버지니아 회사가 설립되었고 1607년에는 최초로 미국에 식민회사를 설립하였다. 1609년에는 신식민지로 향하던 소규모 선단 중 한 척이 "무시무시한 폭풍dreadful storme"에 난파되었다. 상당한 행운과 결의로 식민지 개척자들은 버뮤다 제도에서 최초로 육지를 발견하였고 그들이 놀랍게도 이 섬들이 "악마나 사악한 유령에게 맡겨져 있는 것not given over to Devils and wicked Spirits"이 아니라 "만족스럽고 살 만하고 넓다는contenting, habitable" 것을 발견했다. 학자들은 셰익스피어가 이러한 인용들이 취해진 목격자들의 이야기를 읽었다고 확신한다. 최근의 연구들은 이 극이 신세계에서의 식민지 모험에 대한 셰익스피어의 공든 분석을 보여주고 있다고 주장한다.

현재의 또 다른 해석은 이 또한 이 극을 그 최초의 공연과 역사적 시기와 관련을 시키고 있는데 신세계로의 해석은 이 극이 구세계를 배경으로 하고 있다는 사실을 무시하는 것이라고 지적한다. 밀라노 · 나폴리 · 튀니스는 지중해 연안의 르네상스 시대의 국가들이었다. 나폴리의 궁정이 해상에 있는 이유는 튀니스에서의 왕족의 결혼식 때문이다. 이 극에는 제임스 1세의 궁정의 희망과 근심과 그의 외교적이면서도 왕가의 동맹을 맺는 데 있어서의 관심을 반영하고 있다고 이 해석은 주장한다. "굽어 보십시오, 신들이시여/그리고 이 부부에게 축복의 왕권을 내려주십시오Look down, you gods/And on this couple drop a blessed crown"(5막 1장 201–202행)라는 곤잘로의 기도는 제임스 1세의 딸과 그녀의 신랑 앞에서 말해졌어야 할 그런 기도이다.

연|습|문|제

이 극에서 표현된 궁정의 역사적 상황들과 제임스가 자신의 자식들을 위해 적절한 배우자를 확보하려는 외교적 노력을 생각해 보라. 이 극에서 왕가의 결혼에 대한 비슷한 관심의 어떤 증거를 찾을 수 있는가? 전체적으로 이 주제가 이 극에 얼마나 중요하다고 생각하는가?

17–18세기에 캘러밴Caliban은 괴물로서 제시되었다. 프로스페로는 인간의 계몽주의적 이상을 신이 만든 최고의 창조물, 즉 이성의 절정에다 맞추었기 때문에 캘러밴은 신체적으로나 정신적으로 피조물 중 최하위로 분류되었다. 캘러밴은 "세 가지 분명한 기질, 즉 악마적인 기질 · 인간적 기질 · 잔인한 기질이 혼합된 인물"이라고 1777년 비평가인 모리스 모건이 기술하였다. 캘러밴이 인간의 특질들을 가지고 있다고 처음으로 믿었던 사람은 이 극의 상상력과 시적 요소에 관심을 가졌던 낭만주의 시인들이었다. 1811–12년 사이의 강의에서 해즐릿은 그에 대해 다음과 같이 말했다.

> 셰익스피어의 모든 인물들 중 가장 야만적이고 가장 멍한 인물들 중 하나이고, 신체든 정신이든 그의 기형은 그 속에 드러나는 상상의 힘과 진실에 의해 회복된다. 〔…〕 셰익스피어는 캘러밴의 잔인한 마음을 본래의 순수한 형태의 성질들과 연결시켜 묘사하고 있다. 즉 그 성격은 심어진 곳에서 자유롭고 거칠고 야생적으로 자라난다. 〔…〕 여기서 시인은 어린아이의 단순함을 가진 야만인을 우리에게 제시하며 그 이상한 괴물을 호감을 주는 인물로 만든다.

해즐릿은 또한 캘러밴이 그의 어머니로부터의 승계에 의해 그 섬의 합법적인 지배자였음을 지적하였는데, 이러한 지적은 20세기 정치적 해석에 입수된 견해를 예고하고 있는 것이다.

19세기 말에 캘러밴은 다윈의 진화론이나 인류와 유인원의 중간에 있었다는 가상의 동물인 미싱 링크와 관련되어 해석되기도 하였다. 배우인 허버트 비어봄 트리Herbert Beerbohm Tree는 캘러밴의 반인 반수의 특징을 강조하면서 "그가 음악을 좋아하고 보이지 않는 세계와 관계가 있다는 점에서, 우리는 이러한 기본적인 인간의 야만적인 육체가 살고 있는 영혼 속에서 미감의 근원을 인식한다"고 썼다. 그의 몸차림이 동물같이 털이 덥수룩하고 해초가 잔뜩 묻어 있기는 하지만 비어봄 트리는 잠시 인간의 감정을 가지고 그에 대한 묘사를 마쳤다. 물러가는 배가 수평선 위에 보였다. 캘러밴은 말 없는 절망 속에서 배를 향해 두 팔을 뻗었다. 무대 조명이 어두워져 밤이 되자 캘러밴은 "외로운 바위 위에 남겨졌다. 다시 한번 그는 왕이 된다". 프랭크 벤슨Frank Benson이 "동물원에서 원숭이들과 비비를 쳐다보면서 오랜 시간을 보냈으며 무대 위에 있는 나무 위로 올라가 가지에 거꾸로 매달려 있기를 즐겼다"고 그의 아내는 회고하였다. 에드워드 고든 크레이그는 그가 "생선을 물고 무대로 들어갔다"고 기록하고 있다.

연|습|문|제

다음 삽화와 19세기에 연출된 〈템페스트〉에 대한 삽화들을 살펴보고 캘러밴의 몸차림을 생각해 보라. 그의 외관은 어떤 생각을 갖게 하는가?

19세기의 무대 장치는 사실적이었는지 모르지만 19세기와 20세기 초반의 비평에서는 프로스페로가 은근한 통제를 하고 있다고 지적한다. 그가 통제하고 있는 것이 무엇인가 하는 것은 비유적 해석에 따라 각기 달라졌다. 만약 캘러밴이 문명이 시작될 때 진흙으로부터 일어서려고 애쓰는 인간이라면 프로스페로는 그를 계몽시키기 위해 길들이고 교육하는 절정에 있는 문명이다. 만약 강탈적이고 흉악한 조신들이 타락한 인간들이라면 프로스페로는 변화와 정화와 화해와 신성한 용서를 허락하는 자이다. 만약 그 섬이 비옥하지만 갱생하지 못하는 성질을 나타낸다면 프로스페로는 변화시키는 예술혼을 상징한다. 프로스페로가 신이 되어 보려고 했지만 결국 그는 자신의 "서투른 마법"과 가면극의 허식을 버리고 참회하는 그리스도교도가 되었다. 그는 "천상의 음악"을 요

캘러밴 역을 맡은 허버트 비어봄 트리를 그린 찰스 부첼의 그림

청한다. 종막에서 그는 "절망despair", "자비mercy", "과실faults", "면죄된pardoned", "대사indulgence"와 같은 그리스도교의 언어를 사용하면서 겸손해진다.

20세기까지 계속된 빅토리아 시대의 비유적인 해석은 프로스페로를 식민지 개척자로 캘러밴을 저개발 국가의 원주민으로 보는 정치적인 해석이었다. 이러한 해석은 빅토리아 시대의 제국주의에 의하여 시작되었다. 1892년 앤드루 랭Andrew Lang은 억압받는 캘러밴을 동정하는 말로 다음과 같이 주장하였다.

> 그는 문명의 이익에 받아들여졌다. 그는 가르침을 받았다. 그의 섬에 있는 자원들은 개발되었다. 그는 미국에 있는 인디언이나 오스트레일리아에 있는 흑인들이나 히스파니올라 섬에 있는 원주민들과 같았다. 그 후 그는 죄를 범했다. 용서받을 수 없는 죄였지만 운명적으로 그가 범하지 않을 수 없었던 죄였다. 그래서 그는 벌을 받았다. 우리는 전 세계에 있는 원주민들을 벌하지 않는가, 우리 문명화된 권력자들인 우리 모두가?

〈템페스트〉는 구세계가 신세계와 마주쳐서 힘 있는 자가 힘 없는 자를 만나 그들의 영토를 점거하고 그들에게 지배자의 언어를 강요했을 때를 나타내는 것으로 해석되었

다. 더 이상 프로스페로는 잃은 것을 회복시키고 좋은 통치권의 번거로운 임무들을 사심 없이 짊어지는 자비롭고 화해시키는 마술사가 아니었다. 대신에 그는 성마르고 복수심에 불타며 그 섬을 자신이 강탈했고 이는 자신의 동생이 밀라노를 강탈한 것과 대등하다는 것을 깨닫지 못하는 인물로 판단되었다. 프로스페로에게 동정적인 해석에 있어서는 그가 용서를 배우고 극이 진행되는 동안 교만한 통제에서부터 겸손을 보이는 쪽으로 움직인다. 좀더 암울한 해석에서는 캘러밴과 아리엘을 동정하게 되는데, 원주민으로서 그들은 권력자에 의해 침해받고 통제되고 마침내 더 이상 그들의 봉사를 필요로 하지 않는다고 버림받는다. 20세기 후반에 식민 지배하에 있는 원주민들의 상징으로서 캘러밴에 대한 견해는 확대되어 모든 고통받고 무시당한 집단, 해방을 위해 제3세계 국가들의 고투와 흑인에 대한 인종차별 정책을 타파하기 위한 운동을 포함하게 되었다.

데이비드 캐스턴David Kastan은 다음과 같이 기술하였다.

> 최근의 비평에서는 이 극이 지상 존재 간의 소란을 정비하고 사랑과 인간의 존속을 재확립하는 "위대한 창조적 본질"을 가진 손이 느껴질 수 있는 로맨스의 이상화와는 전혀 무관한 것으로 간주하였다. 〈템페스트〉는 더 이상 사회적 화해와 도덕적 갱생이나 자비로운 예술적 효과나 신의 의도를 가진 극이 아니다. 이제 이 극은 심지어는 "제국의 수단" 그 자체로서 제임스 1세의 궁정의 권력에 대한 의지에 함축되어 있는 영국 제국주의의 초기 국면에 대한 효력이 있는 기록으로 보인다.

연|습|문|제

이 극을 주제적인 면으로나 비유적으로 해석하는 것에 대한 분명한 표시는 연출가들이 프로스페로의 종막 이후에 무대 연기를 추가하느냐 하는 것이다. 프로스페로의 퇴장이나 에필로그를 이 극의 마지막 장면이 아니게 의도적으로 연출된 공연을 본 적이 있는가? 그 결말은 전체로서 이 극에 대한 그 연출가의 해석과 어떻게 관련되는가?

3. 17세기 문학의 배경

17세기 역사의 중심 사건들은 1640-49년 사이의 내란과 대개혁을 일으키는 그 결과와 찰스 1세의 재판과 처형이다. 역사상 처음이자 마지막으로 영국은 공화정 형태의 정부를 출범하였다. 이는 1649년부터 1653년까지 지속된 짧은 기간 동안의 실험이었다. 이때 올리버 크롬웰은 (찰스 1세만큼이나 국회의 행동에 화가 나서) 국회를 해산시키고 호민관으로서 통치권을 행사하였다. 공화국은 호민관 정치가 되었다. 크롬웰은 평범한 신분 출신에서 승리한 국회군의 성공한 지휘관을 거쳐 영국의 최고 통치자가 되었다. 그의 강한 성격과 신의 과업을 수행하고 있다는 신념 덕분에 영국이 안정을 되찾게 되었지만 실험으로서의 공화정은 실패하였다. 크롬웰이 죽고 나서 국회는 찰스 2세를 그의 아버지에 이어 왕좌에 앉혔다.

찰스 1세와 국회 사이의 논쟁은 각자의 권력의 범위와 한계를 정하려는 싸움이었다. 왕의 편에서 이러한 권력은 국왕 대권이라 불렸고 국회의 편에서는 국회의 특권이라 불렸다. 1626년 찰스 치세 초기에 국왕대권은 제임스 1세가 누렸던 것만큼이나 컸다. 왕은 공민의 지도자들과 종교의 지도자들과 군대의 지도자들을 포함하는 자신의 고문관들을 선정하였고 국회를 마음대로 소집·해산하였으며 전쟁을 선포할 수 있었고 외교정책을 결정하였다. 국왕의 총 수입은 전적으로 자신이 쓸 수 있는 자신의 것이었다. 국회는 추가 조세에 대해 표결하고 법을 제정하고 불만을 논의할 권리가 있었지만, 전통적으로 국회는 국왕의 발의에 동의할 뿐이었기 때문에 마지막 두 가지 권리는 빈약하였다. 그러나 17세기 동안 국왕의 국회에의 재정적 의존이 커짐에 따라 국회는 이전에 가지지 못했던 권력을 갖게 되었다.

스튜어트 왕조를 심히 압박했던 재정 문제는 국가의 더 큰 경제적 어려움의 일부가 되었다. 16세기 초부터 인구가 기하급수적으로 증가했고, 그래서 더 많은 식량이 필요했다. 17세기에는 왕실의 사냥터와 소택지, 공유지, 황무지가 개간되었지만 1620년에서 1640년대까지의 심각한 가격 폭등과 식량 부족을 막지는 못했다. 증가 일로에 있던 영국의 식민지들은 18세기에 국가에 상당한 이익이 되었지만 17세기 초에는 여전히 위험스럽고 사적인 모험이었다. 스튜어트 왕조의 모든 왕들은 재정적 어려움을 가졌다. 제임스 1세가 즉위했을 때 왕의 빚이 40만 파운드에 달했고 국왕의 총 수입은 더 이상 적절하지 못하였다. 부친보다 조심스럽지 못하였던 찰스 1세는 그에게 충분한 돈을 주는 데 대해 표결하기를 싫어했던 국회 때문에 격노하였다. 1629년부터 1639년까지 그는 국회 없이 통치를 하였고, 법적이라고 하기엔 미심쩍은 방법으로 돈을 조달함으로써 심한 원망을 받았다.

통일된 기도 방식을 만들기 위하여 찰스 1세는 스코틀랜드에 기도서를 강요하려고 노력하였다. 이는 저항을 받았다. 침략에 실패하였고 그 전쟁 비용 때문에 그는 1640년 국회를 소집하지 않을 수 없었다. 11년 동안의 오랜 기다림 후에 국회는 자기의 권리를 주장하기로 결정하였다. 국회는 첫 번째 법안으로 국회의 동의 없이 국회를 해산하는 것을 불법으로 정하였다. 군주제를 폐지하는 것이 국회의 의도는 아니었다. 의회파들이 하기 원했던 것은 신비할 정도의 황금시대였던 엘리자베스 1세 치하 때에 있었다고 그들이 믿는 특권과 국왕 대권 사이의 균형을 회복하는 것이었다. 찰스 1세는 자신이 오직 신에게만 책임이 있다는 믿음에 있어서 결코 흔들리지 않았다. 국회는 왕의 권력은 사악한 고문관들에 의해 무시되었던 근본 법칙의 지배를 받는다고 주장했다. 존 핌John Pym은 1641년 연설에서 다음과 같이 주장했다.

> 이 법은 국왕의 대권과 국민의 자유 사이의 한계이자 경계이다. 〔…〕 국왕의 대권이 국민의 자유를 압도하면 이는 전제정치가 되어 버릴 것이고 자유가 국왕 대권을 침해한다면 무정부 상태가 될 것이다.

17세기에는 종교적 믿음이나 정치적 신념에 있어서 안정된 일치가 없었다. 격렬한 논쟁 속에서 개별적인 결정이 이루어졌고 사람들은 진정한 종교와 정부에 대한 그들의 신념을 위해 죽을 각오가 되어 있었다. 옳은 답이 있다는 것은 분명한 것 같았기 때문에 사람들은 그 답을 찾을 필요가 있었다. 옳은 답이 평화와 구원을 가져다줄 것이었기 때문이다.

불행히도 한 가지 답이 옳다면 잘못된 답을 찾은 사람들은 다음 생에서 저주를 받을 것이었다. 사람들은 옳은 종교적 믿음이 무엇인가에 대해 번민하였다. 엘리자베스 1세 치하에서 확립된 영국의 개신교회는 청교도적인 교의와 가톨릭적인 의식을 신중하게 혼합한 것으로 그녀의 대다수 신하가 이를 따랐다. 실제로 금지되었지만 묵인된 소수의 구교도들은 스튜어트 왕조가 가톨릭교의 국가로 환원하려고 하는 낌새가 보일 때마다 표면화되었던 반가톨릭교적 감정에도 불구하고 여전히 구교의 신앙을 충실하게 지켜냈다. 또 다른 극단적인 집단으로 더 엄격한 형태의 프로테스탄티즘을 원했던 칼뱅의 신학에 의해 고무된 청교도의 교파들이 있었다. 가톨릭교도들과는 달리 그들은 통합되지 않았다. 특정한 지도자들이나 장소들 주위에 소집단들이 형성되어 성경에 대한 그들 자체의 해석을 고수하였다.

이렇게 통합되지 않는 개신교 교파들의 공통점은 신의 말로서의 성경 권위와 개인적 영감의 진실에 대한 믿음이었다. 성경은 16세기에 이미 영어로 번역이 되었고 글을 읽을 수 있는 사람들은 누구나 성경책을 입수할 수 있게 되었다. 사람들은 자연 세계에 관한 과학적인 증거를 찾기 시작했던 것과 똑같이 믿음의 근거가 될 수 있는 증거를 요구하기 시작했다. 학식이 있는 사람들은 종교계로부터의 공식적인 견해를 받아들이는 대신에 성경을 읽고 성경의 가르침에 대한 그들 나름대로의 결론에 도달할 수 있었다. 성경 해석의 많은 문제들은 열띤 논쟁을 낳았고 이러한 논쟁은 정치 속으로 흘러들어 갔다. 찰스 1세는 그의 대권을 옹호하기 위해 성경을 이용하였고, 그와 정반대로 평등주의자들은 만인의 평등에 대한 그들의 요구를 지지하기 위해 성경을 이용하였다.

청교도들은 평범한 생활을 좋아하고 의식을 싫어하였는데 영국 국교회의 전례는 그들에게 가톨릭의 관습을 연상시켰다. 그들은 왕들의 신성한 권리를 의문시하였고 일부는 영국 국교회를 거부하였다. 소집단들은 대륙으로 이주하거나 아메리카 대륙에 식민지를 건설하기 위해 대서양 횡단을 감행했는데 그들은 이것이 신을 공경하는 생활의 본보기가 되고 구세계에 대한 격려가 되기를 희망했다. 1620년 신대륙으로의 길을 이끌었던 영국 청교도단에 뒤이어 1630년 뉴잉글랜드를 향해 가던 아라벨라 호에 타고 있던 존 윈스럽John Winthrop이 "우리는 언덕 위에 세워진 도시와 같을 것이다. 그리고 세상의 눈들이 우리를 향할 것이다"라고 설교했다.

형 이 상 학 파 시 인 들

존 던John Donne(1572-1631)을 비롯해 그의 영향을 받았던 시인들에게 붙여진 "형이상학파 시인들the metaphysical poets"이라는 이름은 이들 시인들이 매우 철학적이고 세속과는 다른 수위의 차원 높은 글을 썼다는 인상을 주는 것이 사실이지만 그들은 하나같이 그들이 살았던 시대의 세상 물정에 밝았던 사람들이었다. 그들은 전문적인 작가가 아니라 자신이나 몇몇 친구들을 위해 쓴 시 속에다 자신의 깊은 감정을 표현하였던 학식 있는 사람들이었다. 던은 1590년대에 글을 쓰기 시작하였고 그의 영향력은 앤드루 마블Andrew Marvell(1621-1678)의 작품에서도 찾아볼 수 있다.

그들의 시는 늘 원고 상태로 회람되었고 인쇄가 되었을 때도 그 독자는 드물었다. 폭넓은 대중을 염두에 두고 시들이 씌어졌다는 느낌은 없다. 시인들은 자신들과 비슷한 배경, 교육, 세상에 대한 지식을 가진 사람들을 위해 시를 썼다. 그들은 다재다능함을 존중하는 시대의 사람들이었고 대부분의 형이상학파 시인들은 다양한 삶을 살았는데 시를 쓰면서도 때에 따라 군인이나 외교관이나 조신이나 정치가나 성직자이기도 하였다. 〈시성식*Canonisation*〉에서 던은 시인과 그의 사랑을 가로막는 사람에게 "자신의 진로를 택하여 지위를 얻고 자신의 명예나 품위를 주시하거나 왕의 실제 얼굴이나 동전에 새겨진 얼굴을 주시하라"고 말한다. 다시 말해 공부를 하고 관직을 얻고 법률가나 성직자가 되거나 조신이나 상인이 되라고 말한다. 이것이 교육받은 자가 선택해야 할 일이었다. 형이상학파 시인들은 고전 교육을 받았고 천문학, 점성학, 수학, 우주 구조론, 지도 제작법, 의학, 여행에 관심을 가졌고 성경을 탐독하였다.

이 시인들은 자신의 이미지를 위해 폭넓은 지식을 이용하였다. 예를 들어 15세기 말에 이 세계가 사람이 떨어질 수 있는, 바람이 부는 네 귀퉁이와 모서리를 가진 평평한 장방형이 아니라 둥글다는 사실의 발견을 구체적으로 설명하기 위하여 지도 제작법을 이용하여 세계를 고쳐 그리기 시작하였다. 초기의 지도들은 크고 손으로 만들어졌고, 매우 부유한 자들만이 그런 지도를 펼쳐 놓을 만큼 큰 방들을 가졌기 때문에 사회적 지위의 표시이자 정보의 원천이었다. 인쇄술의 출현으로 인해 지도가 제시되는 방법이 바뀌었다. 1570년에 16세기의 한 위대한 지도 제작자인 아브라함 오르텔리우스는 서적 형태로 지도를 출판하였다. 그는 같은 시대의 또 다른 위대한 지도 제작자인 케르하르두스 메르카토르Gerardus Mercator도 이 사건을 다음처럼 축하했다.

> 당신은 열렬히 칭찬받아 마땅합니다. 각 지역을 최상으로 잘 그리고 그 그린 지도들을 단 한 권의 책자로 정리하였으므로 싼 값에 살 수도 있고 어떤 지도든지 축소시키거나 손상시키지 않고도 좁은 장소에 보관할 수 있고 심지어는 원하는 곳이면 어디든지 가져 갈 수도 있기 때문입니다.

메르카토르가 말한 "싼 값"이란 상대적인 수치였다. 지도책들은 여전히 값비싼 물건이었지만 교육받은 사람들은 이 지도들을 통해 새로운 지식에 접할 수 있었다. 〈둥근 지구의 상상의 모퉁이에서*At the round earth's imagined corners*〉라는 던의 소네트는 시작 부분에서 자주 바람이 일어나는 모퉁이에 천사들을 두고는 낡은 지도 제작법뿐만 아니라 새로운 지도 제작법으로부터 비롯된 개념을 가볍게 다루고 있다. 〈내가 아플 때의 신에 대한 성가*A Hymn to God, my God, in my sickness*〉에서 던은 자신의 이미지를 위해 광범위한 형이상학적 "기상conceit"으로 평면의 지도를 사용하고 있다.

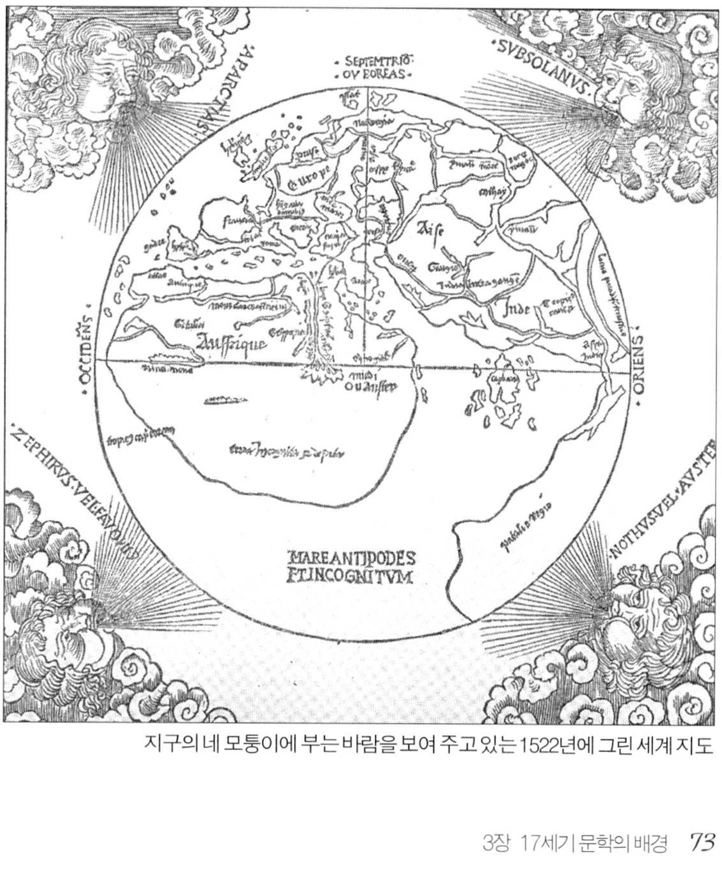

지구의 네 모퉁이에 부는 바람을 보여 주고 있는 1522년에 그린 세계 지도

연|습|문|제

자신이 선정한 형이상학파 시들에서 어떠한 학식이나 경험이 반영되어 있는지 생각해 보라. 한 시인에 집중하거나 여러 시인들에 있어서의 17세기의 우주 구조론, 지도 제작법, 수학 혹은 지리 등과 같은 단일 주제를 추구하고 싶을 수도 있다. 종종 이러한 시인들은 자신들의 이미지 속에 구학문과 신학문을 혼합한다. 특히 던의 시를 보고 그의 사상에 있어서의 신학문의 위치에 대해 그것이 시사하는 바가 무엇인지 생각해 보라.

존 던

형이상학적 "기상"은 거리가 먼 사물들 사이를 연결하는 비유이므로 철저하게 설명될 필요가 있다. 존 드라이든John Dryden은 1693년 던에 대해 그는 형이상학을 즐겨 사용한다고 말했고, 새뮤얼 존슨은 드라이든의 말을 빌려 그 집단을 "형이상학적 시인이라고 불릴 수 있는 일군의 작가들"이라고 명명하였다. 그는 다음과 같이 그들을 비평하였다.

> 다른 이미지들을 결합하거나 혹은 분명히 다른 것들에서 신비로운 유사성을 찾는다. 〔…〕 가장 이질적인 개념들이 억지로 함께 결합된다. 예증, 비교, 암시를 위해 자연과 예술을 샅샅이 뒤진다. 〔…〕 작가는 때때로 감탄하지만 독자는 거의 만족해 하지 않는다.

형이상학적 '기상'의 유명한 예는 던이 아내에게 쓴 시에서 사용한 것이다. 1611년 그가 어느 귀족을 동반하여 유럽여행을 떠나기 전 쓴 〈슬픔을 금하는 고별사*The Valediction: Forbidding Mourning*〉는 헤어져 있는 동안 남편과 아내의 관계를 컴퍼스의 두 다리에 비유하고 있다. 그는 움직이는 다리로서 원을 그리지만 그녀는 고정된 다리로서 그 다리가 흔들리지 않음으로써 그가 원을 완전하게 그릴 수 있고, 그래서 "내가 시작한 곳에서where I begun" 그는 끝을 맺을 수 있다. "나의 원을 올바로 그리게 하는makes my circle just", "고정된 다리fixed foot"로서 그녀는 집에 머물고 있고, 그녀의 흔들리지 않음은 그가 변함없이 돌아올 수 있는 그들의 깊은 애정과 다짐을 보여 준다. 컴퍼스의 선택에는 지도 제작법의 암시가 있는데 그녀가 그의 여행이 측정되고 지도로 만들어지게 된 출발점이라는 것을 암시한다. 원은 완전함을 나타내는 이미지이다. 그들의 부부 관계는 사랑을 통해 완전하고 완전한 원에 의해 예증되어야 한다. 시인은 사랑하는 사람에게 자신이 없는 동안 슬퍼하지 말라고 간청하는 전통적인 시를 그들의 부부 관계가 변함없음을 강력하게 단언하는 시로 전환시킨다.

연|습|문|제

형이상학적 "기상"에 대한 존슨 박사의 설명과 비평을 생각해 보라. 그의 견해를 지지하는 증거와 반대하는 증거를 각각 찾아 적어도 두 편의 시에 근거하여 자신의 주장을 말하라.

형이상학파들은 효과적인 언어로 그들의 격렬한 감정을 전달하고 싶어 했으며 심상을 탐구하기 위하여 생생한 유추를 사용하였다. 그들은 어떠한 종류의 언어나 주제도 시에 부적합하다고 생각하지 않았다. 가정 생활뿐만 아니라 신학문으로부터 유추를 사용하였으며 그들의 비유는 매우 상반되는 개념들을 병치시키는 것이었다. 그들의 생존 기간을 보면 그들 대부분이 셰익스피어가 글을 쓰던 시대에 보다 더 가깝다는 것을 알 수 있을 것이다. 그들의 언어는 그 전이나 그 후 시대의 시적 전통보다는 드라마에서 사용되던 일상의 언어의 리듬과 활력에 보다 더 근접하고 있다. 시의 끝에서는 경건한 기원의 말이 되고 있지만 "제발 입을 다물어라For God's sake hold your tongue"라는 저주의 말로 시작되는 던의 시 〈시성식〉에서처럼 그들은 관용구나 시적 독백을 사용한다. 이러한 종류의 사적인 시는 세속적인 사랑뿐만 아니라 신에 대한 사랑을 표현하는 데도 적합하였다. 던과 조지 허버트는 자신들의 종교적인 회의와 확신을 분석하기 위하여 "기상"을 사용하였다.

초기 형이상학파 시인들은 종교개혁 직후의 시기에 글을 쓰고 있었고 그래서 그들의 시는 종교적인 투쟁을 표현하고 있다. 던의 신학적인 내용은 죄와 구원에 집중되고 있다. 던은 국교를 기피하는 가톨릭 가정, 즉 구교를 믿는 것이 정략적으로 필요하지 않게 되었을 때도 계속해서 구교를 믿었던 집안에서 태어났다. 그는 가톨릭 신자로 자라났지만 1950년대 중 언젠가 영국국교도로 개종하였는데 그렇지 않았다면 궁정에서의 출세는 불가능했었을 것이다. 궁정에 잠시 있다가 주인의 딸과 성급하게 결혼한 과실로 인해 궁정에서 여러 해 동안 추방되었다가 다시 국교회의 성직자가 되었다. 비평가들은 그의 개종 때문에 그의 자의식에 자리 잡은 충실과 부실에 대한 끊임없는 염려, 충의와 기만에 대한 불안과 걱정을 그의 작품에서 보아 왔다. 그의 작품을 연구하는 한 가지 방법은 그 역설적인 본질을 〈시성식〉과 〈유품*Relic*〉에서처럼 가톨릭 이미지와 구원을 찾는 한 신교도의 개인주의 사이의 긴장으로서 보는 것이다.

조지 허버트

존 던처럼 조지 허버트George Herbert(1593-1633)도 국교회의 성직자였다. 던의 시보다 훨씬 더 그의 시는 초기의 상징적 용도에 의존하는 종교적인 이미지 속에 묻혀 있다. 로저먼드 튜브Rosamond Tuve는 《조지 허버트 해석*A Reading of George Herbert*》(1952)에서 허버트가 얼마나 많이 예전의 가톨릭 전통의 덕을 보았는지를 지적함으로써 비평가 윌리엄 엠프슨William Enpson의 허버트의 독창성에 대한 주장에 응수하였다. 허버트는 신을 향한 진정한 구도의 과정에 대한 자신의 추구를 표현하기 위해 시를 썼고 인간의 약점과의 자신의 투쟁에 대해 말하고 있다. 건강이 좋지 않아서 비교적 젊은 나이에 죽었다. 그는 〈고통*Affliction*〉이라는 시에서 "슬픔이 나의 영혼이다. 나는 믿지 않았노라/슬픔이 나에게 단호히 말할 때까지는, 내가 살아 있다고Sorrow was all my soul: I scarce believed,/ Till grief did tell me roundly, that I lived" 썼다. 그러나 그는 그리스도의 사랑에 대해 구체적이고 강한 확신을 가지고 있다. 그는 신의 사랑에 대한 기본적인 확신이나 자신의 끊임없는 믿음을 결코 잃지 않으며 절망은 항상 믿음에게 자리를 내준다. 결국 해결이 되는 투쟁은 그의 여러 시에서 찾아볼 수 있다.

연|습|문|제

정신적 불안에서 평화로 진행되는 그의 시를 한 편 선택하라. 시인을 어지럽히고 고통스럽게 하는 것은 무엇인가? 결국 그에게 평화를 가져오는 것은 무엇인가?

형이상학적 시의 개인적이고 사적인 성격은 많은 그런 시에서 종교적이고 세속적인 개념들이 맞물리고 있다는 것을 의미한다. 이는 특히 던에게 해당한다. 대조적으로 허버트의 〈사원*The Temple*〉이라는 시는 신에 대한 자신의 경험을 통해 그가 성취한 확신을 얻기 위해 노력할 때의 과거로부터의 경험으로써 기록된 종교적인 명상을 구성한 작품이다. 던의 시는 보다 더 내적이고 종교적인 것과 세속적인 것을 혼합하고 있다. 그의 연애시는 대개 연인의 이별에 대한 비유로서 죽음의 개념을 사용하거나 자신의 연인과의 관계를 위한 배경으로서 자신의 죽음을 상상한다. 〈사망*The Expiration*〉에서 그는 그 단어로 말장난까지 한다.

헨리 본

조지 허버트와 헨리 본Henry Vaughan(1622-1695)은 웨일스의 경계 지방의 지주 가정에서 태어났다. 허버트는 영국에서 그의 평생을 보냈고 웨일스에서의 소년 시절의 경험은 그의 시에 분명하게 드러나지 않는다. 반면에 본은 웨일스에서 자라났다. 옥스퍼드 대학에서 학생으로 한동안 지냈고 내란 때 왕당파 쪽에 복무를 한 후에 웨일스로 다시 돌아와서는 여생을 의사로 봉직하였다. 웨일스는 그에게는 전쟁의 공포 때문에 일종의 성역 같았던 것 같다. 이러한 성역에서 그는 신을 찾기 위한 개인적인 몸부림의 기록으로서 시를 썼다. 그는 브레컨 지역의 초기 호전적인 웨일스 부족으로부터 이름을 따서 자신을 "실루리아 사람"으로 기술하였다. 이는 그가 웨일스인으로서 글을 쓰고 있다는 것을 알고 있었다는 것을 나타내는 것 같다. 의사가 되기 위하여 그는 유창하게 웨일스 말을 할 필요가 있었다. 그리고 〈다프니스*Daphnis*〉라는 시에서 그는 소년 시절에 음유시인의 시를 들었던 것에 대해 적고 있다. "여기, 태평한 세상이 잠든 곳에서, 나는 가지노라/ 〔…〕 우리의 검지만 너무나 빛나는 음유시인의 선견들을/ 〔…〕 아주 자주 들리는 Here, where the careless world did sleep, have I/ 〔…〕 The visions of our black but brightest bard/ 〔…〕 full often heard." 우스크 밸리 본 소사이어티의 잡지인 《불꽃*Scintilla*》에는 웨일스에서의 본의 경험을 논하는 논문들이 수록되어 있다.

연|습|문|제

본의 삶에 대해서 허친슨은 다음과 같이 적고 있다. "그의 삶 속에는 보다 본질적이고 귀중한 것이 있다. 즉 강렬하고 대담한 웨일스인의 상상력, 온갖 배경을 거느리는 자연의 아름다움에 대한 그의 감수성, 잃어버린 젊음과 떠나버린 친구들과 내세에서 다시 만나는 평화에 대한 그의 열망이 그것이다." 본의 시에서 그의 젊음과 내란의 경험이 그의 종교적인 경험과 대비되고 있다고 느껴지는가? 이러한 대비는 어떠한 긴장들을 일으키는가? 웨일스어에 대한 지식을 가진 사람들은 그의 시에 있어서의 웨일스어나 웨일스 문학의 영향을 연구할 수 있을 것이다.

비평적 반응

18세기에 존슨 박사는 형이상학파 시인들에 대해 다소 경멸적인 어조로 설명하였다. "그들은 그들의 사고에 있어서 독자적이려고 노력하였으며 어법에 대해 무관심하였다. 〔…〕 그들의 사고는 종종 새롭지만 거의 자연스럽지는 못하다. 〔…〕 그들의 시도는 항상 분석적이었다. 즉, 그들은 모든 이미지를 산산조각으로 분해하였다." 형이상학적 시인들은 18-19세기에는 거의 읽히지 않았다. 본은 1847년에 그의 시가 재출판될 때까지는 완전히 잊혀졌던 것 같다. 20세기 초에 새로운 그의 작품 모음집이 그리어슨에 의하여 독자에게 도움을 주기 위한 주해와 함께 편집되었고, 이로 인해 형이상학적 시인들이 보다 더 널리 알려지게 되었다.

주요 형이상학파 시인들에게서 발견되는 복잡한 개념들의 효과적인 병치와 관용적인 언어는 제 1차 세계대전 이후 새로운 시적 표현 방법을 찾고 있었던 엘리엇의 관심을 얻게 되었다. 간혹 주장된 바처럼 그가 형이상학 시인들을 "재발견"한 것은 아니지만 그의 에세이(1921)는 그들에게 관심을 유도하는 데 기여하였다. 그의 영향력 있는 에세이 이후로 형이상학파 시인들은 현대적인 사고방식과 그들의 관련성을 생각하여 상당히 높이 평가받게 되었다. 《존 던 시선집*John Donne: Selected Poems*》에서 리처드 질Richard Gill은 다음과 같이 썼다. "그의 비범한 언어는 인간 감정의 긴장들을 표현하고 있고, 〔…〕 그의 지적인 재능은 분명히 무관한 것들조차, 〔…〕 관련되게 되는 너무나도 복잡하지만 통일된 세계를 보여 주는 데 기여한다."

내 란 과 그 여 파

17세기는 예배의 자유, 정치적 자유, 국왕의 권력에 대한 격렬한 논쟁의 시기였지만 아무도 내란을 예상하지는 못했다. 자신들이 하느님이 맡긴 소임을 하고 있다고 강력히 믿는 소규모의 호전적인 사람들에 의해 싸움은 시작되었고 왕은 예외 없이 자신이 신성한 권리에 의해 통치를 하고 있다고 확신하였다. 내란에 내재된 불충 때문에 많은 국회파 사람들이 왕의 편으로 들어왔다. 그래서 초기에는 찰스 1세가 승리할 것 같았다. 승리를 뒤흔드는 데는 크롬웰이 창설한 신식 군대가 필요했다. 하원에서 단지 극소수가 왕의 재판과 처형에 찬성을 하였다. 대부분의 영국인들은 국왕 시해를 무섭게 생각하였다.

> 1648년 후반에 나는 런던으로 아버지를 보러 가도록 허가를 받았고 내가 거기 머무는 동안 화이트홀(런던의 중앙 관청가)에서 한번은 찰스 1세의 참수를 보았다. 〔…〕 그가 처형되던 날, 1월 30일 화요일이었는데, 나는 화이트홀 출입구 앞거리의 군중들 속에 서 있었다. 거기에 교수대가 세워졌고 참수되는 것을 보았지만 어떤 소리를 들을 만큼 가까이

> 있지는 않았다. 일격이 가해지는 것을 보았고 정말로 슬픈 마음으로 말할 수 있다. 그 순간에 이전에는 들어본 적도 없고 다시는 듣고 싶지도 않은 거기 있던 수많은 사람들로부터 괴로워하는 소리가 나왔다는 것을 나는 잘 기억한다.
>
> —필립 헨리Philip Henry, 《일기와 편지*Diaries and Letters*》.

찰스 1세의 재판과 처형에서 그의 참을성 있는 행동은 동정을 자아냈다. 그를 순교자로 묘사하는 《대성당의 성화상*Eikon Basilike*》이라는 출판물은 틀리기는 했지만 감옥에 있는 동안 왕이 직접 쓴 것으로 널리 믿어졌다. 이는 심지어는 국회파들 가운데서도 죄의식과 양심의 가책을 불러일으켰다. 의식과 연극과 크리스마스와 같은 관습적인 축제를 엄격하게 금하는 영국 공화정은 대중적 지지를 잃게 되었다. 크롬웰의 사망 시 혼란스러운 정치적 공백이 있었고 그 후 군대가 이끄는 국회가 왕정을 다시 회복시켰다. 존 에벌린John Evelyn이 그의 일기에 기록해 놓은 것처럼 찰스 2세의 귀국은 환영을 받았다.

> 오늘 칼을 머리 위로 쳐들고 말로 할 수 없을 정도로 환희에 차 소리치는 의기양양한 2만 이상의 기병과 보병을 이끌고, 〔…〕 황제폐하 찰스 2세가 슬프고도 오랜 추방으로부터 돌아왔다.

헌신적인 청교도인들에게 이는 그들의 희망이 상실되고 공화주의의 이상이 좌절되는 절망적인 순간이었다. 반란 지도자들의 육신은 도굴되었고 머리는 웨스트민스터에 공개적으로 펼쳐 놓였다. 크롬웰의 머리는 수년 동안 그곳에 있었다. 왕정복고의 큰 기쁨을 자신의 일기에 기록해 놓은 새뮤얼 피프스Samuel Pepys는 같은 날 일기에서 하원은 왕과 상원과 하원의 정치를 반대하여 출간된 책들은 무슨 책이든지 모두 국회로 가져다가 소각시키는 데 표결하였다고 기록했다. 소각 명령을 받은 글들 가운데 공화정의 주 정치 선전가였던 존 밀턴John Milton이 쓴 소논문들이 있었다.

존 밀턴

존 밀턴(1608–1674)은 청교도 가정에서 태어났다. 그의 부친은 신교로 개종하였고, 그 때문에 군건한 가톨릭 신도였던 밀턴의 조부로부터 유산을 받지 못하였다. 그는 런던으로 이주하여 거기서 대서 대금업자(법률가와 대금업자을 겸하는 직업)가 되었고, 밀턴은 태어나서 대학을 갈 때까지 그곳에서 교육을 받았다. 밀턴의 부친은 밀턴이 나이 30이 될 때까지 케임브리지 대학에 있는 자신의 총명하고 학문적인 아들을 위한 뒷바라지를 하였다. 밀턴은 방대한 고전 교육을 받고 서정시와 가면극의 각본을 쓰고 유럽을 여행하는 데 시간을 보냈고 1639년 혁명을 돕기 위하여 유럽으로부터 돌아왔다. 1649년부터 시력을 잃게 된 1650년대 중엽까지 밀턴은 정치적 사건의 핵심에 있었고 정부를 위한 주요 정치 선전가였다. 1660년에는 왕정복고에 반대하는 사람들에게 영향을 미치기를 바라면서 《자유공화정을 수립하는 빠르고 쉬운 방법 *The Ready and Easie Way to Establish a Free Commonwealth*》을 썼다.

이때는 공화국의 목적을 위해 출판을 하기에는 위험할 정도로 늦은 때였다. 그는 왕정복고 후에 한동안 투옥이 되었지만 가난한 맹인이 됨으로써 충분히 처벌을 받았다고 판단되어 처형은 면했다. 강제 퇴직의 고독 속에서 밀턴은 다시 시를 쓰기 시작했고 자신의 최고의 작품을 낳았다. 그는 국왕이나 다름없는 크롬웰의 치하에서 낙담하고 있었던 섭정의 마지막 몇 년 동안 〈실낙원 *Paradise Lost*〉을 쓰기 시작했다. 그는 1667년에 완성을 하였고 1671년에는 마지막 두 편의 시 〈복낙원 *Paradise Regained*〉과 〈투사 삼손 *Samson Agonistes*〉을 출판하였다. 이와 동시에 또 다른 낙심한 청교도인 존 비니언 John Bunyan이 감옥에서 〈천로역정 *Pilgrim's Progress*〉을 집필하고 있었다.

〈실낙원〉은 서사시이다. 이 작품은 천국으로부터 추락하는 반항적인 천사들에 대한 내용이 있는 이야기의 중간에서부터 극적으로 펼쳐지기 시작한다. 중간의 권들에서 라파엘은 이야기를 처음으로 되돌려서 아담과 이브에게 사탄의 최초의 반항, 즉 천국과 천지창조에 대해서 말한다. 마지막 권들은 다시 이야기를 앞으로 진행시켜 아담과 이브의 타락과 낙원으로부터의 추방에 대해 이야기한다. 은총의 상태와 축복의 장소로부터 징벌의 고통과 버림받은 고독으로의 천사들과 인간들의 추락은 이 이야기에 우울한 분위기를 준다. 많은 비평가들은 밀턴이 일해 왔던 공화정에 대한 큰 희망이 수포로 돌아갔을 때의 절망감이 여기에 반영되어 있다고 생각한다.

혼란한 시대에 착상된 시에 전쟁에 대한 의식이 스며들어 있다는 것은 별로 놀라운 일이 아니다. 제1권은 44행에서 전투적인 비유를 시작한다. "전능하신 하느님은 그를 불붙여 무서운 타락과 파멸을 가하여 천상으로부터 바닥없는 지옥으로 거꾸로 내던지셨다Him the Almighty Power/Hurled headlong flaming from th'Ethereal Skie/With hideous ruin and combustion down/To bottomless perdition." 비평가들은 사탄의 추락에 대한 묘사를 밀턴의 웅장한 스타일, 즉 구체적으로 시각화 될 수 없는 호언장담하는 듯이 들리는 문구들의 예로 사용해 왔다. 그러나 이 시를 내란의 배경 속에 둔다면 그 이미지를 불타오르는 포탄으로도 볼 수 있다. 이는 〈수줍은 그의 애인에게 *To his Coy Mistres*〉에서 마블이 사랑의 쾌락과 긴급함에 대한 비유로서 도시의 문을 두드리는 대포를 비유한 이미지와 유사하다. "우리의 모든 정력과 감미로움을 굴려서 하나의 공으로 만들어 인생의 철문 이쪽에서 저쪽까지 거친 투쟁으로 우리의 쾌락을 쟁취하자Let us roll all our Strength and all/Our sweetness, up into one Ball/And tear our Pleasure with rough strife/Thorough the Iron gates of Life." 제1권 663-664행에서 사탄의 반항적인 말은 강타당한 자신의 병력을 새로운 공격을 위해 분기시키는 장군의 말이다. "그는 말했다, 그리고 자신의 말을 확증하기 위해 수많은 불타오르는 검들보다 빨리 날았다He spake: and to confirm his words, out-flew/Millions of flaming swords."

연 | 습 | 문 | 제

전쟁의 어휘와 관련되는 것은 사탄뿐만 아니라 반역하는 천사들이다. 서두에서 신의 말(제2권 80-95행) 열다섯 행 속에서 전투를 함축하는 말을 얼마나 많이 찾을 수 있는가?

그의 인생 중 한창 나이 때 20년 동안 밀턴은 권력과 지배, 자유와 복종에 대한 정치적인 소논문들을 썼다. 〈실낙원〉에 나오는 담화는 그의 주위에서 계속되고 있었던 논쟁을 반영하고 있다. 타락한 천사들의 모임은 "엄숙한 회의solemn Council"(1권 105-106행)라고 불리는데 거기서 그들은 "그들의 국사를 설명하고 협의 한다expatiate and confer/Their State affairs"(1권 774-775행). 사탄이 그 협의 의장을 맡고 천사들이 차례로 정식으로 상세하게 말하고 서로의 요지에 응수하고 투표로 결정을 내린다.

연 | 습 | 문 | 제

수상의 질의 시간에 대한 텔레비전 보도에서 보는 재치 있는 즉답에 근거하여 현대적인 논쟁에 대한 우리의 견해를 형성해서는 안 된다. 상원과 하원에서 정식의 논쟁이나 물의를 일으키는 문제들을 논의하는 시사 프로그램을 들어 보라. 타락한 천사들의 논의 방법에 있어서 어떤 점이 유사해 보이는가? 수 세기를 지나면서 어떤 점이 변하였는가? 〈복마전*Pandemonium*〉에서 협의가 어떻게 결정에 이르게 되는가? 어떤 주장들이 제시되고 사탄은 타락한 천사들이 자신을 지지하도록 그들을 어떻게 움직이는가? 이러한 점들을 생각해 보면 사탄의 교묘한 웅변술과 지옥에서의 논쟁의 정치적인 수사법을 경계하게 된다. 가능하면 그룹 안에서 역할을 분담하여 이 시의 이 부분을 큰소리로 읽어 보라.

밀턴은 이성을 통해 국회의 주장이 적절함을 사람들에게 설득하기를 바랐다. 사탄과 신은 그의 산문 작품들의 주장을 구체화하고 있다. 밀턴의 신은 이성의 신이고 자신의 행동을 설명해 주는 신이고 청교도인들에게는 가톨릭교도들이 추상화하던 신비의 신이 아니다. 핌이 법은 자유를 보호하는 것이라고 말했을 때 국회파들을 대변한 것이었다. 〈실낙원〉에서 "항상 옳은 이성과 함께 살고 있는… 자유Libertie… which alwayes with right reason dwells"(12권 83–84행)는 법에 대한 자발적이고 합리적인 복종 속에 있다고 주장한다. 밀턴의 신은 법보다 위에 있지도 않고 법에 종속되지도 않는다. 신이 곧 법이고 "변하지 않고 영원한, 숭고한 계율high Decree/Unchangeable, Eternal"(3권 126–127행)이다. 법을 어기는 것은 신을 거부하는 것이다.

사탄은 군주제에 대한 밀턴의 공격을 의인화한 것이다. 왕들은 자신들이 법보다 위에 있다고 주장할 때 잘못된 것이고 독재자들이었다. 사탄은 자유에 대해 많이 말하지만, 밀턴에게 그는 "모든 법에 반항Rebel to all Law"(10권 83행)하는 찰스 1세와 같았다. 그가 주장하는 자유는 제한 없이, 즉 법 없이 행동하는 자유이다. 그는 심지어 "자유로운 사람들을 법에 얽매이게 하는 것은 전적으로 부당하다Flatly unjust, to binde with Laws the free"(5권 819행)고 불평한다. 사탄의 언어는 혁신적인 문구들을 이용하고 그의 말은 용기와 정열로 울린다. "모두를 잃지 않았는데 들판을 잃었다 한들 무슨 상관이 있겠는가?What though the field be lost?/All is not lost"(1권 105–106행). "그대는 나를 모르시오? 그대는 한때 나를 그대의 상대로 알지 않았지요, 그대가 감히 올라가지도 못할 곳에 앉아 있었으니까Know ye not mee? Ye know me once no mate/For you, there sitting where ye durst not soare"(4권 828–829행). 그러나 앞 권들에서 묘사된 영웅적인 인물은 점차 변화하여 진정한 모습으로 드러나게 된다.

17세기에 영국은 아메리카, 버뮤다, 서인도 제도를 식민지화하기 시작하였다. 엘리자베스 시대 사람들은 이러한 섬들을 "신세계New World"라 불렀다. 존 호킨스 경, 프랜시스 드레이크 경, 월터 롤리 경과 같은 16세기 탐험가들은 그곳에 금, 진주, 거래할 수 있는 물자들과 같은 손에 잡기만 하면 가질 수 있는 것들이 많이 있음을 자랑하였다. 더욱 신중한 사람들은 원주민들 사이에 기독교를 보급하고 영국의 실업자들을 정착시킬 기회를 생각해 보았다. 17세기까지 식민지에 관해 선전하는 책자들이 널리 퍼졌다. 1616년 대표적인 한 소책자는 버지니아에 대해 열광하고 있다.

> 그 지방은 참나무, 상수리나무, 호두나무, 월계수, 양물푸레나무, 떡갈나무와 같은 나무들이 많이 생산되고 일 년 내내 푸르고 〔…〕 믿을 수 없을 정도로 다양한 향기로운 나무들이 있는데 특히 발삼 나무에서는 소중한 고무가 추출된다. 흰 뽕나무가 무수히 많이 있어서 기후가 따뜻할 때에는 수많은 누에를 먹여 키울 수 있고 〔…〕 강은 철갑상어로 가득하다. 육지에는 포도나무가 풍부하고 숲들은 수많은 비버, 여우, 다람쥐에게 은신처를 제공하고 있고 물에는 많은 수달이 살고 있다. 〔…〕 심어 놓은 오렌지는 겨울에도 잘 자란다. 〔…〕 이곳은 태양 아래 가장 훌륭한 지방 중 하나이다.

1616년 존 스미스는 보다 도덕적인 견지에서, 하지만 공히 고무적인 태도로 뉴잉글랜드 지방을 기술하고 있다.

> 자신의 인생의 위험을 무릅쓰고 구입한 그 땅을 밟고 가꾸는 것보다 누가 더 큰 만족을 바라겠는가? 만약 선행을 좋아하고 관대한 마음을 가졌다면 그러한 사람에게 신의 축복과 자신의 노력으로 식물을 심고 후손을 위한 기초를 세우고 거친 땅에서 수확을 한다면 무엇이 더 즐거울 수 있겠는가?

"신세계"의 "행복한 섬들happy isles"에 대한 상상들이 문학에 나타난다. 1610년의 셰익스피어의 〈템페스트〉가 한 예이다. 마블의 〈버뮤다 제도*The Bermudas*〉(1653)가 또 다른 예이다. 밀턴의 에덴동산은 식민지들의 풍부한 결실과 비옥함에 대한 소책자에서의 묘사에서 얻어진 것이고, 사탄은 발견과 이득에 마음이 쏠린 항해자처럼 낙원으로 여행을 간다.

연 | 습 | 문 | 제

사탄의 여행에 대한 묘사 부분들(2권 1010-1022, 1034-1055행, 4권 131-183행, 9권 99-118행)을 읽어 보라. 신세계를 발견하는 위험과 기쁨이 어떻게 전달되고 있는가? 무역 원정과 식민지의 기대와 비교될 수 있는 것이 무엇인가?

비평적 반응

〈실낙원〉은 1667년 출판되었지만 즉각적인 환호를 받지는 못했다. 혁명에서 밀턴이 맡은 역할은 왕당파들에 의해 용서되지 않았다. 1687년 윌리엄 윈스턴리William Winstanley는 다음과 같이 썼다.

> 존 밀턴은 그의 타고난 재능 때문에 아마 영국 주요시인들 가운데 정당히 자리를 차지할 수 있게 된 사람이다. 〔…〕 그러나 그의 명성은 다 타 버린 초같이 사그라지고 그의 기억은 항상 쓸모없이 될 것이다. 만약 그가 이름난 반역자가 아니었고 가장 불경스럽고도 가장 흉악하게 축복받은 찰스 1세를 속이지 않았다면 훌륭한 명성 속에서 살았을는지 모른다.

그러나 동료 시인들은 밀턴의 업적을 인정하였다. 마블과 드라이든은 그를 칭송하였다. 18세기에 〈실낙원〉은 1712년 《스펙테이터 *The Spectator*》지에 그 종교적인 내용을 칭찬하며 실린 조지프 애디슨이 쓴 일련의 에세이들의 도움을 받아 매우 인기가 있게 되었다. 왕당파이면서 독실한 국교도였던 존슨 박사도 미국과 유럽에서의 성공적인 혁명 직후의 시기인 1779년에 글을 썼다. 그도 밀턴의 종교적인 주제에 대해 열렬한 반응을 보였다. "그의 도덕적 감정이 다른 모든 시인들의 도덕적 감정보다 탁월하다고 확언하는 것이 그의 도덕적 감정에 대한 칭찬이라 할 수 없다. 〔…〕 밀턴에게 있어서 모든 시행들이 사고의 신성함을 나타내고 있다." 그러나 그는 혁명적인 뜻을 담은 메시지들 때문에 난처해하였다. "유감스럽게도 밀턴의 공화주의는 위대함에 대한 시기에 찬 증오와 독립에 대한 음울한 열망, 통제를 참지 못하는 성마름과 우위를 경멸하는 자만 속에 근거를 두고 있었다. 그는 국가의 군주들과 교회의 고위 성직자들을 증오하였다. 왜냐하면 그가 복종해야 할 필요가 있었던 모든 자들을 증오하기 때문이었다." 존슨 박사의 공정한 결론은 찬미와 겸허를 동시에 드러내고 있다.

> 〈실낙원〉을 읽는 것은 보편적인 지식을 가진 책을 읽는 것과 같다. 그러나 본래의 부족함은 채워질 수 없다. 인간의 관심사는 늘 그렇게 부족하게 느껴진다. 〈실낙원〉은 독자가 찬미하지만 내려놓고 나면 다시 집어 드는 것을 잊어버리는 그런 책들 중 하나이다. 아무도 이 작품이 더 길기를 원하지 않았다. 이 작품의 정독은 기쁨이라기보다는 의무이다. 우리는 교훈을 얻기 위해 밀턴의 작품을 읽고, 괴롭고 과도한 부담을 느끼고는 물러나서 기분전환을 위해 그 밖에 다른 곳을 본다. 즉 주인을 버리고 친구들을 찾는 격이다.

19세기 낭만주의자들은 혁명적인 주장에 있어 자신들과 동조하는 밀턴을 찬양하였다. 사탄은 자유의 대변자가 되었다. 블레이크William Blake는 〈밀턴*Milton*〉이라는 장시를 썼는데, "고대에 그 발들이 영국의 푸른 산들을 걸어 다녔는가?And did those feet in ancient time/Walk upon England's mountains green?"로 시작되는 서두의 연들은 성가로 채택이 되었다. 그 노래를 하는 사람들 중에 그 가사가 밀턴을 찬미하여 쓰인 것이라는 것을 아는 사람은 거의 없다. 과격한 정치가이자 급진파였던 블레이크는 다음과 같이 주장하였다. "밀턴이 천사들과 신에 대해서 쓸 때는 속박되어 썼고 악마와 지옥에 대해서 쓸 때는 자유로이 썼던 이유는 그가 진정한 시인이었고 알지 못한 채 악마의 무리 속에 있었기 때문이다."

해즐릿은 1818년 강의에서 사탄을 영웅으로 불렀다.

> 사탄은 이제까지 시를 위해 선택된 가장 영웅적인 주제이다. 그리고 그 구상이 고결한 만큼 그 작성은 완벽하다. 사탄은 천상의 하느님과 동등해지려고 하고 전능하신 하느님과 천국을 나누려고 했기 때문에 지옥으로 내던져진 첫 번째 피조물이다. 〔…〕 그의 야심은 너무나도 컸고 그가 받은 처벌도 너무나도 컸다. 그러나 그는 그렇게 실망하지 않았는데 그의 불굴의 정신이 그의 고통만큼이나 대단했기 때문이었다. 〔…〕 그는 당황했지만 좌절하지 않았다. 그는 탑처럼 우뚝 섰다. 〔…〕 권력을 좋아하고 고통을 싫어하는 마음이 너무도 강렬해서 단 한 번도 약해진 적이 없었다. 그의 생각들은 그의 내부에서 지옥처럼 불탄다. 그러나 사고력은 마음속에서 모든 다른 생각들을 지배한다. 〔…〕 그러한 충돌과 그러한 패배 후에 당연히 물러나서 원기를 회복을 하고 타협하여 여하튼 생존하는 것이 어느 정도 일리 있는 일이기는 하지만 그는 이 이상을 추구한다. 즉 그는 지옥에 새로운 제국을 건설하고 그곳으로부터 방향을 돌려 불굴의 비약을 위하여 이 새로운 세계를 정복한다.

〈자유론*On Liberty*〉이란 무신론적인 소논문을 썼다고 옥스퍼드 대학에서 추방된 셸리P. B. Shelley는 신이 악한이라고 결정짓고 심지어 사탄이 악이라는 것을 부정하였다.

> 〈실낙원〉에서 표현된 사탄 성격의 활력과 장대함을 능가할 수 있는 것은 없다. 그를 악의 통속적인 화신으로 만들려고 할 수 있었지만 하지 않았다고 생각하는 것은 잘못이다. 마음속 깊이 맺힌 증오, 끈기 있는 교활함, 적에게 극도의 고통을 주기 위한 계획을 밤낮없이 치밀하게 꾸미는 것, 이 모두가 다 악이다. 〔…〕 끊임없는 증오심을 가진 것을 그로 하여금 후회하게 만드는 잘못된 생각으로부터가 아니라 새로운 고통을 마땅히 받도록 그를 분노케 하는 확실한 계획을 가지고 역경과 고통에도 불구하고 훌륭하다고 생각

> 했던 어떤 목표를 끈기 있게 해 나가는 자가 틀림없는 승리의 확실한 보장 속에서 그의 적에게 잔혹한 복수를 하는 자보다 나은 것만큼 인간으로서 밀턴의 악마는 그의 신보다 훨씬 낫다.

19세기에는 여성들이 밀턴을 공격하기 시작했다. 미국 여성 새라 그림케Sarah Grimké의 논평은 이브에 대한 빅토리아 시대의 페미니스트적인 반응을 나타낸다.

> 남성이 여성의 지배자로 지명이 된다면 그는 여성의 신임에 틀림없다. 최근에 한 기혼 남성에 의하여 나에게 표현된 감정은 너무나도 정확하다. "기혼 여성이 얻을 수 있는 최고의 미덕은 남편을 공경하는 것이다"라고 그가 말했다. 그는 종교학 교수였고 그의 아내는 아름답고 지적인 여성이었다. 그는 많은 사람들이 생각하고 행동하는 것만을 거리낌 없이 이야기했다. 여성들은 밀턴 때문에 이 잘못된 생각에 "문서와 같은 확증"을 주고 있다. 그의 이브는 그녀의 남편의 눈을 만족시키기 위하여 모든 개인적인 우미로 꾸며져 있다. 그러나 그는 인류의 어머니에게 아담보다 자신의 열등함을 이해하고 자신의 지배자와 주인에게 순순한 복종을 할 만큼만의 지성을 주었던 것 같다.

20세기 비평가들은 창세기의 사실에 대한 19세기의 과학적 의심에 반응하여 이 시에서의 기독교 신앙을 옹호하는 자들과 비난하는 자들로 양분되었다. 루이스C. S. Lewis는 이 시에 대해 독자들이 반감을 가지게 되는 것은 그들의 신념이 약해지는 데에 있다고 주장했다. "밀턴의 신을 싫어한다고 말하는 사람들의 다수는 단지 그들이 신을 싫어한다는 뜻으로 말하고 있는 것이다." 윌리엄 엠프슨은 비신도들에 대한 공격을 주도했다. "나는 그리스도교의 전통적인 신은 매우 사악하다고 생각하고 있으며 내가 학교를 다닐 때부터 줄곧 그렇게 생각해 왔다." 그는 "의화된 양심"을 가진 인도주의자 밀턴은 성경의 사실과 신의 정의에 대한 청교도적인 믿음 때문에 그가 그러한 정의를 정당화하려고 했을 때 어려움에 빠지게 되었다고 밀턴에 대한 찬성론을 주장했다. "이 시가 매우 훌륭한 이유는 이 시에 의해 신이 매우 나쁘게 되기 때문이다." 엠프슨의 접근은 텍스트를 면밀하고 민감하게 읽은 데에 근거하였고 20세기 중엽까지 모더니즘 비평은 스타일의 문제에 주의를 집중하였다. 크리스토퍼 릭스Christopher Ricks는《밀턴의 장중한 문체*Milton's Grand Style*》(1963)에서 엠프슨의 방법들에 기초하여 이 시에 대한 모더니즘 비평 중 최고의 걸작을 썼고 문체의 거장 중 하나로서 밀턴의 명성을 회복시키는 데 기여하였다.

최근의 비평은 〈실낙원〉을 창작의 배경 속에서 평가하려고 해 왔다. 17세기를 연구하는 주된 역사가인 크리스토퍼 힐Christopher Hill은 이 시의 역사적인 배경을 상세히 조사하였다. 그의 저서 《밀턴과 명예혁명*Milton and the English Revolution*》(1977)에서 그는 다음과 같이 썼다.

> 그러나 우리는 밀턴의 관련성을 이해하기 위해 어느 정도 노력해야 한다. 시 자체가 스스로 명백해지도록 둘 수는 없다. 약간은 그렇게 되겠지만 대부분은 그렇게 되지 않을 것이다. 그리고 밀턴이 관념의 시인이 아니라면 아무것도 아니다. 그의 관련성을 이해하기 위하여 그를 전적으로 정치에 참여한 사람으로 보아야 한다. 워즈워스처럼 그는 원대한 희망을 가지고 시작했지만 워즈워스와는 달리 그 희망에 집착하려고 애썼다.

힐의 주제는 밀턴이 명예혁명은 신의 대의였고 혁명을 위해 싸웠던 사람들은 신을 공경하는 사람들이라고 믿었기 때문에 그 혁명의 실패를 설명할 필요가 있었다는 것이다. 그 이유는 틀림없이 행동하는 인간들에게 있다. 악과 인간의 죄를 설명하는 유일한 방법은 그것이 최초의 타락으로부터 생겨났다고 설명하는 것이다. 밀턴은 지성으로 자신이 신의 뜻을 받아들여야 한다고 생각했지만 "그러나 1655-60년 사이의 사건에의 그의 굴복은 너무나도 마음에 내키지 않는 일이었기 때문에 〔…〕 어떤 자유롭고 합리적인 개인이 영국에서 자신의 부하들에게 신이 한 것을 받아들일 수 있겠는가". 힐은 밀턴이 (지적으로는 인정했던) 하느님에게 그가 느꼈던 불만을 (자신이 인정하지 않았던) 사탄을 통해 표현한 것이라고 결론지었다.

이 시의 배경을 계속해서 연구해 왔던 많은 비평가들 가운데 가장 충분한 설명을 하고 있는 것은 데이비드 노브룩David Norbrook의 《영국 공화정에 대한 기록*Writing the English Republic*》(1999)이다.

> 〈실낙원〉을 그 원래의 배경에 더 가까이 가져가면 갈수록, 이 서사시를 덤덤할 정도로 정치에 관심이 없는 것으로나 패배주의적으로 이해한다면 이러한 이해와 작가의 가치기준을 일치시키란 점점 더 어려워진다. 〔…〕 천상의 왕권에 대한 이미지는 공화주의자인 독자에게는 너무나도 예리하고 도발적인 방식으로 천국의 정의의 문제를 제기하는 데 도움이 되었다.

4. 왕정복고기와 18세기 문학의 배경

화려한 수단, 베네치아산 능직, 일본제 비단, 나사 공단, 명주, 단자, 이 외의 다양한 비단으로 된 온갖 종류의 비단 가운들, 템플 법학원에서 에식스 빌딩으로 가는 통로에 위치한 데버루 코트에 거주하는 애터웨이 부인에 의해 파산한 사람들로부터 유리하게 매입되어 싸게 판매할 예정임.

훌륭한 브라질산 코담배 〔…〕 러드게이트 스트리트에 위치한 샘의 커피하우스에서 구입 가능, 혹은 엡섬에 위치한 킹즈 헤드로부터 이쪽 방향으로 두 집 건너 있는 그의 누이의 가게에서도 신사 숙녀 누구에게도 동일 제품 판매 가능, 또한 차, 커피, 초콜릿을 적정 가격에 판매함.
—1711년 4월 17일자와 3월 31일자 《스펙테이터》지에 실린 광고.

왕 정 복 고 기

귀국을 열렬히 환영받았던 스튜어트 왕조의 찰스 2세는 붙임성이 좋은 사람이었고 너그러운 통치자가 되었다. 그는 왕권으로의 복귀에 앞서 발표된 브레다 선언에서 사면과 화해를 약속하였다. "우리는 민감한 양심에 자유를 선언하고 어떤 자도 종교 문제에 있어서 견해 차이 때문에 불안하게 하거나 문제 삼지 않을 것을 선언하노라." 프랑스의 루이 14세는 찰스가 영국을 구교의 국가로 환원시키기를 바라고 그의 치하 동안 은밀히 재정적 지원을 하였다. 개인적으로 찰스는 아마 가톨릭교를 선호했는지는 모르지만 그의 지배적인 관심은 종교도 아니고 권력도 아니었다. 그는 궁중에서 축제와 복잡한 연애로 시간을 보내는 것에 행복해 했다. 그는 유럽의 신교 국가들이나 가톨릭 국가들과 관계를 맺었고 국회의 감정을 상하게 하지 않으려고 노력하였다. 입헌적인 문제는 로마 가톨릭이었던 그의 동생 제임스 2세의 즉위까지 공식적으로 미루어졌다.

제임스가 즉위했을 때 신교의 왕위 계승을 유지하기로 결정했던 휘그당과 토리당을 주도하는 무리들은 (제임스 1세의 딸 메리의 남편인) 오라녜가家 윌리엄에게 메리의 이름으로 왕권을 요구할 것을 설득하였다. 1688년 명예혁명 속에 그는 영국을 침공하였는데 제임스 2세가 피를 흘리지 않고 추방의 몸이 되었기 때문에 명예혁명이라 불린다. 체제의 변화는 권리선언에 의하여 일어났고 이는 후에 왕권을 제한하는 1701년의 왕위 계승령으로 변경되었다. 앞으로 어떠한 왕도 로마 가톨릭 신도일 수가 없고 법을 중지시킬 수 없으며 상비군을 유지할 수 없었다. 국회의 권한은 증대되었고 정부와 야당의 양당 체제가 발전하였다. 정치 권력을 위한 투쟁은 더 이상 왕과 국회 사이에 있지 않았고 (지주 측을 대표하는 지방당으로 스튜어트 왕조에 동정적인) 토리당과 (재계를 대표하는 중상주의 사업당인) 휘그당 사이에 벌어졌다. 제임스 2세에서 윌리엄과 메리에게로의 전환은 평화적이긴 했지만 수년 동안 제임스 2세나 그의 아들(연장의 왕위 요구자)이나 혹은 손자(연하의 왕위 요구자, 즉 귀여운 찰리 왕자)가 왕위를 되찾을지도 모르는 가능성이 있었다. 사람들은 열정적으로 정치적인 충절을 지닌 자들을 의심하였다. 대부분의 사람들에게 그 목적은 또 다른 내란을 피하자는 것이었고, 비국교도들이나 가톨릭교도들에게는 동등한 시민의 권리가 주어지지는 않았지만 17세기보다 18세기에는 정치적이고 종교적인 차이에 대한 보다 큰 묵인이 있었다.

윌리엄이 영국을 침공한 주된 동기는 찰스 2세가 네덜란드의 적인 프랑스와 동맹하려고 하는 데 대한 두려움 때문이었다. 윌리엄은 일단 권력을 잡자 영국과 프랑스와의 전쟁을 일으켰는데, 이 전쟁은 1713년까지 간헐적으로 계속되었다. 영국은1689-97년 사이의 전쟁에는 매년 5백5십만 파운드, 1702-12년 사이의 전쟁에는 매년 8백5십만 파운드의 비용을 소요했다. 창문에 대한 세금과 매우 성공적이었던 토지에 대한 세금을 포함하여 새로운 형태의 관세와 물품세 및 조세가 도입되어 연간 약 2백만 파운드가 마련되었다. 정부는 복권, 공채 발행, 잉글랜드 은행을 통하여 돈을 차용하기 시작하였다. 1650년대부터는 금 세공인들에 의한 채권 증서가 사용되었지만 1694년 잉글랜드 은행의 설립은 자본의 자유로운 이동, 안전한 국제 간의 지불, 보장된 저축, 이자율, 국채 제도 등의 진정한 근대적인 금융 방식의 시작을 나타낸다. 주조 화폐는 은행권이나 약속 어음 형태의 화폐로 전환되었고 이는 현금 유동성과 신용을 필요로 하는 거래 행위를 극히 용이하게 하였다.

부와 번영

17세기의 연극과 18세기의 연극 각각 한 작품씩, 두 작품의 연극 장면을 비교함으로써 개인적인 부의 본질에 있어서의 변화를 알 수 있다. 존슨의 〈볼포네〉는 그 수전노가 수많은 금화, 금제 접시, 보석 등의 자신의 재산을 흡족해 하며 바라보는 장면으로 시작된다. 콩그리브Congreve의 〈세상의 풍습*The Way of the World*〉(1700)은 법적 양도 증서를 담고 있는 검은 상자가 그 이야기의 중심에 있다. 부의 증거가 손에 만질 수 있는 재화의 소유로부터 보증서나 법적 신용 서약서와 같은 문서로 바뀌었다.

스튜어트 왕의 두 번째 복귀의 가능성에 의하여 야기되는 불안에도 불구하고 17세기 말과 18세기 초엽의 몇 십 년은 정치적 안정과 경제적 발전의 시기였다. 영국의 중상 무역은 번창하였다. 원자재가 수입되었고 가공된 제품은 수출되었는데 때로는 원자재를 수입한 나라한테로 도로 수출되었다. 인도에서 수입한 목화는 면제품이 되어 되돌아갔다. 바르바도스와 서인도 제도로부터의 설탕과 당밀은 럼주가 되어 돌아갔다. 차, 커피, 향료, 쪽 물감, 비단, 자기 제품 등은 동쪽에 있는 국가들로부터 국내 소비를 위해 수입이 되었고, 설탕, 담배, 생선, 목재, 모피 등은 서쪽이나 발트 해 연안 국가들로부터 들어왔다. 식민지들은 가공된 물품들을 수입해야 했고 무역수지는 영국에 유리하였다. 특히 유리한 부분의 대서양의 무역 삼각관계는 아프리카에서 데리고 온 노예를 서인도제도나 미국의 남부 주들에 공급하는 것이었다. 18세기 중엽까지 런던은 세계에서 금융과 무역의 중심지였다.

《완벽한 영국 소매상인*The Complete English Tradesman*》(1726)에서 대니얼 디포는 영국 상업의 성장과 이로 인해 개인과 국가에 초래된 번영에 대해 논평하고 있다.

> 분명히 국민들 중 주로 상업을 하는 사람들한테 달려 있는 국가의 부에 대하여 말하자면, 최근 전쟁에서 큰일을 함으로써 그리고 상류사회의 명예를 위하여 외국에서 큰 활동

> 을 함으로써 몇 년도 안 되어 성장한 많은 집안들이 있지만, 그와 꼭 같은 기간에 육군이나 해군에 의복을 대고 급료를 지급하고 식량을 공급하고 필수품을 대는 등의 전쟁에 수반되는 상황에 의하여 상인들 중 얼마나 많은 집안이 엄청난 재산을 가진 집안으로 성장하였는가? 그리고 그 막대한 세금은 누가 납부한 것이며 대부금은 누가 제공했으며 모든 경우에 있어서 누가 돈을 선불하였는가. 〔…〕 상업과 상인이 전쟁의 짐을 지지 않았는가? 〔…〕 상업이 모든 자본 가운데 고갈되지 않는 자본이며 나머지 모든 사람들이 의지하는 것이 아닌가?

물질적 번영은 런던의 모습을 변화시켰다. 1666년의 대화재 사건 이후 세인트폴 대성당과 런던 증권 거래소는 재건되었고 새로운 교회들이 렌과 호크스무어에 의해 설계되었다. 주택 건설은 서쪽으로 확대가 되었고 하노버, 그로브너, 캐번디시, 포트만과 같은 큰 광장이 있는 웨스트 엔드 지역이 형성되었다. 부는 런던에만 한정되지는 않았다. 브리스틀과 에든버러와 같은 도시들에도 인상적인 조지아풍 건물들이 생겼고 배스와 턴브리지 웰스는 우아한 휴양지가 되었다.

공원, 유원지, 산책로, 거래소, 극장, 18세기 후반에 생긴 강당이나 약효가 있는 온천장 등, 새로운 형태의 매력적인 공공장소에 의하여 사회생활도 바뀌게 되었다. 신문과 신사들을 위한 클럽과 커피하우스가 왕정복고 후에 등장하였고 도자기나 비단과 공단, 커피, 차, '소형 장신구' 등을 파는 상점들도 등장하였는데 소형 장신구는 팔찌, 혁대 장식, 코 담뱃갑과 같은 유행품에 대한 18세기 용어이다. 대니얼 디포는 상점들에 있는 상품들이 시시하고 그 상점들의 내부시설이 사치스럽다는 것을 한탄하였다.

> 도장이나 장식, 멋진 선반, 덧문, 칸 막은 좌석, 유리문, 창틀 등에 있어서 그것들로부터 지금 우리는 케이크점이나 소형 장신구점을 설비하는 데 이삼백 파운드 아니 오백 파운드를 쓰는 것은 사소한 일이라는 것을 알게 된다. 〔…〕 시내에서 가장 멋진 상점들은 값비싼 다구들을 갖추고 있다는 것을 알게 된다.

연|습|문|제

왕정복고기와 18세기의 희극의 무대를 자세히 살펴보라. 영국에서의 부유계급의 삶이 어떻게 반영되어 있는가? 셰익스피어 극의 무대와 왕정복고기 극의 무대의 지리적인 범위를 비교해 볼 수도 있다.

사치품들은 그러한 것들을 살 만한 여유가 있었던 사람들, 특히 런던이나 궁정에 기반을 둔 상류사회 사람들의 삶을 용이하게 하였다. 포프Alexander Pope의 〈머리타래의 강탈*The Rape of the Lock*〉(1711)에서 벨린다는 인도산 보석, 아라비아산 향수, 거북등딱지로 만든 빗, 비단, 수단, 도자기 병, 인도산 병풍 등 외래의 값비싼 물품들을 향유하는 편안한 삶 속에서 응석받이로 양육된다. 궁정에서 커피는 일본산 칠기 탁자 위에 은주전자에 담아 도자기 잔에 따라 마셨다.

> 그러니 보라! 식탁에는 컵들과 숟가락들이 놓여지고
> 커피 열매 알이 튀고 맷돌이 돌아가네.
> 반짝이는 옻칠한 제단 위에 그들은 올려놨네,
> 은제 등잔을, 불의 정기 밝게 타고
> 은주전자 주둥아리에서 커피는 반가운 듯 흘러나오고
> 사기잔은 김 내며 흐르는 커피를 받네.
>
> For lo! the Board with Cups and Spoons is crown'd,
> The Berries crackle, and the Mill turns round.
> On shining Altars of Japan they raise
> The silver Lamp; the fiery Spirits blaze.
> From silver Spouts the grateful Liquors glide,
> While China's Earth receives the amoking Tyde.

〈세상의 풍습〉에서 밀러먼트는 결혼의 조건으로 "내 차탁자의 유일한 황후sole Empress of my Tea-table"로 있기를 고집한다. (미라벨은 위시포트 부인이 탐닉하는 체리브랜디처럼 진을 넣어 만든 독주를 금하고 차나 커피나 초콜릿 차만을 마시기를 고집한다.) 왕정복고기 드라마에서 식사 초대는 등장인물들을 무대에서 내려오게 하는 흔한 방법이고 일반적인 도시나 시골에 대한 비웃음거리는 서로 다른 식사시간에 대한 것이다. 〈세상의 풍습〉에서 윌풀 위트우드 경이 고모의 집에 도착할 때 자신은 이미 식사를 마쳤을 시간에 그녀가 아직도 몸단장을 하고 있다는 것을 알고 비웃는다. "몸단장을 하고 계신다고! 이런, 이곳 런던에서는 분명히 아직 아침이란 말이지. 우리가 사는 슈롭셔 지방에서는 지금이면 거의 오후라고 생각할 텐데 말이야. 그렇다면 아마 고모님께서는 아직 식사도 안 하셨겠구먼Dressing! What, it's but Morning here, I warrant with you, in London; we shou' d count it towards Afternoon in our Parts, down in Shropshire. Why then, belike my Aunt hadn't dined yet." 포프의 〈블런트 양에게 보내는 서한*Epistle to Miss Blount, on her leaving the Town, after the Coronation*〉에서 대관식 후에 그녀가 런던을 떠나자마자 그는 "혼자 쓸쓸히 차solitary tea"를 마시고 "정확히 정오에 점심을 먹어야 하는dine exact at noon" 그녀를 측은하게 생각한다.

소모품들, 상품들, 사치스런 신상품들은 당시 문학에서 표현의 매체가 되었다. 〈촌뜨기 아내*The Country Wife*〉(1675)에서 오렌지와 도자기는 부정한 성적 욕망을 나타내기 위하여 의도적으로 사용되고 있다. 사치와 부도덕은 서로 관련되어 있지만 둘 중 어느 쪽이든 비난받는가? 왕정복고기 희극에서 에서리지Etherege의 포플링 플러터 경에서부터 밴브루Vanbrugh의 포핑턴 경에 이르기까지 너무 두드러질 정도로 중요한 역할을 하는 맵시꾼의 모습은 극도로 유행을 따르기 때문에 웃음거리가 된다. 지나치게 격식을 차린 정중함이나 무의미한 방정한 예의처럼 항상 신식으로 지나치게 큰 가발과 터무니없는 옷을 맞추는 일은 맵시꾼의 자기 탐닉을 나타낸다. 포프는 젊은 여인의 섬세함과 상처입기 쉬운 약점을 상징하기 위해 〈머리타래의 강탈〉에서 더러워진 능라 천과 금이 간 도자기 주전자를 이용하고 있다. 왕정복고 시대의 텍스트에서 장사에 의해 제시되는 상품의 존재가 어느 정도로 배경과 분위기를 창출해 내는지와 그러한 물건들이 어느 정도로 더 깊은 의미를 띠게 되는지를 생각해 보는 것은 가치가 있다.

연|습|문|제

왕정복고기와 18세기 초의 텍스트에서 언급되는 상품들의 목록을 작성하고 그 상품들이 얼마나 자주 언급되는지를 조사하라. 옷이나 외모 혹은 식사나 여흥과 관련되는 물건들로부터 인물의 생활방식이 유행을 따르고 부유하다는 것이 입증될 것이 명백할 것이다. 거래가 직접 언급되지 않을 수 있겠지만 거래는 이러한 텍스트에 묘사된 사회의 본질적인 근간이다. 상품들이 사용됨으로써 보다 더 상징적인 목적이 드러나고 있는가?

지주들은 상업에 투자를 하였고 거기서 얻은 부를 이용하여 자신들의 토지를 확장하고 개량하였다. 18세기는 많은 영국식 대저택들에 속한 토지가 험프리 렙턴, 윌리엄 켄트, 캐퍼빌리티 브라운과 같은 디자이너들의 설계에 따라 구획 설계된 시대였다. 새로운 식물들과 나무들이 대량으로 영국에 들어왔다. 18세기의 위대한 발견가인 쿡 선장은 식물학자인 조지프 뱅크스 경과 함께 그의 첫 번째 항해를 했는데 뱅크스 경의 임무는 태평양 연안 지방으로부터 새로운 식물 표본을 가져오는 것이었다. 신사의 주된 소일거리 중 하나는 자신의 사유지를 개량하는 것이었다.

알렉산더 포프는 트위크넘에 소유가 아니라 임차로 5에이커 면적의 적당한 정원을 갖고 있었다. 임차했음에도 불구하고 그는 사유지를 가진 귀족들만큼의 열정으로 그 정원을 구획하였고 귀족들의 정원을 방문하여 그 정원들에 의해 영국의 자연경관이 변해가는 모습을 보기를 좋아했다. 〈도덕론 4장—부의 사용에 대하여*Moral Essay IV: Of the Use of Riches*〉에서 그는 티먼이 과대하게 토지를 개량한 것이 효용을 위한 것이 아니라 과시를 위한 것이라고 조롱하고 있다. 포프는 스토에 있는 벌링턴 경의 사유지가 사적이든 공적이든 도덕적으로 훌륭한 삶을 나타내는 것으로 생각하고 있다. 잘 관리된 훌륭한 사유지는 길들여지지 않은 자연에 대한 낭만적 열정에 의해 휩쓸려갈 때까지는 18세기 동안 내내 반복되어 나타나는 문학적 상징이 되었다. 19세기 초의 제인 오스틴Jane Austen은 여전히 이상적인 삶을 상징적으로 나타내기 위하여 펨벌리와 맨스필드 파크의 대사유지들을 이용하고는 있지만 신중하게도 경제적 현실을 드러내고 있다. 맨스필드 파크의 소유주인 토머스 버트램 경과 그의 맏아들은 소설의 많은 부분에서 그들의 부의 원천인 설탕과 노예 매매를 감독하기 위해 서인도제도에 가 있어서 등장하지 않는다.

〈촌뜨기 아내〉에서 핀치와이프는 사람의 부를 그가 소유한 토지로 평가한다. 그는 앨리시아의 남편감으로 호너가 제일 낫다고 생각하면서 "그는 토지 때문에 멋진 거나 다름없다"라고 말한다. 20년 후에 콩그리브는 무역, 재정, 금융과 관련된 언어를 사용한다. 종종 채권, 권리증서, 증권 등과 같은 형태의 돈이 〈세상의 풍습〉에서의 사건을 몰아간다. 만약 이 작품의 복잡한 플롯을 따라가려면 돈에 주의를 기울여야 한다. 누가 돈을 소유하고 있는지, 누가 돈을 필요로 하는지, 누가 돈을 상속받게 되는지 아니면 상실하게 되는 지 등에 말이다.

연|습|문|제

작은 거래에 있어서조차 돈의 중요성이 〈세상의 풍습〉에서 드러나고 있다. 3막 1장에서 "아이구, 내가 그를, 그를 죽게 할 거야"로부터 "이보게 포이블, 그 일에 대해 자네한테 고맙게 생각하네, 포이블"까지 위시포트 부인과 포이블 사이의 대화 구절을 읽어 보라. 미라벨을 위해 고안된 여러 형태의 처벌들을 목록으로 작성하라. 어떠한 면에서 이런 것들이 사회에서의 돈의 중요성을 반영하는가? 이 외의 두드러진 순간들을 연구하고 싶다면 같은 장에서 그 후에 나오는 포이블에 대한 마우드의 감정의 폭발을 보라. 그녀의 강렬한 분노는 포이블이 바로 모든 사람들의 금전 문제를 해결하는 열쇠가 되고 있다는 사실에 의해 유발된다. 3장의 거의 끝부분에서 윌풀 경은 토지에서 비롯되는 그의 수입이 얼마나 과세되는가에 그의 여행 경비가 달려 있고 그리고 영국이 유럽에서의 전쟁의 비용을 계속 부담할 필요가 있는가에 달려 있다는 것을 드러낸다. 4막에서 위시포트 부인이 포이블에게 위협하고 있는 처벌을 생각해 보라. 이는 가난한 사람들에게 런던에서의 생활이 어떤 점에서 문제가 있다고 밝히고 있는가?

개인적 관계는 상업적 용어로 기술된다. 2막 1장에서 핀치와이프는 자신의 아내를 자유 보유 부동산으로 부른다. 3막 2장에서 하커트는 "모든 여자들이 상품 거래소의 이러한 사람들과 같다고 생각한다, 왜냐하면 그들은 자신들의 상품의 값을 올리기 위해 그들에게 제의된 적도 없는 호가를 좋아하는 고객한테 알려 주기 때문이다I see all women are like these of the Exchange, who, to enhance the price of their commodities, report to their fond customers offers which were never made 'em"라고 말하면서 게임 중에 그가 엘리시아에게 구애를 했던 것을 부인한다. 탁월한 경영자인 호너는 성적인 관계와 상업적인 거래 사이를 분명히 관련시킨다.

> 숙녀 여러분, 관직에 있는 훌륭한 남자들처럼 여러분도 여러분을 좇아다니는 사람들이 아첨을 떨고 비위를 맞춰 주기를 요구하는 것 같다는 것을 나는 압니다. 그러나 여러분 주위에 수납자들이 있고 지불해야 할 비용도 많아 남자라면 여러분의 동의를 무시하지 못하지요. 그래서 당신이 밀회의 약속을 한다면 그곳은 금세공상점이나 보석상점이나 도자기상점일 것이고 거기서 여러분이 그에게 준 신용상 그는 그 엄격한 시민에게 자신의 신용을 걸어야 하고 여러분이 집어 드는 물건에 대해서 지불을 하고 자신이 집어 드는 물건에 대해서도 지불을 해야 합니다. (5막 4장)
>
> Ladies, I know, like great men in offices, you seem to exact flattery and attendance only from your followers, but you have receivers about you, and such fees to pay, a man is afraid to pass your grants. Besides, we must let you win at cards, or we lose your hearts. And if you make an assignation, 'tis at a goldsmith's, jeweller's, or china house, where, for your honour you deposit to him, he must pawn his to the punctual cit, and so paying for what you take up, pays for what he takes up. (Act V Scene 4)

연|습|문|제

〈세상의 풍습〉 3막 1장에서 밀러먼트는 〈사랑은 단지 마음의 연약함*Love's but the frailty of the Mind*〉이라는 노래를 요청한다. 이 노래의 가사와 셰익스피어의 노래 〈오 내 님이여, 나를 두고 어딜 가오?*O mistress mine! Where are you roaming?*〉의 가사를 비교해 보고 왕정복고기의 사랑에 대한 정의에 있어서 경쟁적인 요소를 주목하라. 이러한 요소가 어떻게 창조되었는가? 이것으로 밀러먼트의 미라벨의 정복을 어떻게 설명할 수 있는가? 그녀의 최종적인 수락에는 획득을 나타내는 어휘가 사용되어 있다. "그런데, 당신을, 우스꽝스런 당신을 내가 가질 거예요Well, you ridiculous thing you, I'll have you." 이 말을 농담으로 생각하는가, 아니면 남녀 관계에 영향을 미친 상업적인 가치가 들어 있다고 생각하는가?

개인주의

18세기의 사업가 정신은 길드와 도제의 관례를 와해시키는 데 이바지하였다. 셰익스피어에 있어서 주종관계에서의 충성은 켄트와 리어 혹은 올란도와 노인 아담처럼 신뢰성 있는 미덕의 표시이지만 18세기 문학에 있어서 자립은 영웅적이 된다. 18세기 초반에 문학적으로 창조된 인물인 그러한 고립된 주인공 로빈슨과 걸리버의 독립적인 긍지를 생각해 보라. 1651년 토머스 홉스는 《리바이어던*Leviathan*》이라는 논문을 출간하였는데 이 작품은 찰스 2세의 교사로서 추방 중에 씌어졌다. 《리바이어던》의 전제는 사람은 본래 이기적이어서 그들 자신의 개인적인 목적을 추구한다는 것이며, 유명한 인용이 된 구절로 표현하자면 삶은 "더럽고 야만적이고 짧다"는 것이며, 자선, 박애, 사교성과 같은 기본적인 기독교적 성향을 결코 부여받지 않은 개인과 사회는 복종과 평화적인 협력을 강제할 수 있는 절대군주가 없다면 끊임없이 싸우게 된다는 것이다.

18세기 초까지 이기주의에 사회적 가치가 있다는 생각이 공개적으로 표출되고 있었다. 버나드 맨더빌Bernard Mandeville이 쓴 인기 있던 논문은 개인 사업과 노동관계에 대한 태도가 어떻게 변화하고 있는지를 보여 준다. 맨더빌은 라 퐁테인의 동물 우화를 해학적인 영시로 번역하면서 커피점용 잡지를 위해 가벼운 읽을거리를 쓰는 작가로서 사회생활을 시작했다. 1705년 그는 〈불평하는 꿀벌 떼*The Grumbling Hive*〉를 출간하였고, 1714년에는 이 작품을 발전시켜 〈꿀벌들의 우화, 혹은 사적 악덕, 공익*The Fable of the Bees: Or, Private Vices, Publick Benefits*〉을 출간하였는데 그 책의 명성이 높아짐에 따라 후에 나온 판에는 서문, 연구 및 단평을 추가로 실었다. 〈불평하는 꿀벌 떼〉에서는 왕정복고기 영국의 정치적 모습을 보게 된다.

> 그들은 전제정치의 노예도 아니고
> 무모한 민주제에 의해 지배되지도 않았다.
> 하지만 왕들은 잘못을 저지를 수가 없는데, 이유인즉
> 그들의 권력은 법에 의해 제한되었기 때문이다.

They were not Slaves to Tyranny,
Nor rul'd by wild Democracy;
But Kings, that could not wrong, because
Their Power was circumscrib'd by Laws.

맨더빌의 주장은 사욕은 결코 사악하지 않으며 전체적인 부유를 창출한다는 것이다.

따라서 악덕은 발명의 재주를 키웠고
시간과 근면과 힘을 합해서
삶의 편의, 진정한 즐거움, 위안과 안락을
너무나도 증대를 시켜서
매우 가난한 자들도
이전의 부자들보다 더 잘 살았다.

Thus Vice nurs'd Ingenuity,
Which joined with Time and Industry,
Had carry'd Life's conveniencies,
It's real Pleasures, Comforts, Ease,
To such a Height, the very Poor
Liv'd better than the Rich before.

벌집 속에는 기만, 탐욕, 부패가 만연하다. 모든 사람들이 자기 일만을 생각지만 결코 혼란하지 않은 사회이고 편안한 세상이다. 즉 "모든 부분들이 악덕으로 가득 차 있지만/전 집단은 낙원이다every Part was full of Vice,/Yet the whole Mass a Paradise". 꿀벌들은 주피터에게 불평을 하고 그는 관습의 개혁을 위한 기도문을 준다. 맨더빌은 "개혁Reformation"에 대해 좋지 않게 생각한다. 개혁으로 벌집의 상업적 경제가 사라지기 때문이다. 꿀벌들은 그들의 부를 상실하고 가난에 찌들어 속이 빈 나무 안에서의 간소한 생활로 돌아간다. 맨더빌은 애덤 스미스 수준의 이론적인 경제학자가 아니다. 《국부론*The Wealth of Nations*》(1776)에서의 스미스의 연구는 경제 이론의 기초가 되는 텍스트이지만, "사적 악덕, 공익"이라는 구절은 상업 정책과 무제한의 개인주의를 옹호하는 18세기를 제대로 요약하는 발췌문이다.

연|습|문|제

그리스도교적 이상에 의해 제한되지 않은 개인주의의 이기적인 핵심을 잘 보여 주는 예는 위철리의 〈촌뜨기 아내〉에서의 호너이다. 비평가들은 호너의 성격에 대해 항상 고민하였다. 그는 처벌받아야 마땅한 성적 악행을 행하는 극악무도한 사람인가? 그는 인정할 수밖에 없는 총명함을 가진 매력적인 인물인가? 청교도적인 제한이 있던 시대로부터 벗어난 왕정복고기의 기사도 정신을 가진 자유로운 신사인가? 그는 자연스럽게 더럽고 야만적인 목적을 추구하는 무자비하고 이기적이며 홉스적인 인물인가? 그의 이기적인 방식이 많은 여성들에게 즐거움을 주기 때문에 맨더빌의 "사적 악덕, 공익"이라는 온건한 별명을 붙일 만한 가치가 있는 인물인가?

만약 그를 이기적인 사업가로 생각하다면 어떨까? 그는 지나칠 정도로 세심하게 사무적인 방식으로 자신의 캠페인을 계획한다, 즉 자신의 목표에 집중하고 열심히 일하고 모욕을 당하고 자신의 목적을 이루기 위해 거짓말도 하고 기만하기도 한다. 그는 매력적이고 인정이 있고 자신의 의도대로 남을 설득할 수 있고 자신에 의해 "희생당한 사람들"로부터 사랑을 받는다. 이러한 것들이 사업계에 있어서 자수성가한 사람들의 미덕이다. 그가 추구하는 목적을 실로 어떻게 판단해야 하는가?

여성에 대한 태도

위의 마르크스주의적인 해석에서 성은 상품이고 호너는 탐욕스럽고 물질주의적인 사회의 모습이다. 페미니즘적인 해석에서는 호너를 기혼 여성들이 그들에게 용이한 방법

1735년 존 드라이든의 극작품 중 〈앰보이나*Amboyna*〉에 인쇄된 권두삽화. 이사빈더가 성폭행을 당한 후 풀려나는 모습

으로 권력을 주장하도록 도움을 주는 인물로 본다. 왕정복고기 희극에서는 결혼의 축복이라는 이상이 사라졌다. 결혼은 종종 불행한 관계로 묘사되고 부인들은 간통을 통해 복수를 한다.

왕정복고기의 여배우들은 행실이 나쁜 여자로 간주되었다(〈8. 극장과 공연 공간〉 참조). 많은 여배우들이 귀족의 정부였고 이는 여배우의 직업성으로 인해 자신의 상품가치가 높아졌다는 것은 당연하다는 점을 암시한다. 왕정복고기의 관객들은 여배우들의 대중적인 공연만큼이나 그들의 사생활에 관심이 있었다. 양자 사이의 구분은 불명확했으며 여성의 역은 여배우의 신체적인 매력을 보여 주는 기회였는데 특히 강간에 가까운 장면이나 여배우가 연출하는 남자 역에서 그러했다.

연|습|문|제

〈촌뜨기 아내〉, 〈유랑자*The Rover*〉, 〈퇴보*The Relapse*〉에서 여성의 신체를 드러내게 되는 기회를 생각해 보라. 왕정복고기 드라마에서의 성적 관계에 대한 냉소적인 태도가 훔쳐보는 취미 혹은 관음증으로 설명이 되는가?

희극에서 여성들은 기지나 교활함에 있어서 남성들과 동등한 것으로 보인다. 여주인공들은 "한갓 아내로 전락해 버릴 수도 있지만", 말로는 남자들에게 지지 않고 버티었다. 실제로 영국에서는 이전 시대에서나 마찬가지로 18세기에도 여성들이 자유롭지는 못했지만, 왕정복고기 연극에서는 (그중 많은 극이 여성들에 의해 씌어졌는데) 여성들의 입장이나 불평이 공개적으로 토로되고 있다. 여배우들을 무대에 등장할 수 있게 하는 일대 혁신으로 여성의 견해가 강해졌다고 주장되어 왔다. 그러한 설명의 일부는 내란에 의해 조장된 모든 제도를 연구하려는 지적인 자유에 있지만, 왕정복고기 희극에서의 성적 관계는 셰익스피어 극에서 분명한 조화보다는 해결되지 않는 갈등을 강조한다.

연|습|문|제

여성 인물들은 어떠한 권력을 가지는가? 헬레나, 호이든, 밀러먼트와 같은 여주인공들은 독립적이고, 의견을 말하고 재치가 있는 것같이 보이는가? 그들은 결혼에 의해 득을 본다고 생각하는가, 아니면 손해를 본다고 생각하는가? 그들의 말과 행동 속에서 결혼한 상태에 대해 어떠한 걱정을 인식할 수 있는가? 〈촌뜨기 아내〉의 에필로그는 여성의 권력이나 무력함에 대해 무엇을 드러내는가? 연극이나 에필로그에서 누가 누구를 속이고 있다고 생각하고 싶은가?

사회와 법

사회가 어떻게 움직이는지, 사회의 경제와 노동관계에 대한 관심은 디포의 〈로빈슨 크루소*Robinson Crusoe*〉(1719)와 〈몰 플랜더즈*Moll Flanders*〉(1722), 스위프트의 〈걸리버 여행기*Gulliver's Travels*〉(1726)와 〈적절한 제안*A Modest Proposal*〉(1729)과 같은 18세기의 많은 텍스트들에서 나타난다. 생계를 꾸려가는 데 있어서의 독립적이고 개별적인 노력은 존중되고 비난하기를 꺼려하는 경향이 있다. 디포의 몰 플랜더즈는 그녀가 부자들로부터 찾을 수 있고 빼앗을 수 있고 호릴 수 있고 훔칠 수 있는 것들로 살아간다. 그녀가 의심스럽고도 불법적인 방법으로 "벌어들이는" 것들은 18세기 상업의 운반할 수 있는 상품들이고 유리한 결혼의 재정적 안정이다. 디포는 그녀의 거래에 대해 도덕적으로 중립적인 자세를 유지한다. 그녀가 뉴게이트 감옥에서 도둑질 때문에 처형을 기다리고 있는 최악의 순간에는 사실상 디포가 그녀를 동정하는 것처럼 보이는데 왜냐하면 플롯에 따르면 그녀가 벗어나게 되기 때문이다. 행복한 결말에도 불구하고 〈몰 플랜더즈〉는 18세기 번영의 어두운 측면, 즉 빈곤과 형법 제도를 보여 준다.

처벌의 엄중함이 커진 것처럼 소유권을 보호하기 위한 법률의 수가 이 시기에 증가하였다. 재산을 가진 사람들은 사법적인 잔학성을 가지고 자신의 재산을 보호했다. 교수형은 사소한 절도에 대한 형벌이었고 공개적인 처형은 흔하고도 매우 인기 있는 사건이었다. 1688년에는 약 50건의 사건에 사형이 수반되었지만 1800년까지는 거의 200건의 사형이 있었다. 찰스 2세 때에는 추방이 사형의 대안이었다. 18세기까지는 추방이 사소한 사건에 대한 처벌이 되었다. 어떤 텍스트들에서는 18세기 삶의 탐욕스럽고 야만스러운 측면이 기지와 풍자에 의해 용케 숨겨져 있지만, "시장한 법관들 판결문에 서명하고/배심원들 밥 먹게 일찍이 범인들 처형되네The hungry Judges soon the Sentence sing,/And Wretches hang that Jurymen may Dine"(Canto III 21–23행)라는 포프의 유명한 2행 연구聯句가 들어 있는 〈머리타래의 강탈〉에서처럼 때때로 그 의식이 표면화된다.

연|습|문|제

여러분이 선택한 왕정복고기 희극에서 어떠한 인물들이 돈을 필요로 하고 적극적으로 돈을 추구하는가를 생각해 보라. 돈을 손에 넣지 못한다면 그들의 운명은 어떻게 될 것 같은가?

왕정복고기 드라마에서는 개인주의의 야만성이 정중한 예의에 의해 덮여 있다. 통제되는 행동이 미덕이다. 분노든 적개심이든 사랑이든 간에 강렬한 감정의 공개적인 표출은 예의에 어긋나는 것으로 생각된다. 〈퇴보〉에서 포핑턴 경은 부유한 상속녀를 잃고는 어린 남동생에게 다음과 같이 말한다. "아픈 마음을 가진 사람이 할 수 있는 가장 현명한 일은 침착한 표정을 짓는 일이라 생각한다. 왜냐하면 철학적인 분위기가 세상에서 신분이 높은 사람의 얼굴에 가장 어울리는 것이기 때문이지."

내란에 대한 기억들 때문에 사람들은 칼로 하는 전쟁보다는 말로 전쟁을 하는 데 국한하여 견해의 차이를 조절하고 숨기고 딴 데로 돌릴 수 있는 언어를 사용하도록 되었는지도 모른다. 왕정복고기에는 예법을 발전시키려는 데 대한 증대되는 관심이 있었다. 예법의 개혁을 위한 협회가 형성이 되었고 《스펙테이터》지와 《태틀러 *The Tatler*》지는 신사적인 행동에 대한 글들을 발표하였다. 왕정복고기 이전 시대의 스페인을 배경으로 하는 〈유랑자〉에서 금전적으로 부담을 느끼면서 술을 마시고 매춘부와 놀아나는 한량들은 부단히 칼싸움을 벌이는데 이는 추방 중인 찰스 왕을 추종하는 기사당원들을 생각나게 할 수 있는 모습이다. 왕정복고 후에 취태, 욕설, 싸움 등은 점잖은 사회에서는 비난받았다. 〈경쟁자들 *The Rivals*〉(1755)에서 밥 에이커스는 새롭고 고상하고 "다정다감한 욕설sentimental swearing"을 연습하면서 "욕설을 해도 좋은 시절이 있었다Damns have had their days"고 주장한다. 결투하러 가는 길에 캡틴 앱설루트는 "바스의 길거리에서 칼이 보이면 미친개가 나타날 때만큼이나 큰 경보를 발하게 될 것이라A sword seen in the streets of Bath would raise as great an alarm as a mad dog"는 것을 알기에 큰 코트 안에 칼을 숨겨야만 한다.

연 | 습 | 문 | 제

여러분이 선택한 극에 무대 위의 술 취한 인물이나 어떤 인물이 다른 인물에게 칼을 빼드는 경우가 나오는가? 그 작가는 이러한 행동을 자신이 비난한다는 것을 어떻게 보여 주고 있으며 그가 이러한 방법을 사용함으로써 그 인물에 대해 어떠한 점이 드러나는가?

웅변과 기지

왕정복고기의 기지는 인물들의 편에서 우아하게 말하려는 의식적인 욕망으로부터 나온다. 유창하고 잘 표현된 대화는 점잖은 신사라는 표시이고, 거칠게 행동하고 퉁명하게 말하는 건 촌스런 인물들에 대한 유쾌한 경멸감의 증거이다. "도시에서 빈번히 사용되는 대화로부터 언어의 유머, 기지, 다양함과 우아함을 주로 가져와야 한다"고 스프랫 주교Bishop Sprat는 《영국 학술원의 역사*History of Royal Society*》에서 기술하고 있다. 런던은 지방의 사회적인 고립과는 반대로 예의를 배우고 대화를 예리하게 만드는 곳으로 생각되었다.

그러나 정중한 어조는 노여움, 속임, 경멸, 노골적인 적대감을 감출 수 있다. 많은 농담을 예리하게 하는 호되고 경쟁적인 날카로움이 있다. 〈세상의 풍습〉의 서두 몇 행에서 페이놀이 미라벨로부터 자신이 획득한 돈을 미라벨이 만회할 기회를 주는 것을 교묘히 피하고 있는, 미라벨과 페이놀 사이의 대화를 생각해 보라. 아니면 페이놀의 아내가 퇴장하고 그가 증오의 감정을 터뜨린 다음에 이어지는 그와 그의 아내 사이의 최초의 사랑의 조우를 생각해 보라. 〈촌뜨기 아내〉에서 마저리가 도시에서 통용되는 본심을 숨기는 위선적인 언어를 사용할 수 없는 것은 그녀의 순수함을 드러내는 것이다. 진실을 말하려는 그녀의 고집은 부분적으로 플롯의 재미이고 또한 부분적으로는 관객들을 매혹하는 그녀의 매력인 것이다. 그러나 그것이 미덕인가? 비평가들은 위철리가 그녀의 노골적인 언어를 사용하고 있는 것이 위선을 혹평하기 위함인지 아니면 재치 있는 거짓말의 가치를 암시하기 위함인지에 대해 의견을 달리한다.

연|습|문|제

〈촌뜨기 아내〉의 에필로그와 함께 마지막 장을 생각해 보라. 호너는 승리를 얻는다. 마저리는 촌스런 남편에게로 또한 시골의 지루한 삶으로 돌아가야만 한다. 거짓말하는 법을 배움으로써 마저리는 득을 본 것인가, 아니면 손해를 본 것인가? 있다면 호너는 무엇을 얻었는가? 에필로그에서 본심을 속이는 위선에 대해 어떠한 가치를 두고 있는가? 위선이 관용의 대가인가? 있다고 한다면 위철리의 극 세계에서의 미덕은 무엇이라고 생각하는가?

희극에서 촌뜨기 인물들은 (비록 그들이 가진 토지의 가치에 대해서는 대단한 주목을 받지만) 말을 잘 하지 못하고 촌스럽기 때문에 웃음거리가 된다. 밴브루의 〈퇴보〉에서 호이든은 마저리 핀치와이프와 비슷한 인물이다. 그녀의 아버지인 턴벨리 클럼지 경은 나팔총이 달린 대문으로 손님들을 맞이하고 개들을 풀어 놓고 자신의 딸은 가둬 둔다. 호이든의 폭발할 것 같은 성욕과 활력은 그녀의 솔직한 말투와 노골적인 태도에 의해 전달된다. "새로 나타날 남편감을 가진다면 좋겠지만 그렇지 않으면 젠장 빵집 주인과 결혼하게 될 거예요, 그렇게 될 거예요"라는 서두에서의 그녀의 말 뒤에 시골의 거칠고 언어적인 활력이 넘치는 농담이 이어진다. 많은 왕정복고기의 희극들은 지방의 세련되지 못한 예의와 도시의 고도로 세련된 예의를 대항시키고 있다.

변 화 하 는 가 치

파쿼Farquhar의 〈모병 장교*The Recruiting Officer*〉(1706)는 슈루즈버리를 배경으로 하고 있고 존경과 품위를 가진 시골 인물들을 다루고 있다는 점에서 색다른 작품이다. 여주인공인 실비아의 대담성과 총명함으로 인해 방탕한 애인이 훌륭하고 사랑스런 남편으로 변화하고 행복하게 시골 생활에 마음을 붙인다. 더욱이 그녀는 아버지의 동의 없이는 결혼하지 않겠다는 자신의 약속을 저버리고 않고 그 일을 실현한다. 18세기 말까지 희극은 시골에 배경을 더 많이 두고 있는 것 같고, 인물들은 예절이 거칠고 즉각적이기는 하지만 더 이상 재미의 대상은 아니다. 골드스미스Oliver Goldsmsith의 〈겉으로 져 주고 속으로 이기기*She Stoops to Conquer*〉(1773)에서는 언어적 기술이 모자란 것은 도시 출신 주인공이다. 금제로부터 그를 벗어나게 하는 하녀인 척해야만 하는 시골 출신 여주인공 옆에서 그는 부끄러워 말을 더듬고 발음이 분명치 않아 초라한 모습을 드러낸다. 실비아처럼 그녀도 아버지에게 공손하고 예의 바르고 아버지의 현실적이고 실제적이며 구식의 생활양식은 분별 있고 고결한 것으로 묘사된다.

18세기 초기 희극과 후기 희극 사이에는 인물들이 서로를 평가하는 방식에서의 변화가 보인다. 왕정복고기 드라마에서는 사람들이 고립되어 있다. 사회적 정중함에 의해 개인적 불화나 감정적 격의가 감춰진다. 본심을 속이는 위선은 허용된 기술이다. 그러나 18세기 말의 감정극은 순종하는 아들, 마음씨가 따뜻한 딸, 애정이 깊은 아버지, 충실하고 지지가 되는 친구 등의 애정 깊은 관계를 보여 준다. 재정적인 문제에 대한 심한 강조는 약해지고 금전상의 동기가 없기에 정당함이 인정되는 이상적인 사랑이 강조된다. 〈겉으로 져 주고 속으로 이기기〉에서 젊은 말로는 가난한 하녀와 결혼해서는 안 된다는 자신의 계급상의 금제를 극복함으로써만이 케이트를 얻을 수 있고, 셰리든Sheridan의 〈경쟁자들〉에서 캡틴 앱설루트는 리디아 랭귀시의 애정을 얻기 위해 무일푼의 기수인 척해야 한다. 성마르고 지배적인 아버지와 그의 관계는 다정하다기보다는 정중하고 충실하게 보일 수는 있지만, 텍스트에는 두 남자가 서로에 대해 느끼는 사랑과 긍지를 드러내는 단서가 있다.

연|습|문|제

앤서니 앱설루트 경이 아들에 대해 느끼는 애정을 배우가 공연에서 어떻게 보여 줄 수 있으며 텍스트에서 어떤 구절들이 그러한 해석을 뒷받침해 주는가? 이와 같이 텍스트에서 캡틴 앱설루트의 아버지에 대한 애정과 존경에 대한 어떠한 증거가 있는가?

리디아의 재산은 그 시대의 상업적인 이미지로 묘사되어 있다.

> 국고 채권의 반을 그녀가 갖고 있다고 생각한다. 에잇! 토머스, 그녀는 내가 세탁부한테 돈을 지불하는 것만큼이나 쉽게 국가의 부채를 갚을 수 있을 거야. 그녀는 작은 애완용 개에게 금제 밥그릇에 밥을 담아 먹이고, 앵무새에게는 작은 진주를 먹이고, 실 다발을 싸는 종이는 모두 지폐로 되어 있다.

낭만적인 그녀는 애인의 진심을 입증하기 위해 자신의 재산을 포기하고 싶어 한다. 캡틴 앱설루트는 가난한 척하고 그의 사랑은 그의 아버지가 그를 중매결혼시키려고 할 때 정말로 시험을 받게 된다. 그러는 동안 부차적 줄거리로 포크랜드는 그 나라에서 도망쳐야만 하는 체함으로써 줄리아의 진심을 시험하지만 자신의 속임수를 밝힐 때 거의 그녀를 잃을 뻔한다. 극의 끝 부분에서도 결혼은 여전히 포기되지 않는 재산에 의해 이루어지고 있지만, 개인 관계에 있어서 진실에 대한 강조는 가난을 정직과 미덕의 표시로서 이상화하는 19세기의 경향을 앞서 나타내고 있다.

감상극의 겉치레 이면의 공통된 주제는 외관의 진실을 시험하고 표면상의 가치와 진정한 가치 사이의 차이를 밝히고자 함이다. 본심을 숨기고 정열이나 감정을 우아한 기지와 부드러운 능변으로 가장하는 것이 왕정복고기 희극에서 성취될 수 있는 긍정적인 것이다. 남녀 주인공의 목표는 사랑의 맹세와 정중한 행동의 표면 뒤에 있는 것을 밝히는 것이다.

연 | 습 | 문 | 제

〈경쟁자들〉에서 "진실한sincere"과 "진실sincerity"이란 단어들을 생각해 보라. 이러한 단어들의 사용에서 어떠한 이상과 열망이 드러나는가?

〈경쟁자들〉에서 여러 쌍의 연인들은 서로 상반된다. 리디아는 낭만적이고 감상적이지만 줄리아는 현실적이고 분별이 있다. 줄리아는 재정적인 문제에 대한 리디아의 태도를 변덕이라 부르고 포클랜드의 신경증을 대처하는 침착하고 이성적인 능력을 보여 준다. 남자들의 경우에 있어서 포클랜드의 감정적인 우유부단함과 비교되는, 이성적이고 통제력이 있는 사람은 캡틴 앱설루트이다. 포클랜드가 줄리아의 사랑을 시험하는 것은 가난과 정신적 고뇌와 사회적 규범에 대한 반항이 진정한 사랑을 입증하는 필요한 사항이라고 믿는 리디아의 낭만적 경향을 극단적으로 보여 주는 경우이다. 앱설루트는 리디아의 감상적인 낭만적 경향이 너무나도 터무니없다는 것을 알고 있고, 포클랜드의 상상 속의 고민을 변덕스럽다고 말하지만 리디아가 그를 거부할 때 자신의 이성적인 방법은 실패하기 시작한다. 그는 분별없이 루셔스 경과 위험한 결투를 벌이게 된다. (이 결투를 진지하게 받아들이지 않을 이유는 없다. 셰리든은 그의 젊은 아내와 도망을 쳐서 결과적으로 그녀를 놓고 결투를 벌였다.) 줄리아의 통제력은 포클랜드의 마지막 시험에 의해 그 한도를 벗어나게 된다.

결말에서 "오도된 상상을 통한 잘못the errors of an ill-directed imagination"을 비난하고 에필로그에서는 "지각"과 "장점"을 아름다움보다 높이 평가함으로써 왕정복고기 드라마와는 현저한 대조를 보인다. 일찍이 호방한 난봉꾼에 대한 찬미와 남편들에 대한 냉소적인 비하는 중산층의 결혼을 통한 가정생활의 미덕을 조장하는 풍조로 바뀌었다. "남자의 사회적 행복"은 정부가 아니라 현명하게 선택된 아내에 달려 있다.

비평적 반응

왕정복고기 드라마에 대한 비평적 공격은 1698년 그 부도덕성과 신고전주의 법칙을 조롱한 것에 대한 콜리어의 유명한 공격과 더불어 일찍이 시작되었다. "극작가와 극장보다 그 시대를 타락시키는 데 있어서 더 큰 위력을 발휘한 것은 없다고 확신하므로 나는 그들에 반대하여 글을 씀으로써 내 시간을 더 잘 활용할 수 있으리라 생각했다."

1748년 에드먼드 버크Edmund Burke는 콩그리브의 "생생한 기지, 확고한 판단, 풍부한 창작"을 칭찬했지만, 콩그리브가 "미덕에 대한 상당한 위협을 느끼지 않고는 들을 수 없는 외설을 보탰고 일부 그의 극의 구조와 바탕은 음란함"이라고 불평하였다. 존슨 박사는 콩그리브의 "신랄하고 번득이는" 기지는 즐겼지만 그의 도덕적 영향에 대해서는 우려를 나타냈다. "그의 작품을 숙독해도 사람이 나아지지는 않을 것이다. 그의 작품의 궁극적인 효과는 악과 더불어 쾌락을 나타내고 삶을 통제하는 수단으로서의 의무를 해이하게 하는 것이다."

왕정복고기 희극은 18세기 말에 인기가 떨어졌고 19세기에는 무대에서 완전히 사라졌다. 거의 백 년 동안 공연이 되지 않았다는 것은 일부 문학 비평가들의 열광에도 불구하고 빅토리아 시대의 도덕성에 의해 그 극의 가치가 떨어졌다는 분명한 표시인 것이다. 1822년 찰스 램Charles Lamb은 자신이 그 극들을 즐겼고 그 인기가 떨어지는 것을 안타깝게 생각했다고 고백하였다. 그는 그 극이 실제 삶과 무관하다고 (모호한 논리를 가지고) 주장하면서 그 극을 도덕적 근거에 의해 판단해서는 안 된다고 주장하였다.

> 억지 희극, 혹은 풍속 희극은 우리 무대 위에서 완전히 사라졌다. 콩그리브와 파쿼는 단지 7년에 한번 나타났지만 즉시 폭파되고 처치되었다. 그 시대가 그들을 받아들일 수가 없다. 그것이 몇 마디 거친 말 때문인가, 때때로 나오는 분방한 대화 때문인가? 나는 전혀 그 때문이라고 생각하지 않는다. 그들의 극 중 인물들의 임무가 도덕적 시험을 견뎌야 하는 것은 아니다. 우리는 모든 것을 그 도덕적 시험에다 다잡아 놓는다. 〔…〕 다른 사람들에게는 어떨지 모르겠지만 나는 콩그리브의 희극 작품을 숙독하고 나면 기분이 좋아진다. 뿐만 아니라 위철리의 희극도 왜 그렇지 않겠는가? 적어도 그 때문에 더 즐겁다. 나는 그 작품들로부터 끌어내는 여하한 결과를 가진 여하한 형태의 재치 있는 상상으로부터의 이러한 웃음거리를 실제 삶에서의 모방과 관련시킬 수 없었다. 그 작품들은 거의 동화의 나라처럼 그 자체의 독립된 세계인 것이다.

그러나 1840년에 리 헌트Leigh Hunt가 왕정복고기 드라마 책을 출간했을 때 그 책에 대해 매컬리 경Lord Macaulay은 모욕적인 서평을 써서 그 극들에 대한 빅토리아 시대의 반감을 강력히 설명하였다. 여성 인물에 대한 그의 반발과 결혼에 대한 그의 옹호가 나타나 있다.

> 우리 문학 중 이 부분은 우리의 언어와 국민성에 불명예를 가져오고 있다. 이 문학은 사실상 재치가 있고 매우 재미있다. 그러나 가장 명확한 뜻의 말로 이 문학은 "세속적이고 관능적이며 흉악하다. 그 문학의 외설은 계속적으로 도덕성의 법칙에 의해서보다는 고상한 취향의 법칙에 의해 더 비난받는 그러한 것이기는 하지만 우리 생각으로는 매우 비인간적인 정신만큼이나 그렇게 수치스런 잘못은 아니다. 〔…〕 우리는 여성들이 방탕하고 뻔뻔스럽고 무정한 남자들이나 다름없고 남자들은 지옥이나 노포크 섬을 제외한 어떤 곳에도 있을 수 없을 만큼 나쁜 그런 세상에 우리가 있음을 알게 된다. 〔…〕 왕정복고기 이후 40년 동안 전체의 극작가들은 변함없이 간통을 묘사하는데, 우리는 그것을 가벼운 죄라고 말하지도 않고, 격렬한 열정 때문이라는 구실을 댈 수 있는 잘못이라고도 말하지 않고, 대신 훌륭한 신사의 욕구나 없다면 그의 성격이 불완전할 수밖에 없는 품위라고 말한다. 그가 이웃사람들의 아내와 애정 행위를 하는 것은 그가 프랑스어를 알거나 칼을 옆으로 차는 것만큼이나 교양이나 사회적 위상에 필수적인 것이다. 이 모두에는 열정도 없고 선호라고 할 수 있는 것도 거의 없다. 주인공은 가발을 쓰는 것처럼 밀통을 한다. 왜냐하면 밀통을 하지 않는다면 그는 이상한 놈이나 도시에 사는 학자연하는 사람 또는 아마도 청교도가 될 것이기 때문이다. 호감을 주는 모든 속성들이 항상 그 한량에게 부여된다. 모든 경멸과 혐오는 불행한 남편들의 몫이다.

비평가들의 비난은 20세기 초에도 계속되었다. 나이츠L. C. Knights는 1937년 그 극들을 튜더 왕조나 제임스 1세 시대 드라마와 비교하며 그 작품을 폄하하는 논문을 썼다. 반감의 근거는 그 극들이 갖는 관능성이나 도덕성이 아니라 작품의 완성도가 떨어진다는 것이었다.

> 왕정복고기 희극의 옹호자들이 응해야 할 필요가 있는 비평은 그 희극들이 부도덕하다는 것이 아니라 하찮고 천하고 지루하다는 것이다. 〔…〕 그러나 콩그리브는 그의 인물들의 평범함을 때때로 인식하기는 했다. 궁정이나 거실이나 극장이나 공원 등과 같은 한계에 속하는 세상 사람들, 즉 있었다면 어느 정도는 세상을 구할 수 있었는지도 모르는 진정한 지적 교양과 자기 인식을 완전히 결여한 세상에만 그는 호소를 하고 있다. "사회" 즉 극장에서 여흥을 찾는 멋진 도시 사회는 원래 그렇게 지루하다는 결론이 나 있고 그 사실에 저항하기란 사실상 어렵다.

100년 전에 매컬리 경이 그 극들에 대해 불쾌해 했던 것만큼이나 트리벨리언G. M. Trevelyan은 《영국사회사*English Social History*》(1944)를 쓰면서 다음처럼 그 불쾌한 정서를 기술했다.

> 온갖 미덕에 대한 심한 불신은 정치와 유행을 이끄는 복권된 선도자들의 특징이 되었고 후견인들에 의존했던 초기 왕정복고기 드라마에 반영되었다. 가장 성공적인 작품 중의 하나는 위철리의 〈촌뜨기 아내〉였다. 주인공은 거세된 남자인 척함으로써 여성들을 유혹할 수 있게 하는 사생활 속으로 들어갈 수 있도록 허용된다. 사람들은 그의 성격과 행동에 감탄하지 않을 수 없다. 그 전이나 그 후의 어떤 시대에도 그러한 플롯에 의한 동기로 영국의 관객에게 호소하지는 않았다.

20세기 전반기에 (1924년에 보너미 도브리와 1937년에 버지니아 울프와 같이) 왕정복고기 드라마를 옹호하려는 시도가 있었고, 성공적인 공연이 이따금씩 있었다. 1950년대와 1960년대에 히피족이 세력을 떨치던 기간에는 사회의 관습이나 도덕관에 의한 제약이 없어져 그 극들이 보다 더 정기적으로 공연이 되었고 비판적인 태도도 변화하였는데 이는 부분적으로는 공연에 대한 반응 때문이었다. 주목할 만한 것은 최근에 왕정복고기 희극의 찬미자들이 무대에서의 그 극의 효과를 평가하고 있다는 점이다. 해럴드 러브Harold Love는 1974년 다음과 같이 썼다.

> 우리는 멋지고 때로는 그리 멋지지 않은 저녁의 영감을 불어넣는 자로서 또한 포프와 스위프트와 더불어 그의 시대의 세 명의 언어에 정통한 거장 중의 한 사람으로서의 콩그리브의 능력을 입증해 주는 확실한 증거를 찾게 되는 것은 극장에서이다. 〔…〕 그는 셰익스피어의 인물처럼 풍부한 인생을 갖고 있지는 않지만 진정한 극적인 개성을 가지고 서로서로 관계를 맺게 되는 인물들을 제시하는데, 인물들의 관계는 그 극작가가 성숙해 감에 따라 전차 실제 삶의 모호함과 우유뷰단함과 상반된 시각으로 채워진다. 사회적 관계의 진정한 본질은 우리가 공공연한 외면, 즉 행동의 언어를 넘어 그 언어와 언어가 한 부분인 행동의 규칙이 명백히 감추기 위해 의도된 욕망과 약점까지 간파할 때야 이해될 것이다. 〔…〕 사회에 대한 인식, 즉 인물들 사이에 일어나는 일은 인물들에게서 일어나는 일만큼이나 중요하다는 인식과 그 자체의 해석과 평가를 나타내는 단 하나의 개인적 관점뿐만 아니라 서로 연관된 수많은 개인적 관점이 있다는 인식을 야기하는 것은 공연에서 가능한 것이다. 적어도 이 정도로 콩그리브의 장점은 무진장하다.

셰퍼드Shepherd와 워맥Womack이 쓴 〈연극 문화사*A Cultural History of Drama*〉(1996)는 "왕정복고기 드라마의 현재성"을 주목하고 있다.

이는 배우들에게 거리를 두게 하고 그들이 상상의 인물들의 단순한 구체화로서 나타나게 될 장면 내로 그들을 제한시키기 위한 장치가 왕정복고기 드라마에는 없거나 거부되고 있음을 말하는 것이다. 사회적 공간에 등장하여 자체의 존재를 의식하고 있는 관객 앞에서 분명히 공연함으로써 배우는 관객과의 관계를 공공연한 사회적 거래로서 받아들인다. 그 배우는 윤리적인 거울 속에서의 모습일 뿐만 아니라 실제로 바라봐지고 즐겨지고 있는 것이다. 모든 극장에서는 아마 은연중의 훔쳐보기가 있는지도 모른다. 그러나 이러한 극장은 그러한 행위를 교묘하고도 수치스러울 정도로 분명하게 만든다. 프롤로그와 에필로그에서 여배우가 성적으로 이용될 수 있다는, 반복되는 야비한 농담에서 그러한 인식을 어느 정도 찾아볼 수 있다. 어떤 배우들은 사실상 창녀들이지만, 그러한 농담이 사회적인 사실을 기록하고 있다기보다는 공개적으로 자신의 신체를 노출함으로써 생계를 유지하는 것은 본질적으로 매춘이나 다름없는 것이라는 문화적인 태도를 나타내고 있는 것이다. 이러한 맥락에서 제러미 콜리어는 20세기에서 밴브루나 콩그리브를 찬미하는 자들로부터 그가 항상 받게 되는 선심을 쓰는 것 같은 설명을 전혀 받을 만한 가치가 없는 것처럼 보이기 시작한다.

앨래스테어 파울러Alastair Fowler는 《영국 문학사*A History of English Literature*》에서 다음처럼 질문하고 있다.

왕정복고기 희극을 어떻게 평가해야 하는가? 매컬리서부터 그 이후로 줄곧 한편으로는 도덕적 비난과 다른 한편으로는 형식이 비현실적이고 인위적이고 그래서 도덕적 고려로부터 벗어나 있고 결국 하찮고 공허하다는 비난을 받게 되었다는 찰스 램(그리고 보너미 도브리)의 견해와 같은 것 사이에서 의견이 엇갈려 왔다. 그러나 그 희극의 핵심은 회의적으로 보이는 관습을 드러내거나 모호한 도덕적 관념들을 탐구하는데 있는 것으로 보이기 시작한다. 〔…〕 예리하게 관찰한다면 절정에 이른 지적인 악덕의 표현으로부터 배울 것들이 있지만, 이것들은 덕스러운 가르침으로부터는 배울 수 없는 것들이다. 그러한 것들이 정확하게는 미덕의 가르침이 될 수는 없지만 그럼에도 불구하고 도덕적인 삶에 도움이 된다.

5. 낭만주의 시대의 배경

18세기 말 유럽은 부분적으로 미국혁명의 성공에 의해 발분된 혁명으로 동요되었다. 상업적으로 그리고 정치적으로 미국 식민지들은 영국에 속했고 자신들의 문제를 더 잘 통제하고 싶어 하던 식민지 주민들의 욕망은 영국이 1765년과 1767년에 새로운 수입인지와 수입관세를 부과했을 때 격분으로 바뀌었다. 서서히 그리고 많은 부분 마지못해 양측은 미국독립전쟁을 시작하였다. 영국에는 식민지 주민들의 독립할 권리를 지지하고 1783년 그들의 승리를 환영하는 사람들, 즉 급진주의자들과 국교에 반대하는 개혁가들이 있었다.

프랑스혁명과 그 후

1789년 프랑스에서 혁명이 발발했을 때 초기 낭만주의 시인인 윌리엄 블레이크, 윌리엄 워즈워스William Wordsworth, 새뮤얼 콜리지Samuel Taylor Coleridge를 포함하는 많은 영국인들은 이를 열렬히 환영하였다. 워즈워스는 당시 프랑스에 있었는데 사생아 딸의 출산을 기다리면서 산모인 아넷 발롱과 결혼하게 되기를 헛되이 바라고 있었다. 그의 첫 사랑과 첫 아이에 대한 기억은 훗날 그 시절에 대한 묘사에 영향을 주었지만 요약하여 일반적인 감정으로 표현하였다. "그 새벽에 살아 있다는 것은 축복이었지만/젊다는 것은 바로 천국과 같다Bliss was it in that dawn to be alive/But to be young was very Heaven!"(〈서곡 *The Prelude*〉, 1805, X. pp. 693–694).

그 행복감은 일시적이었다. 1792년 9월의 대학살과 1793년 왕과 왕비의 처형과 로베스피에르의 공포정치와 함께 프랑스혁명의 이상에 대한 영국인들의 열광은 흔들렸다. 에드먼드 버크는 프랑스혁명을 비난하는《프랑스혁명에 관한 성찰*Reflections on the Revolution in France*》(1790)을 출간하여 인간은 태어나면서부터 평등한 것이 아니고 오랜 동안 확립된 제도는 존중되어야 한다고 주장했다. 그의 주장에 대해 토머스 페인은《인권론*The Rights of Man*》(1791)으로 응수하면서 어느 세대도 과거에 의해 구속되어 있다고 느껴서는 안 되고 정권은 다수의 뜻에 주어져야 한다고 주장하였다.

> 모든 시대와 세대는 여하한 경우에 있어서도 앞선 시대나 세대만큼 스스로 행동할 수 있는 자유가 있어야 한다. 내세에서 지배할 헛된 생각이나 가망은 모든 폭정 중에서도 가장 어리석고 무례한 것이다. 인간은 인간을 소유하지 않는다.

《인권론》은 상당히 인기가 있었다. 이로 인해 일반적인 남성의 참정권을 위한 압력이 가해졌고 결국 19세기에 참정권의 확대를 가져왔다. (여성들은 20세기가 될 때까지는 투표권을 얻지 못하였다.) 그러나 정부의 즉각적인 반응은 개혁 운동을 억누르는 것이었다. 본래 혁명에 공감했던 많은 사람들은 프랑스에서의 처형과 대학살에 의해 반감을 가지게 되었다. 블레이크는 혁명에 대한 환멸 속에서 시를 써서 〈경험의 노래*Songs of Experience*〉를 출판했고, 워즈워스와 콜리지 또한 그들의 입장을 바꾸었다. 〈서곡〉의 중심부에 있는 권들에서 워즈워스는 열광하던 초심이 어떻게 배신감으로 전락하게 되었는지 자세히 얘기하고 있다.

1793년까지 영국은 혁명 중인 프랑스와 교전하였다. 처음에는 나폴레옹의 군사적 재능으로 인해 프랑스의 승리로 이끌어졌고 영국은 1797년까지 거의 패배하다시피 했다. 그때 넬슨이 해전에서 승리했고 웰링턴이 육지에서 승리함으로써 전쟁은 영국에 유리하게 역전되었고, 1815년 웰링턴은 결정적으로 워털루 전투에서 나폴레옹을 대파하였다. 영국의 손실도 컸다. 전쟁으로 무역이 중단되어 식품 가격이 급등하였고 이는 도시의 빈민들에게는 심한 고난의 시기였다. 시골 지역에 사는 빈민들의 생활은 더 좋지 않았다. 울타리를 쳐서 사유지와 공유지를 구분하도록 하는 18세기의 조치들과 농업 기계과 방적 기계의 발달로 인해 지방에서의 고용은 감소되었다. 시골의 빈민들은 산업이 발전하고 있던 북부 지역의 도시들이나 런던에서 일자리를 찾기 위해 시골을 떠났다.

그곳에는 하인들에 대한 끊임없는 수요가 있었다. 시골에는 가난이 확산되었고 직업도 없고 집도 없는 사람들이 매우 많이 있었다. 도로시 워즈워스의 〈일기*Journals*〉에는 거의 매주 그녀의 대문 앞에서나 대로에서 구걸하는 성인남녀와 아이들에 대해 기록되어 있고, 워즈워스의 시에 나오는 많은 외롭고 늙은 방랑자들은 나폴레옹 전투에서 은퇴를 했거나 부상당한 병사들이나 선원들, 다시 말해 버림받고 집 없고 일자리 없는 부랑자들이다.

고난에 처한 하층민들에 대한 정부의 태도는 가혹하고 늘 처벌을 염두에 두는 듯하다. 프랑스에서 발생했던 사태 때문에 걱정이 되어 권력자들은 민중의 힘을 두려워했다. 1790년대에는 피트 수상이 인신보호영장(체포되었을 때 재판관이나 법정에 출두할 권리)을 두 차례나 중지시켰고, 1799년에 그는 노동자들이 조합이나 협회와 연합하는 것을 금지시키는 조합법을 제출하였다. 여하한 대규모의 노동자 집회는 잠재적으로 위험하다고 생각되었다. 급진적인 주동자들은 구속되어 재판을 받고 호주로 추방되었다. 1819년 악명 높은 피털루 사건에서 자신들의 경제적 여건에 대해 항의하는 수직기 직공들의 맨체스터에서의 옥외 집회는 너무나도 거세게 확산되어 11명이 사망하고 수백 명이 부상당했다.

빈 민 들 의 　상 태

대체로 중산층은 민중의 폭력을 두려워하였고 노동자 계층의 동요에 공감하지 않았지만, 많은 사람들은 빈민들의 상태에 의해 자극되어 분기하였다. 이 일에 앞장섰던 사람은 노예제도 폐지 운동의 의회 지도자인 윌리엄 윌버포스William Wilberforce와 같은 복음교회의 구성원들이었다. 노예는 18세기 동안 대규모로 미국과 서인도제도로 반출되었다. 1680년대에서 1780년 사이에 2백만 이상의 노예가 아프리카로부터 이입되었다. 영국에는 훨씬 적었는데 기껏해야 만 명 정도였고 영국에서 처음으로 노예제도 폐지 운동이 성공하였다. 1772년 노예 소유는 불법이 되었고 1807년에는 노예 무역이 폐지되었다.

18세기에는 노예제도 외에 굴뚝 청소부의 어려운 상태가 대중의 관심을 불러일으켰다. 그러나 그 관행을 금지시키는 데 훨씬 더 많은 기간이 걸렸는데, 즉 거의 백 년 동안의 되풀이되는 노력이 있었다. 5-6세의 어린 소년들은 우두머리 청소부에게 팔려 갔다. 그들은 벌거벗은 채 검댕이로 가득 찬 좁고 굽은 굴뚝 속을 기어 올라가야 했고 불을 지피거나 막대기로 쑤시는 등의 강요된 중노동을 하게 되었다. 그들은 일하지 않을 때는 거리에서 소리치며 광고하고 다녀야 했고 씻지도 못한 채 검댕으로 가득한 자루 위에서 잠을 잤다.

프랑스혁명이 처음에 많은 개혁주의자들의 환영을 받았고 어린아이들의 취급에 대한 증대되는 대중의 염려가 있었던 이유는 18세기의 계몽운동의 사상들이 어느 정도 받아들여졌기 때문이었다. 계몽주의 철학자들은 인간은 이성의 동물이고 자유와 평등 속에서 태어났다는 확신으로부터 시작하였다. 인간에게 자신의 개인적인 능력을 발전시킬 수 있는 자유와 선택권이 주어진다면 그들은 가능한 최고의 수준으로까지 올라갈 것이다. 1690년 존 로크는 《인간오성론*An Essay Concerning Human Understanding*》을 출판하였는데, 거기서 그는 인간의 마음은 태어날 때 백지장처럼 텅 비어 있고 경험에 의해 생각들이 마음에 기록된다고 주장하였다. 그러므로 어린아이가 받는 양육과 교육은 그의 도덕적 발달의 기초가 된다고 덧붙였다. 1762년 프랑스에서 장 자크 루소는 프랑스혁명에 영향을 미친 다음의 유명한 문장으로 그의 저서 《사회계약론*Social Contract*》을 시작하였다. "인간은 자유롭게 태어나지만 어디서나 그는 갇혀 있다." 《에밀*Emile*》에서 그는 어린아이들은 선하고 순진하게 태어나지만 그들의 천성을 더럽혀서 그들을 타락시키는 것은 사회라고 주장하였다. 자연적으로 성장하도록 놔 둔다면 아이들은 자신의 경험으로부터 도덕적 양심과 옳고 그름에 대한 올바른 인식을 얻게 될 것이다.

낭 만 주 의 운 동

초기 낭만주의 시인들은 어린아이들의 양육과 교육에 마음을 썼고 그들의 작품은 사회에서 가장 취약한 구성원들의 상태에 대한 관심과 때로는 염려를 보여 주고 있다. 노예, 굴뚝 청소부, 가혹한 노동을 위해 팔려 간 어린아이에 대한 블레이크의 동정은 그의 〈노래*Songs*〉에서 분명히 나타나고 있다. 노예거나 청소부인 검은 소년은 노동력에 의한 희생을 상징하는 인물이다. 워즈워스와 콜리지의 많은 시들은 어린아이들이나 외롭고 소외된 어른들에 관한 것들이다. 제재가 각기 다르기는 하지만 혁명이나 사회적 항의는 그들의 작품이나 후기 낭만주의 시인인 바이런, 키츠, 셸리의 작품의 기초가 되고 있다. 이 여섯 명의 시인들은 낭만주의 시인이라고 불린다. 이 명칭은 당시에 사용된 말은 아니지만 18세기 말과 19세기 초 시인들의 변화된 감수성에 근거하여 후대에 붙여진 호칭이다.

혁명에 대한 열정 이외에 낭만주의 시인들이 공통적으로 가지고 있었던 것은 무엇인가? 기술적으로 초기의 신고전적이고 형식적인 작시법으로부터의 탈피와 더욱 단순하고 더욱 구어적인 어휘와 보다 더 자유로운 형식으로의 전환이 있었다. 초기 낭만주의 시인들은 블레이크의 〈노래〉나 워즈워스와 콜리지의 〈서정담시집*Lyrical Ballads*〉에서처럼 문맹인 사람들에게 친숙한 소박한 양식의 시를 썼다(〈11. 시문학 입문〉 참조). 워즈워스와 콜리지는 서머싯 주의 콴톡 힐즈에서 소박하게 살고 있었던 1797년 절친한 친구가 되었다. 그들은 독일로 함께 가는 경비를 마련하기 위해 그들의 시를 한데 모아 함께 〈서정담시집〉을 출간하였다. 그 시들은 제재나 스타일에 있어서 놀라울 정도로 새로웠다. 워즈워스는 중하층민들이 쓰는 언어를 사용했기 때문에 이 시들을 실험이라 불렀다. 이 시들은 단순한 민요 형식으로 되어 있었고 어조는 의도했던 대로 구어적이었다.

내용에 있어서도 또한 분명한 취향의 변화가 있었다. 낭만주의 시인들은 상업적 세계, 실크와 값싸고 번지르르한 물건, 18세기 초반의 유형의 재산을 좋아하지 않았다. 그들은 순수한 아이들과 "소박한" 사람들이 가지고 있다고 생각한 순진함, 단순함, 자연스러움과 자연을 좋아하였다. 초기 낭만주의 시인들은 사회의 소외된 곳에 있는 좌절된 자들이나 버림받은 자들, 다시 말해 매우 어리거나 매우 늙은 자들이나 허약하거나 미친 자들에 관해 시를 썼다. 무엇보다도 그들은 그들 자신에 대해 시를 썼다. 강렬하고 정열적인 감정은 교회나 국가와 같은 제도가 의문시되고 직접적인 경험이 도덕적 발전의 기초로서 환영받는 시기에 개인적 경험의 진실의 증거가 되는 것으로서 존중되었다. 개인적 경험의 힘은 특히 더 커다란 힘에 이끌려 자신을 넘어 시인이 빠져드는 꿈이나 비전의 형식을 취할 때 그 자체의 도덕적 권위를 가지게 된다.

낭만주의운동은 신고전주의적 기법을 거부했을 수도 있지만, 제퍼슨이 미국 독립선언서의 초안에 삶과 자유와 행복의 추구에 대한 권리를 담았던 것처럼 모든 사람들이다 동등하고 자유롭게 창조되었다는 계몽주의 신념에 의해 깊이 영향을 받았다. 개인주의는 낭만주의 시에서 강하게 나타나고 있다. 시인이라는 인물은 시에서의 유일한 목소리이자 주인공이다. 고립된 인물로서 시인은 교회나 국가 같은 제도의 종교적이고 도덕적인 가르침에 의해 좌우되지 않는다. 즉 시인은 자신의 도덕적인 권위를 가진다. 시인은 설명할 수 없는 무언가를 찾아 외로운 길을 가는데, 미풍이나 구름이나 별이나 아니면 자신의 충동에 의해 분명히 되는 대로 헤매고 다녀야 하고 자신의 감동의 진실을 완전히 믿고 자신의 사사로운 감정이 더 커다란 실체를 환상으로 봄으로써 확증된다고 믿는다.

연|습|문|제

시의 화자나 주인공으로서 외로운 인물을 중심으로 하는 낭만주의 시를 확인할 수 있는가? 그 시인의 경험에 대해 생각해 보고 그 시인을 깊이 감동시킨 경험을 찾아보라. 있다면 어떤 것이 그 경험에 도덕적 중요성을 부여하는 것처럼 보이는가? 외부의 도덕적 권위를 어떻게 인식하고 있는가? 그렇다면 그것은 교회나 국가의 목소리인가, 아니면 그 인도하는 존재가 그 시의 화자와 직접 대화를 하는가? 외부의 도덕적 권위가 없다면 그 시의 화자가 경험의 중요성을 확인하기 위하여 전적으로 강렬한 감정에 의지하는가?

통찰력과 영감

낭만주의 시인들은 보통 사람들보다도 더 깊이 그리고 더 분명히 느끼고 본다고 믿었다. 워즈워스에게 시인은 헌신적인 정신이었다. 통찰력은 낭만주의 시인들이 숭배했던 창조력, 즉 상상력에 의해 고무된 순간들에 나타났다. 낭만주의 시인들은 주관적인 정신이 이성의 객관적인 법칙보다 우세하다고 생각했기 때문에 무엇보다도 자신의 내적인 경험을 존중하였다. 영감이 떠오르는 순간들을 마음대로 불러일으킬 수는 없었다. 그 순간들은 자발적으로 왔다. 그러나 특히 워즈워스와 콜리지에게는 자연의 존재가 매우 중요했는데, 자연 경관의 변화나 미풍이나 물, 빛의 변화, 혹은 〈노수부 *The Ancient Mariner*〉에서의 물뱀이나 〈서곡〉의 1권에서 높이 솟아오르는 바위처럼 시인이 인식하기 이전까지는 배경으로서 희미하게만 인식했었던 자연물에 대한 시인의 인식을 두드러지게 하는 무언가는 영감이 떠오르는 것의 징후가 된다. 키츠에게 그의 비전을 떠오르게 하는 것은 항상 예술품이고, 블레이크는 언제라도 어떤 장소에서든 그만의 비전을 가질 수 있다.

연|습|문|제

공부하고 있는 시에서 상상적인 경험을 찾아보라. 그 비전의 특별한 원인, 즉 그 비전을 박동시킨 물체나 장면이나 사건을 알아낼 수 있는가? 그 시인은 그 상상적인 순간을 어떻게 깨닫고 있는가? 그 시인은 그 순간이 지나고 나서 어떻게 느끼는가? 일으키는 원인과 그 상상적인 경험의 본질 사이의 관계를 알 수 있는가?

정치적 열의를 상실한 낭만주의 작가들은 세상을 변화시키려는 개혁적인 열망을 버리지 않았다. 낭만주의 작품들은 당시 유럽에서 강렬했던 변화에 대한 충동을 반영하며 파괴와 건설을 상징하는 설화와 더 나은 미래에 대한 비전으로 가득 차 있다. 메리 셸리의 〈프랑켄슈타인*Frankenstein*〉, 콜리지의 〈크리스타벨*Christabel*〉, 키츠의 〈라미아*Lamia*〉는 일종의 무시무시한 변형으로 고딕 전통에서 비롯된 기괴한 반인반수의 괴물을 보여 준다. 그러나 시인들은 보통사람들의 삶을 향상시키는 데 더 관심이 있었다. 블레이크의 아이들은 보모의 제한이나 일로부터 벗어나 햇볕 아래 뛰어 논다. 가장 약하고 가장 고통받는 자들에게 태양은 죽은 후에나 비치기 때문에, 저승에서처럼 이승에서도 아이들이 놀 수 있는 사회에 대한 블레이크의 비전의 절박성을 이해할 수 있는 것이다. 콜리지의 노수부는 이야기 끝에 가서 변화하는 사람이며, 결혼식 하객은 거기에 귀를 기울이기 때문에 더 진지하고 더 현명한 사람a sadder and a wiser man이다. 콜리지는 〈한밤의 서리*Frost at Midnight*〉에서 자신의 아이를 위한 변화된 교육을 예견한다. 그 아기는 자연의 일ministry과 위대한 우주적 교사Great Universal Teacher를 통해 아주 다른 학문far other lore을 배울 것이다. 워즈워스는 고양된 순간, 즉 자신의 많은 훌륭한 시에서 기술하고 있는 사건들의 절정을 이루는 순간들에서 자연의 영향에 의해 스스로 변화했다고 느꼈다. 〈그리스 항아리 송가*Ode on an Grecian Urn*〉와 〈나이팅게일 송가*Ode to a Nightingale*〉에서 키츠는 자신의 정체성을 잃고 결국 더 나은 존재가 되는 느낌을 기술하고 있다.

시인이 자신의 의식적인 한계를 넘어 지식으로 변화시키는 낭만적 비전은 시인과 세계를 분리하는 힘이다. 시인은 시의 목소리이자 주제이다. 〈서곡〉, 〈영생불멸을 깨닫는 노래*Ode on Immortality*〉, 〈틴턴 사원*Tintern Abbey*〉에서 워즈워스는 감각적인 경험이 계몽적인 비전이 되는 데 장기간의 시간이 필요했었다고 기록하고 있다. 콜리지와 키츠는 그 순간이 현재 일어나고 있는 것처럼 그 순간을 기술하고 있고 그들에게 비전은 이해할 수 없고 해결되지 않고 불분명하게 남아 있다. 콜리지의 〈쿠블라 칸*Kubla Khan*〉은 시인이 꿈에서 깨어나기 전에 끝이 나고, 키츠는 꿈을 꾸든 깨어 있든 간에 자신의 송시들의 끝에서 확신이 없이 남아 있다. 이는 워즈워스에게도 일어날 수 있다. 〈결의와 독립*Resolution and Independence*〉에서 콜리지의 노수부처럼 초인간적인 성질을 소유하고 있는 것같은 외로이 방랑하는 거머리잡이를 만난다.

연|습|문|제

설명할 수 없는 비전을 기술하고 있는 낭만시를 한 편 선택하라. 그 시인은 그 계시가 완전히 이해되지 않았다는 느낌을 어떻게 창조하고 있는가? 시인은 왜 이해되지는 않지만 그 비전이 소중하다고 느끼는가? (시에서의 어휘, 이미지, 의문법의 사용, 분위기를 고려할 수 있다.)

윌리엄 블레이크

낭만주의 시인들의 사회적 신분은 귀족인 바이런 경과 유복한 셸리에서부터 중하층 계급 출신에다 재정적으로 불안정한 자에 이르기까지 다양했다. 워즈워스(1770-1850), 콜리지(1772-1834), 키츠(1795-1821)는 어린 나이에 고아가 되어 후원자나 친구들에 의해 생활의 지원을 받았다. 블레이크(1757-1827)는 런던의 양말장수 아들이었다. 그는 14세에 조판공의 도제가 되어 그 기술을 위한 도제 기간을 마친 유일한 낭만시인이었다. (키츠는 의료 교육을 포기하였다.) 블레이크는 평생 조판하는 일을 했다. 그가 부유하게 되었던 것은 그 직업 때문이 아니라 당시의 많은 다른 예술가나 시인들처럼 부유한 후원자의 도움을 받았기 때문에 가능했다. 그러나 블레이크는 남에게 의지하는 삶을 좋아하지 않았고 서식스 지방에 있는 그의 후원자와 3년(1800-1803)을 같이 산 후 런던으로 돌아와 세상에 묻혀 가난한 삶을 살았다.

1789년 블레이크는 혼자서 삽화를 넣고 인쇄하고 채색하여 〈순수의 노래*Songs of Innocence*〉 소책자로 출간하였다. 1794년에는 〈경험의 노래〉를 추가하여 "인간 영혼의 두 가지 상반되는 상태 보여 주기Shewing the Two Contrary States of the Human Soul"로서 두 권의 시집을 한데 묶어 출간하였다. 이와 동시에 그는 프랑스혁명과 미국혁명을 경축하는 장시를 쓰고 있었다. 1791년 급진적인 출판가인 조지프 존슨이 〈프랑스혁명*French Revolution*〉의 1부를 인쇄하였지만 출판되지는 않았다. 피트 수상이 수상해 보이는 혁명가들을 엄중히 단속할 때 블레이크와 존슨이 체포되는 것을 두려워했었는지 혹은 블레이크가 자신의 견해가 바뀌었을 때 스스로 파기했는지는 알 수가 없다. 그는 평생 급진주의자로로 남아 있었지만 〈순수의 노래〉를 끝내고 〈경험의 노래〉를 시작할 당시에 정치적 위기를 경험했다는 데는 의심할 여지가 없다.

학자들은 〈순수의 노래〉의 일부 시들의 운과 리듬과 언어가 예를 들어 아이작 와트의 〈어린이를 위한 찬가*Divine Songs for the Use of Children*〉와 같은 당시에 어린이들을 위해 쓰인 성가나 짧은 도덕시를 닮았다고 지적하였다. 이는 블레이크가 본래 초기의 아동 독자를 위해 판매할 목적으로 계획했는지도 모른다는 것을 암시한다. 이 책의 속표지에 실린 삽화를 보라. 어머니의 무릎에 앉아 읽기를 배우는 아이들의 모습일 수 있다. 그러나 〈순수의 노래〉가 아동 독자를 위한 책으로 시작되었다면 〈경험의 노래〉는 블레이크의 어른들의 행동에 대한 걱정과 분노를 반영하고 있는 것 같다. 두 책이 한 권으로 합쳐졌다는 것과 관련해서 동요로 따로 읽힐 수 있는 시들은 블레이크가 사회와 그 사회의 기구와 정부에 대해 행하고 있던 논쟁의 일부를 반영하고 있다.

1789년 출판된《순수의 노래》에 블레이크가 그린 속표지

연|습|문|제

〈순수의 노래〉 그 자체를 생각해 보라. 일부 시들이 어린이를 위해 씌어졌을지도 모른다는 것을 무엇으로 알아낼 수 있는가? 〈목동*The Shepherd*〉, 〈유아의 환희*Infant Joy*〉, 〈또 다른 자의 슬픔에 대하여*On Another's Sorrow*〉, 〈신의 성상*Divine Image*〉, 〈자장가*A Cradle Song*〉, 〈봄*Spring*〉, 〈양*The Lamb*〉 등의 작품을 보고 싶을지도 모른다. 누가 누구에게 어떤 분위기에서 말하고 있는지의 내용을 생각해 보아야 한다. 어휘의 선택, 반복의 사용, 리듬과 운, 연 형식, 구문 등의 기법을 생각해 보아야 한다. 성서적 언어의 효과는 무엇인가? 1789년 〈경험의 노래〉가 출판되기 전에 이 시집을 샀다면 그중 어느 시들로부터 블레이크가 상반되는 견해로 이동하고 있었다는 가능성을 알게 되었을까?

〈순수의 노래〉에는 아이작 와트처럼 블레이크가 위로가 되는 도덕적 결론을 독자에게 주기를 거부하거나 결론적인 도덕적 후렴구를 진지하게 받아들여야 할지 아니면 반어적으로 받아들여야 할지의 문제를 제기하는 내용이 들어 있는 시들이 있다. 이 정도의 불확실함에 덧붙여 후에 〈순수의 노래〉와 〈경험의 노래〉에서의 "상반되는" 노래들을 관련시켜 생각해 보면 도덕적 판단의 부담이 독자 각각의 개인적인 반응에 작용하게 된다. 블레이크는 그 시들 속에 어떠한 지침도 명백하게 주지 않으며 그가 우리에게 취하기를 바라는 입장을 나타낼 수 있는 동정적이거나 혹은 항의하는 견해도 주지 않는다. 오히려 그는 우리에게 문제들을 맡겨 둔다. 그 시들의 본문 속에는 많은 문제들이 제시되어 있고, 〈경험의 노래〉에서는 매우 절대적인 진술로 끝나는 〈성 목요일*Holy Thursday*〉이란 시를 제외하고는 그 문제들이 답변 없이 남아 있다.

예를 들어 〈순수의 노래〉에서의 〈굴뚝 청소부*The Chimney Sweeper*〉를 어떻게 읽어야 하는가? 이 시에서 언급된 사회 상태는 역사적으로 정확하다. 그 기술이 우리가 동정하거나 분노하기에 충분한 것인가? 아이가 거의 발음할 수 없는 그 외침은 손님을 끌기 위해 소년들이 소리치는 노상의 외침이었지만 그 말은 보기 드물게 우는 것처럼 보인다. 블레이크가 사실주의적으로 그 장면을 설정하고 있는가, 아니면 교묘하게 독자의 감정에 호소하고 있는가? 지상에서의 고생 이후 천국에 간다는 약속은 충분한 보답이나 위안이 되는가, 아니면 블레이크가 우리에게 그 시를 (특히 도덕적인 후렴구와 마지막 행을) 반어적으로 읽도록 의도하고 있는가? 톰이 다소 안심을 하게 되어, 다시 말해 그 꿈 때문에 더 행복하다고 해서 우리가 기뻐해야 하는가, 아니면 그가 "자신의 임무를 다해서doing his duty", "착한 아이a good boy"가 되는 것이 그러한 상황에서 받아들여질 수 있다고 누구나가 주장하려 하기 때문에 분노해야 하는가?

이러한 질문에 대해 각각의 비평 학파에 의해 상이한 답변이 나오게 된다(121쪽의 〈비평적 반응〉 참조). 특히 삽화까지 포함하여 상징적으로 읽는다면 검은 관에서부터 어린아이들의 해방을 신체로부터의 영혼의 해방, 즉 시꺼먼 찌꺼기 같은 이승의 고통으로부터 환희로의 영혼의 해방으로 해석할 수 있다. 1928년 윅스티드Wicksteed는 "육신의 세속적인 어둠이 마침내 정신적으로 탈출한다"고 썼다. 어린아이들은 그들의 순수함을 나타내는 언어인 순백과 양과 관련되고 (강에서 몸을 씻고 구름을 타고 성부에게로 올라가는) 성서적인 구절은 그들의 영성을 상징적으로 이해하는 데 도움이 된다.

대신에 마르크스주의적 해석은 복종을 확고히 하고 강화하기 위하여 종교적이고 도덕적인 설교로부터 "의무" 와 "동정"과 같은 단어들을 사용하기 때문에 톰의 꿈을 자신의 학대를 감수하게 하는 방법으로서 본다. 굴뚝 청소를 위한 조건을 개혁하는 데 목적을 둔 법안이 19세기에 수차례 상원에 의해 봉쇄된 것과 동요가 시작된 후 비교적 빨리 불법으로 정해진 노예제도 사이에 현저한 차이가 있다는 점에 이러한 상태를 유지하려는 결정의 증거가 있다. 헤더 글렌Heather Glen은 다음과 같이 쓰고 있다.

> 〈순수의 노래〉에서 "동정"은 세상 안에서 항상 작용하고 있다. 〔…〕 동정은 "인간의 관념"에서처럼 인간의 행위로부터 분명히 제거된 고상한 관념이 아니다. 그 대상은 가난이 유일한 속성인 일반화된 누군가가 아니라 보통 이상으로 더 생생하고 명료하게 보게 되는 또 다른 자, 즉 꼬마 톰 데이커, 다시 말해 개미 같은 양육원 아이들이다. 블레이크는 정중한 도덕적 가치들 중 가장 중심이 되는 것, 즉 그가 후에 드러내게 되는 좋지 않은 면을 가진 미덕의 이름을 그것에 부여하는 데 있어서 그는 피할 수 없는 문제를 가지고 독자와 직면하게 된다. 이 시들에서 제시된 경험의 양식과 이 시들이 묘사하고 있는 사회의 공인된 도덕적인 언어 사이의 관계는 무엇인가?

연|습|문|제

〈굴뚝 청소부〉에 나오는 아이들, 특히 톰은 순수하다. 시가 순수한가? 화자가 순수한가? 화자는 누구인가, 어른인가 아이인가? 화자가 자신이 현실을 그럴싸하게 얼버무리고 있다는 것을 아는 어른이라고 할지라도 화자는 참을 수 없고 아마도 치명적인 상태를 톰이 받아들이도록 도우면서 기꺼이 그렇게 하고 있을 수 있다. 어머니같이 염려하는 듯한 종교적인 표현을 가진 마지막 행이 위안을 주고 있다고 생각하는가? 아니면 어린아이들에 대한 동정심 때문에 마지막 행에 들어 있는 메시지를 거부하게 된다고 생각하는가?

〈노래〉에 있는 많은 시들의 결말이 모호하므로 그 시들을 이해하는 유용한 방법은 마지막 행에 함축된 의미를 생각해 보는 것일지도 모른다. 블레이크의 정치적, 도덕적 견해를 어느 정도 알고 있다 할지라도 그의 시는 여전히 수수께끼 같다. 예를 들어 블레이크가 노예무역의 잔혹함을 잘 알고 있었다는 사실은 알려져 있다. 1791년 조지프 존슨은 스테드먼 선장의 남미의 수리남으로의 원정에 대한 이야기에 넣을 삽화를 조판 인쇄하는 일을 블레이크에게 주었다. 스테드먼은 아프리카인 노예들에게 가해진 잔혹함에 매우 놀랐고 블레이크가 인쇄한 몇몇 삽화는 혐오스런 고문 장면을 묘사하고 있다. 〈순수의 노래〉에 있는 〈어린 흑인 소년*The Little Black Boy*〉은 노예제도에 대한 블레이크의 혐오감을 어떻게 드러내고 있는가?

연|습|문|제

이 시는 흑과 백, 악과 신의 단순한 종교적인 언어 때문에 어린이를 위한 성가나 도덕적 소책자의 전통 속에 있다. 어머니가 천국의 축복에 대한 희망을 주면서 자신의 아들이 이승의 운명을 감수하게 하려고 할 때 안심시키려는 애정 깊은 그녀의 어조는 위안이 되는 분위기를 만든다. "그러면 그는 나를 사랑하리라and he will then love me"라는 마지막 구절에 대해 어떻게 반응해야 할까? 자신의 소외에 대한 어린 소년의 인식에서 갈망의 어조를 무시하는 것이 가능할까?

〈경험의 노래〉로 돌아가서 블레이크의 분노를 감지하기란 더욱 쉽지만 그 시들을 해석하기란 더 쉽지가 않다. 〈순수와 경험의 노래〉의 시들을 짝지어 놓는 데 주의를 환기시킴으로써 블레이크는 우리에게 비교를 요구한다.

연|습|문|제

두 편의 〈성 목요일〉이란 시는 똑같은 사건인 예수 승천일에 세인트폴 대성당에서의 자선학교 어린이와 후견인들을 위한 미사를 다루고 있다. 〈경험의 노래〉에서 야만성을 보지 못할 수는 없다. 이 때문에 〈순수의 노래〉를 다시 보게 되는가? 만약 어린아이의 노래가 전율하는 외침이라면 이 때문에 이전의 조화된 천둥소리로의 묘사가 손상을 받을까? 상반되는 양쪽의 묘사를 확정된 의미로 고정시킨 채로 어느 쪽 시에도 직접 표현되어 있지 않은 결론에 도달해야만 하는가? 후견인들의 사회적인 자선을 칭찬해야 하는가, 아니면 정치적 상황의 근본적인 잘못을 무시한 그들의 태도를 비난해야 하는가?

비평적 반응

평생에 걸쳐 블레이크는 〈순수와 경험의 노래〉를 주문을 받을 때마다 인쇄를 하면서 각각의 새 책의 색채와 배열을 바꾸었지만 잘 팔리지 않았다. 그는 19세기에는 비교적 잘 알려지지 않았다. 20세기 중엽까지는 비평가들이 그를 신비주의자, 즉 1907년 사이먼스Symons가 쓴 것처럼 "영원성의 형식에 따라 만물을 보았던" "약간 정신이 돈" 사람으로 생각했다. 노스럽 프라이Northrop Frye는 1947년 그의 글에서 블레이크의 비전은 그리스도교의 비전이라고 썼다.

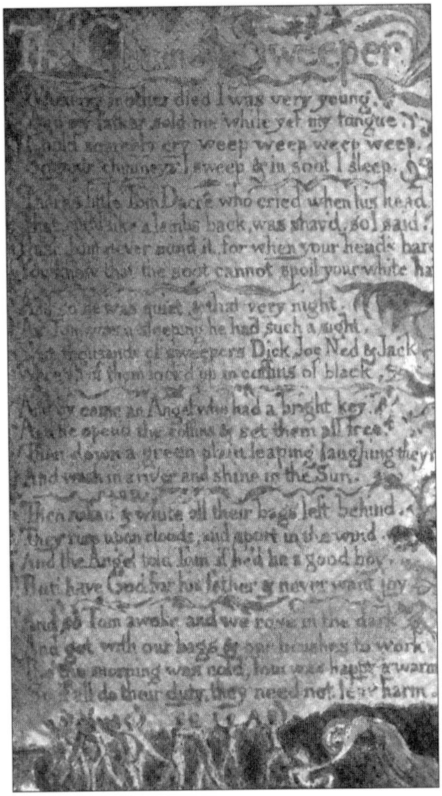

블레이크의 〈순수와경험의 노래〉에 수록된 〈굴뚝청소부〉

> 블레이크에게 어린 시절은 상상력이 풍부한 존재의 상태나 국면이고, 다시 말해 상상의 세계는 여전히 멋지고 새로운 세계지만 위안이 되고 이해할 수 있는 세계인 그런 국면이다. 아이가 부모로부터 느끼는 보호와 어둠을 마주하고 하는 저녁 기도 속에는 우리보다 훨씬 더 영리하게 통제된 우주의 이미지가 있다. 〔…〕 예수가 제자들 가운데에 한 아이를 놓았을 때 그가 호소를 한 것은 그와 똑같은 비전에 토대를 둔 행동이다. 〔…〕 〈경험의 노래〉에서 독자는 그 심한 고발을 이해하기 위해 도움이 되는 어떠한 설명도 필요로 하지 않는다. 영국시에서 경멸과 공포가 이보다 더 명확하게 표현된 적은 없었다. 그러나 블레이크는 인간의 모든 잔혹성 이면에 있는 인간 타락의 현실을 보는 것을 결코 잊지 않는다.

처음 출판했을 때처럼 삽화를 넣은 판의 책들이 나왔을 때 비평가들은 언어와 디자인의 통합을 유심히 보기 시작했고 상징적인 면에서 읽게 되었는데, 그러한 읽기 방법을 통해 〈병든 장미 *The Sick Rose*〉, 〈나의 예쁜 장미나무 *My Pretty Rose Tree*〉, 〈꽃 *The Blossom*〉, 〈아기의 환희〉, 〈사랑의 정원 *The Garden of Love*〉에 대해 종교적인 해석보다는 성적인 해석의 가능성으로 주의를 환기시켰다. 이러한 읽기는 (위에서 언급한) 헤더 글렌과 같은 후기 비평가들에 의해 논쟁이 되어 왔는데, 그들은 블레이크의 배경과 블레이크의 신비적 상징들이 어떻게 역사적 사건 속에 뿌리를 두게 되었는지에 더 많은 관심을 가지고 있다. 블레이크의 적은 수의 언어, 상징의 모호성, 짧은 시가 갖는 힘, 삽화의 암시성 등은 텍스트와 삽화의 정밀한 읽기가 항상 가치 있다는 것을 의미하고 있다.

새 뮤 얼 　 콜 리 지

콜리지에게 1797부터 1798까지의 워즈워스와 친밀하게 지낸 기간은 고무적이었고 그의 최고의 시는 이 기간에 씌어졌다. 두 친구는 1798년 독일로 갔고, 1799년 워즈워스 남매, 즉 윌리엄과 그의 여동생 도로시는 호수 지방(레이크 디스트릭트)으로 돌아와 거기서 평생 살았다. 콜리지는 1800년에 그들 가까이 살러 갔고 그때 그의 주요 시 중 마지막 시, 〈낙담—송시*Dejection: an Ode*〉를 썼다. 아편 중독, 아내와의 불행한 관계, 개인적 불확실성 등으로 인해 그와의 우정은 뒤틀리고 결국 슬프게도 깨어졌다.

두 사람 다 시골을 매우 좋아해서 콜리지의 건강이 나빠질 때까지 그들은 산책을 많이 하였고 거의 매일 오랫동안 걸어 다녔다. 블레이크가 상징적으로 다루는 자연은 그들의 시에서는 실체이다. 두 사람 다 야외에 있는 동안 시를 지었고 걸으면서 낭독을 하였다. 워즈워스가 좋아하는 시 〈천치 소년*The Idiot Boy*〉은 "알폭스던의 작은 숲에서 거의 즉흥적으로 씌어졌다composed in the groves of Alfoxden, almost extempore".

연|습|문|제

워즈워스나 콜리지 시의 한 구절을 소리 내어 읽어 보라. (〈쿠블라 칸〉을 제외하고는) 콜리지의 시가 얼마나 구어적으로 들리는지에 주목하라. 〈서곡〉은 그 효과를 위해 평범한 말에 의존하고 있으며 주요한 말들은 반복에 의해 중요성이 생긴다. (워즈워스의 다음과 같은 단어군, 즉 breeze, breath; sense, sensation, sensibility; form, forms, forming; being, Being, presence의 사용을 연구하고 싶을지도 모른다.) 가장 단순한 단어들이 효과가 있다. 워즈워스가 그의 구문에서 놀랄 만한 힘을 가지는 I, but, if, is, and와 같은 단어들을 어디에 위치시키고 있는지 들어 보라.

콜리지는 만물이 하나의 본원적 생명에 관여하고 있는 곳인 자연세계를 통해 신의 영향력이 작용하고 있다고 믿었다. 자연을 사랑한다는 것은 신의 존재를 인식하는 것이다. 그의 시에서 이러한 인식의 순간은 고립 상태에서 일어난다. 워즈워스의 비전의 순간들은 고독한 회상이나 괴로운 꿈 다음에 온다. 두 시인 중 항상 더 사교적인 콜리지의 경우 〈이 라임 나무 그늘 나의 감옥 *This Lime-Tree Bower my Prison*〉에서처럼 상상 속에서나 〈노수부의 노래〉에서처럼 방랑하는 이방인이라 할지라도 그의 시에 있어서 등장인물은 인간 사회로 복귀한다.

비평적 반응

콜리지의 가장 유명한 시인 〈노수부의 노래〉는 진정한 낭만시로서 방랑하는 고독한 주인공이 등장하고 자연을 전면에 내세우며 개인의 도덕성의 추구와 영감에 의한 비전의 순간이 있다. 이 시는 처음 발표되었을 때부터 훌륭한 시로 인식되었다. 콜리지에 대한 통렬한 비평가인 해즐릿은 다음과 같이 썼다. "이 작품에 대해 아무리 반론을 제기한다 할지라도 이 작품은 확실히 천재가 발휘된 작품이며 격렬하고 이례적이고 압도적인 상상력의 작품이다." 콜리지는 이 시를 썼을 때 바다에 가본 적이 없었지만 여행기 문학을 많이 읽었기 때문에 그의 시는 쿡 선장, 블라이 선장, 존 데이비스와 같은 대서양("우리는 저 고요한 바다로 뛰어든 첫 번째 사람들이었다We were the first that ever burst/Into that silent sea")와 남극해("돛대만큼 높고 에메랄드같이 선록의 빙하가 떠내려 왔다ice, mast-high, came floating by/As green as emerald")에서의 개척적인 항해자들의 설명을 바탕으로 하고 있다. 이러한 그의 차용은 〈도원경으로 가는 길 *The Road to Xanadu*〉(1927)에서 리빙스턴 로즈John Livingston Lowes에 의해 엄밀하게 연구되었다시피 이 초자연적인 시에 환상적이지만 믿을 수 있는 배경을 부여하였다. 리빙스턴 로즈는 이 시의 많은 구절들의 출처를 여행가들의 저서로부터의 인용에서 찾았다.

신천옹에게 총을 쏜 선원에 대한 단순한 이야기는 매우 암시적이고 블레이크의 〈노래〉만큼이나 많은 해석의 여지가 있다. 모든 생물이 하나의 본원적 생명에 관여하고 있다는 콜리지의 믿음에 초점을 맞추어 험프리 하우스Humphry House의 "고귀한 신성의 무서운 침해"라는 구절에서처럼 일부 비평가들은 이 시가 매정하고 잔학한 행위에 대한 정당화된 처벌을 묘사하고 있다고 해석하였다. 이 시는 또한 죄지은 영혼이 벌을 받고 참회하여 신의 용서를 찾는다는 구원의 신화로서 해석되었다. 오든(1951)은 이 시를 그리스도교적 알레고리로 해석하였다.

> 그는 신천옹을 성령과 관련시키고 그를 통해 결백한 희생자인 그리스도와 관련시키는데 자연에서의 그리스도인 물뱀은 인간의 외부에 있든 내부에 있든 간에 인간이 미학적으로나 지적으로나 이해할 수 없기 때문에 혐오하고 이용할 수 없기 때문에 경멸하는 것이다. (신천옹의 사냥이 의미하는) 타락이 없었다면 (노수부가 의미하는) 아담은 비교하거나 탐하지 않고 자신처럼 이웃을 사랑하는 것, 즉 (뱀을 축복하는 일이 의미하는) 아가페의 의미를 고통을 통해 의식적으로 배우지 못했을 것이므로 노수부가 마침내 "오 축복받은 과오여O felix culpa"라고 말했는지도 모른다.

마지막 라틴어 구절은 에덴의 동산에서 사과를 먹음으로써 성모 마리아와 그리스도를 세상에 오게 했기 때문에 이는 "축복받은" 죄라고 중세의 기독교에서 가르친 바로 그 구절이다.

윌리엄 엠프슨은 《계간 비평*Critical Quarterly*》(1964)에 개제한 영향력 있는 논문에서 신천옹의 사냥이 노수부나 선원들에게 가해진 그 정도의 처벌을 받을 만하지 않다는 이유로 이러한 해석을 공격하였다. 실제적인 수부가 식량을 위해 새를 쏘았다는 그의 주장을 위한 증거로서 이 시의 (후에 삭제가 된) 초판에 있는 시행들을 사용하였다. 같은 시기에 콜리지가 쓰고 있었던 미완의 〈카인의 방랑*Wanderings of Cain*〉에 관련하여 엠프슨은 "콜리지가 쓰고 싶었던 것은 원인이 없는 죄에 대한 것이었다"고 주장하였다. 이 시는 죄를 상징화하였는데 이 죄는 콜리지 성격의 한 특징이었던 심리적인 죄와 상업적인 이득을 찾아 아직 알려지지 않은 세계에 침입하여 이국민을 정복했던 유럽의 해상무역의 팽창의 근저가 되었던 총체적인 죄의식이었다. 엠프슨에 의해 영향을 받아 그의 견해를 확대한 해석에서는 죽음과 죽음 속의 삶을 실어 나르는 배가 노예무역선이라고 주장을 하였다.

또 다른 해석에서는 이 시가 창조적인 시인의 정신적인 여정을 묘사하고 있는 것으로 설명되었다. 〈쿠블라 칸〉과 키츠의 〈송시〉와 더불어 〈노수부의 노래〉는 상상을 묘사하고 창조성을 상징화하고 있다. 낭만주의 시인들은 창조적인 예술가를 존경하였다. 〈노수부의 노래〉가 실려 있는 〈서정담시집〉의 1800년도판 서문에서 워즈워스는 시인은 "사실상 보다 생생한 감수성과 보다 많은 열정과 사랑을 타고난 사람으로 인간의 본성과 보다 더 포괄적인 정신에 대해 상당히 많이 알고 있는 사람a man , it is true, endowed with a more lively sensibility, more enthusiasm and tenderness, who has a greater knowledge of human nature, and a more comprehensive soul"으로 정의하였다. 셸리는 시인이 "세상의 인정받지 못한 입법자the unacknowledged legislators of the world"라고 주장하였다. 인간이 창조한 쾌락궁, "절묘한 기적miracle of rare device", 즉 "낙원Paradise"이 나오는 〈쿠블라 칸〉의 첫 부분은 시인의 상상력과 창조력의 성취를 상징하는 것으로 해석된다. 두 번째 부분은 콜리지의 많은 다른 시들처럼 환상적이고 기쁨과 경외감에 의해 영감을 받고 자연 속에 깊이 새겨진 창조성을 드러내는 과정을 설명하는 것으로 해석된다.

윌 리 엄 　 워 즈 워 스

1799년 9월 콜리지는 워즈워스에게 다음과 같이 편지를 썼다. "프랑스혁명의 완전한 실패의 결과로 인류의 개선에 대한 모든 희망을 포기한 사람들에게 보내는 무운시를 한편 써 주기를 바라네. 〔…〕 그 시는 큰 선행이 될 것이고 〈은둔자*The Recluse*〉의 일부가 될 수도 있을 것일세." 이는 워즈워스가 쓰려고 했지만 완성하지 못한 서사시의 제목이다. 이 대작을 위한 계획의 일부로서 그는 그가 어떻게 시인이 되었는지를 설명하는 얼마간의 시구를 앞에 붙이기로 계획했다. 이 서문은 그의 가족과 친구들 사이에서는 "콜리지에게 보내는 시"로서 불렸다. 워즈워스는 이 서문을 출판하거나 제목을 붙이지도 않았다. 그는 50년 이상 동안 이따금 생각난 듯이 현재 〈서곡〉으로 알려진 시를 썼다. 이전에 〈서정담시집〉으로 출판된 시행들을 합해서 1798-89년에 급히 2권을 썼으며, 이는 후에 제1권과 제2권의 주요한 부분이 되었다. 1804년까지 그는 5권으로 이루어진 판을 완성하였고 1805년에는 이를 13권으로 늘렸으며 평생 이 작품에 대한 작업을 계속하였다. 그의 미망인이 마지막 판을 출판하였고 가족이 이 작품에 〈서곡〉이란 제목을 붙였다.

연|습|문|제

제1권과 2권의 1799년판과 1805년판 텍스트를 비교하고 워즈워스가 1805년판에 있는 제1, 2권 이후 권들에 사용하기 위해 초기 판에서 어떤 구절들을 삭제했는지 주목하라. 이러한 구절들을 삭제한 효과가 무엇인가? 어느 판이 더 마음에 드는가?

〈서곡〉의 제1권에서 그는 헛되이 원대한 주제를 찾으려고 했다고 고백한다. 이미 그런 원대한 주제를 찾았다는 생각이 그에게 떠오르지 않았다. 왜냐하면 그가 콜리지에게 썼던 것처럼 "한 인간이 자기 자신에 대해서 그렇게 많은 이야기를 한다는 것은 문학사에 있어서 전례 없는" 것이었기 때문이다. 워즈워스는 자신의 과거, 즉 환상의 순간들을 회고하기 위하여 "소중한 시점들spots of time"(제9권 257행)이라고 그가 칭하는 그 순간들을 활발히 기억해 낸다. 그가 과거의 경험들을 회상할 때 그 당시에 느꼈던 감정들은 그의 시에서 재창조되어 현재 자신이 느끼고 있는 상태가 된다. 이러한 사건들에 대한 묘사 이후에 나오는 명상적이고 찬양적인 시행들에서 그는 과거의 사건들을 더 깊이 이해하게 되고 심지어 현재에는 그 사건들을 새롭게 느낀다. 과거와 현재가 융합이 되는 것이다.

연|습|문|제

제4권 247-264행을 읽어 보라. 거기서 워즈워스는 과거의 시간으로 되돌아가는 것을 천천히 떠가는 배에서 고요한 물속을 들여다보는 것에 비유하고 있다. 그는 물에 비친 하늘과 산과 구름의 그림자로부터 물속 깊이 보이는 물풀과 물고기와 자갈을 분리할 수가 없다. 때때로 물에 비친 자신의 모습이나 물에 반사되는 태양이나 물결을 일으키는 바람은 그 장면을 훨씬 더 복잡하게 한다. 여기서 기억과 회상이 워즈워스에게 영향을 미치는 방식에 대해 함축되어 있는 바가 무엇인가?

"소중한 시점들"이 제1권의 스케이트를 탄 이야기처럼 항상 고양된 기쁨과 흥분의 순간들은 아니다. 그 시점들은 거의 공포에 가까운 두려움을 경고하는 불안한 순간일 수도 있다. 기쁘든 불안하든 모든 경우에 있어서 시인은 자연의 세계를 알게 된다. 자신의 활동의 배경이 되었던 것들을 의식하게 되고, 보트를 훔친 사건에서처럼 자연이 중요하게 전면으로 부각된다. 어떻게 "바위 절벽rocky steep"이 처음에 그가 노를 저어 가는 자연의 목표물이 되었다가 그 후 처음에는 수동적으로 솟아올랐다가 그를 힘차게 큰 걸음으로 좇아오고 그러고는 그의 괴로운 꿈의 원인이 된 것같은 "거대한 절벽huge cliff"을 드러내게 되는지 주목하라.

연|습|문|제

워즈워스가 자신의 어린 시절의 잊지 못할 사건을 묘사하고 있는 단락을 찾아보라. 거기서 자연은 어떠한 역할을 하는가? 자연이 전면에 나타나는가, 아니면 배경으로 나타나는가? 어느 지점에서 자연이 그의 의식의 중심으로 들어오게 되는가? 그리고 이러한 전환이 일어나고 있다는 사실은 그의 시어 속에서 어떻게 나타나고 있는가?

〈서곡〉의 앞쪽 권들에서 "소중한 시점들"의 충분한 의미가 소년 워즈워스한테는 드러나 있지 않지만 뒤쪽 권들에서 워즈워스는 환상의 재능을 의식한다. 그가 자신이 헌신적인 사람이라는 것을 깨닫는 순간(제6권, 324–345행)이나 스노우든 산으로의 그의 등반(제8권, 1–119행)을 보고 싶을지도 모른다. 처음 두 권은 종종 그 자체로 소년 시절을 생생하게 불러일으키는 것으로 해석되지만, 더 큰 전체의 일부분이고 〈서곡〉의 주제가 되는 시인의 정신의 성장에 있어서의 첫 단계인 것이다.

비평적 반응

1843년 워즈워스는 계관시인이 되었다. 19세기 독자들에게 그는 신비가이고 그리스도교 교리에 충실한 도덕가이고 "숭고함the sublime"을 표현하는 낭만적 시인이었다. 브래들리A. C. Bradley는 1909년 옥스퍼드 대학의 시 강의에서 다음과 같이 말했다.

> 아무리 워즈워스가 사소하고 하찮은 것들을 그리는 시인이고 유토피아에서가 아니라 지금 바로 자신의 목전에서 자신의 이상이 실현되는 것을 본 시인이라 할지라도 그는 그만큼 소위 신비가였고 〔…〕 우리는 주목으로 대표되는 워즈워스보다는 수선화로 대표되는 워즈워스를 더 좋아할 수 있고 시인의 신비주의가 허튼소리라고 믿을 수도 있다. 그러나 그의 시의 이러한 면은 최상임을 부정할 수 없는 많은 시에서 나타나고 있기 때문에 이러한 면을 무시하거나 무색케 하는 것은 워즈워스를 실제 그대로 그를 받아들이지 않는 것이며 그의 시를 진정으로 판단하지 않는 것임이 분명하다.

20세기 시작부터 〈서곡〉은 자의식의 성장을 나타내고 인간의 정체성을 형성하는 데 있어서 기억의 중요성을 보여 주는 작품으로 해석되어 왔다. 자연에 의해 인도되어 정신은 어린 시절의 감각적인 경험으로부터 자의식적인 성인 시기까지 여행하지만, "공허한 걱정the blank misgivings"과 "최초의 애정에 대한 어렴풋한 회상shadowy recollections of first affections"으로부터 〈영생불멸에 대한 송시*Immortality Ode*〉에서 묘사된 "불멸의 바다immortal sea"를 환상으로 보게 되도록 변화시키는 것은 기억과 상상력이다.

최근의 비평은 워즈워스가 활동하던 시대의 배경에서 그를 평가하였다. 니컬러스 로Nicholas Roe는 다음과 같이 쓰고 있다.

시인의 독특한 인간애에 대한 워즈워스의 주장은 1790년대 중반에 혁신적인 발전이 제동을 받을 때 수반된 지적인 위기에서 일어났다. […] 이러한 갈등에 대해 워즈워스는 "이제는 믿고/이제는 믿지 못하고, 충동과 동기와 시비에 끊임없이 당혹해하는Now believing,/Now disbelieving, endlessly perplexed/With impulse, motive, right and wrong" (X, 892–894) 자신의 정신을 공판에 부친 법정으로 묘사하였다. 이는 〈서곡〉 제10권에서의 로베스피에르의 공포정치의 전성기 동안 파리를 지배했던 "부당한 재판소unjust tribunals"의 "무시무시한 광경ghastly visions"과 일치하는 모습이다. 그래서 워즈워스의 내적 삶 속의 상반되는 것들은 당대의 정치적인 생활의 무서운 분열과 일치하게 된다. […] 프랑스혁명에 의해 생긴 지적인 모순과 혼란 가운데 워즈워스는 "간섭하는 지식인meddling intellect"의 지나친 음모와 "현자들sages"의 편파적인 학문에 반해 "자연으로부터 초래되는 학문the lore which nature brings"을 수용할 것을 주장하면서 〈서정담시집〉을 쓴 시인으로서 자신을 재형성하였다.

존 키츠

25세에 폐결핵으로 사망한 키츠는 프랑스혁명기에 살았던 다른 선배 시인들보다 정치적으로나 사회적으로 영향을 받지 않았다. 그들처럼 그의 시는 이상적이고 회피적인 생활 상태를 갈망하다가 느낀 좌절감을 묘사하지만 도덕에 얽매이지 않고 순수 예술과 미의 세계로 도피하고 싶은 그의 욕망은 죽음이나 중세 시대나 이상화된 요정의 나라에 대한 빅토리아 시대 시인들의 매혹을 예견하게 한다. 일부 비평가들은 키츠의 시가 혁명의 실패보다는 산업주의에 대한 반응이라고 생각한다. 캐서린 벨시Catherine Belsey(1980)는 다음과 같이 주장하고 있다.

낭만주의의 주된 공격 중의 하나는 죽음이나 질병이나 부패의 이미지를 가지고 반복적으로 비유되는 외국의 산업자본주의 세계를 향한 거부에 그 기본이 놓인다. 시는 자연에 의해 불러일으켜지지만 주로 시인의 주관으로부터, 즉 궁극적으로 영혼 그 자체로부터 나오는 강렬한 생명력을 자연계에 부여하는 지각 양식인 콜리지의 정의, 즉 상상력이라고 부르는 것으로부터 나오는 살아 있는 세계를 창조한다고 주장한다. "오 님이여! 우리는 우리가 주는 것만을 받습니다, 그리고 우리의 삶 속에서만 자연이 살아갑니다Oh Lady! We receive but what we give,/And in our life alone does Nature live"(〈낙담—송시〉). 낭만적 비전은 그 실현을 위해 자연계가 필요하지만 물질적인 것이나 인간의 것들을 초월하고 변형시킨다. 〔…〕 그러나 〔…〕 더 고귀한 지식은 꿈이나 묘사하고자 했던 정반대의 현실로의 복귀인 것으로 드러난다. 19세기와 20세기 초의 많은 시들은 세상을 거부하는 낭만주의자들에 있어서의 모순들이 점차 분명해짐에 따라 증대되는 절망을 기록하고 있다.

연|습|문|제

키츠에게 환상과 꿈은 영원히 지속되지 않는다. 나이팅게일의 노랫소리는 희미해지고 그리스 화병은 "말없는 형상cold pastoral"이 되고 기사는 차가운 언덕의 중턱에서 잠이 깬다. 시 속의 등장인물은 자신이 그 환상을 지속할 수 없을 때 어떻게 느끼는가? 그 등장인물은 어느 세계 속에 살고 있다고 생각하는가? 현실 세계인가 꿈의 세계인가 아니면 두 세계 모두인가? 그 환상은 정치적이고 사회적인 걱정으로부터 벗어나고 싶은 열망을 혹은 그 걱정들을 감수하는 방법을 반영할 수 있는가?

비평적 반응

비난을 위한 비난을 위해 그의 젊은 시절과 그의 출신성분을 물고 늘어졌던 비평가들 때문에 키츠의 명성은 시인으로 데뷔하면서 부터 상처를 받기 시작했다. 그는 1818년《블랙우즈 매거진》에서 "런던내기cockney" 작가라고 공격을 받았고 그의 시는 관능적이고 생경하고 미숙한 성애의 환상을 그린 것이라고 비난받았다. 바이런은 그의 시를 "정신적인 자위"라고 불렀다. 적대적이든 과찬이든 간에 19세기의 일반적인 견해는 키츠를 상당히 여성적으로 생각했고 몽상가로 보았다는 것이다. 셸리는 그를 추도하는 송시 〈아도네이스*Adonais*〉에서 키츠를 "어느 슬픈 처녀가 품은 창백한 꽃a pale flower by some sad maiden cherished"에 비유하였고, 제라드 맨리 홉킨스Gerard Manley Hopkins는 키츠를 "청년 시절의 방종과 무지에도 불구하고 낭만주의 운동의 개시자 중의 한 사람one of the beginners of the Romantic movement, with all the extravagance and ignorance of his youth"이라고 하였고 "워즈워스, 바이런, 셸리, 심지어 리 헌트와 같은 그의 동시대 시인들이 옳든 그르든 간에 자유와 종교와 같은 큰 대의에 계속 관여하였지만 그는 신화 속이나 동화의 나라 속에 살았고 몽상가의 삶을 살았다his contemporaries, as Wordsworth, Byron, Shelley, and even Leigh Hunt, right or wrong, still concerned themselves with great causes, as liberty and religion; but he lived in mythology and fairyland the life of a dreamer"고 설명하였다.

최근에 비평가들은 키츠의 시를 탈속적이고 비현실적인 것으로 보는 19세기의 견해를 연구하였다. 그가 국교에 반대하던 학교를 다녔다는 점, 리 헌트와 해즐릿과 같은 급진론자들을 일찍부터 찬탄했던 점, 그가 속한 동아리에서 널리 읽히던 야당의 잡지들과 같은 그의 인생의 상황들을 고려함으로써 그들은 다다를 수 없는 이상적 세계에 대한 키츠의 꿈을 모질고 억압적인 사회 상황으로부터 멀어져야 할 필요성으로 해석한다. 동화 나라로의 현실 도피는 낭만주의 시인들을 절망시켰던 그 시대의 산업적이고 정치적인 상황과 대조되는 이상적인 "비전"이나 꿈의 세계로 탈주하는 것이라고 주장한다.

니컬러스 로(1977)는 수확의 여신인 케레스를 찬미하는 시로서 오랫동안 간주되었던 〈가을에게 *To Autumn*〉를 키츠의 자유주의 정치 신념의 표현으로 재해석하였다. 키츠는 피털루 회의의 주요 연사인 헨리 헌트가 대중의 환호 속에 런던으로 들어왔던 그 주말(1819년 9월 18일)에 이 시를 지었다. 공모와 폭동 선동죄로 잉글랜드에서 재판을 받았던 피털루 회의의 다른 개최자들처럼 헌트도 비록 무죄가 되었지만 스코틀랜드에서 재판을 받게 되었던 불운한 자들은 추방형을 선고받았다. 잉글랜드에서의 선고는 정의와 자유주의의 승리로서 생각되었고, 키츠는 런던에서 헌트를 환영하기 위해 거리마다 늘어선 수많은 환호하는 군중 속에 합류하였다. 로는 〈가을에게〉가 이러한 정치적으로 긴장된 시기의 키츠의 느낌을 반영하고 있다고 주장하였다. 로는 이 시 속의 케레스라는 인물을 보다 더 의미 있는 것으로 해석하고 있다.

> 케레스 여신은 만인에게 공통되는 토지, 식량과 농업과 번창, 다투는 인간들 사이에서 "권리와 재산"을 판결하는 법을 주관한다. 이 여신은 자연의 풍부함과 그 풍부함의 정당한 분배를 판결하는 권리와 법을 대표한다. 〔…〕 살인과 날조된 기소와 음모에 대한 소문으로 인해 당장이라도 혁명이 일어날 것 같았던 시기에 이 여신의 다산성과 정의를 결합하는 신화적인 연상은 그 이상의 의미를 가지게 되었을 것이다.

6. 빅토리아 시대의 배경

맨체스터.

이 도시는 한 인간이 수년 동안 그곳에서 살면서 자신의 일을 하거나 산책을 즐기는 동안 노동자들이 사는 거리나 심지어 노동자들을 마주치지도 않고 매일 들락날락할 수 있도록 특별히 건설되었다. 이는 무의식적이고 암묵적인 동의나 솔직하고 의식적인 결정에 의하여 노동자들이 사는 지역은 상업적 지역 주위로 평균 1.5마일 정도의 폭으로 띠처럼 형성되어 있기 때문이며, 〔…〕 중산층을 위해 정해 놓은 도시의 지역들로부터 완전히 분리되어 있기 때문이다. 띠를 이루고 있는 이러한 지역을 지나면 그 바깥 지역에 상류층이나 중산층의 부르주아들이 살고 있다. 노동자들이 사는 지역 근처에 규칙적으로 구획된 거리에 사는 중산층 부르주아들과 정원이 딸린 더 멀리 위치한 교외 주택에 살거나 〔…〕 개방되고 건전한 분위기 속에 살거나 멋지고 안락한 집에 사는 상류층 부르주아들은 시내로 들어가는 승합마차를 타고 30분이나 15분마다 한 번씩 지나갔다. 그리고 가장 훌륭하다고 생각되는 배치는 이러한 부유한 귀족들이 양쪽으로 숨어 있는 더럽고 빈곤한 곳 한복판에 있다는 것을 알지 못하고 모든 노동자 지역의 한가운데를 통해 그들의 사업장으로 가는 가장 빠른 지름길을 택할 수 있다는 사실이다. 양쪽에 수많은 지붕이 있는 샛길은 큰 거리로부터 수많은 막다른 골목들로 통하는데, 그쪽으로 들어가는 사람은 불결하고 구역질 나는 더러움 속에 이르게 되는데, 그러한 불결함이나 더러움은 어디에서도 찾아볼 수 없고, 특히 어크에 이르는 막다른 골목이 그러했는데, 거기에는 이제까지 내가 보았던 솔직히 가장 혐오스런 집들이 있었다. 이러한 막다른 골목 중 한 곳에, 바로 그 입구에, 지붕이 있는 샛길 끝에 문도 없는 옥외 변소가 서 있는데 너무나 더러워 그곳에 사는 사람들은 오줌과 똥이 괴어 있는 더러운 웅덩이를 통과해야만 그 골목길을 드나들 수 있다. 혹시 이곳을 조사해 보고 싶은 사람을 위해서 하는 말인데 여기는 덜시교 위쪽 어크에 있는 첫 번째 막다른 골목이다. 그 아래 강 위에는 몇 개의 무두질 공장이 있는데 이 때문에 그 이웃에는 동물 부패물의 악취로 가득하다.

—프리드리히 엥겔스, 《영국 노동자 계급의 현실》(1844–5)

산 업 혁 명

1780-1840년경의 영국의 산업혁명의 제1단계는 면화 무역에 의존하였다. 브리스틀과 글래스고가 대서양과 식민지 무역을 위한 중요한 항구이기는 했지만, 서인도 제도와 미국에서 들어오는 천연 면화는 주로 리버풀 항을 통해 영국으로 들어왔다. 대부분의 가공된 면직물은 다시 수출되었다. 1830년대와 1840년대에 영국 무역 수출품의 절반 이상이 면직물이었다. (날듯이 빨리 움직이는 북처럼) 직조 방법의 개량과 방적 방법의 발명으로 인해 직물 생산의 증대가 가능했다. 1760년대의 방적기는 한 번에 한 개 이상의 실을 방적할 수 있었고 1780년대에 뮬 방적기는 이러한 획기적인 발명을 증기동력에 이용하였다. 직조는 시골집이나 가정에서의 수공업으로 계속되었지만, 수력이나 증기동력에 의한 뮬 방적은 공장이 필요하게 되었고 직조 또한 공장 체제 속으로 들어오게 되었다. 면 방적으로 인해 맨체스터는 최초로 19세기 최대의 산업도시가 되었다. 그 인구는 1760년부터 1830년 사이에 10배로 증가하였고, 이때까지 맨체스터와 샐퍼드는 버밍엄보다 세 배나 많은 증기동력을 보유하게 되었다.

1840년부터 1895년까지 산업혁명 제2단계에서는 동력의 원천, 원자재, 운송의 주요 수단으로서 석탄, 철, 철도가 물, 면화, 운하를 대체하였고, 영국을 농업 경제에서 현저한 도시 산업 경제로 탈바꿈시킨 공장과 도시의 성장은 19세기 초에 본보기가 되었다. 실업과 인구의 증가로 고생하는 농촌의 빈민층은 공장에서 일하기 위해 미들랜즈와 북부의 팽창하는 도시들로 물밀듯이 들어 왔다. 18세기 중엽에는 런던과 에든버러만이 5만 이상의 인구를 가지고 있었다. 1801년까지 8개 도시가 그 정도의 규모로 커졌고, 최초의 인구 조사가 이루어졌던 1851년까지는 29개 도시가 있었는데, 맨체스터의 인구는 338,000명, 글래스고는 375,000명, 리버풀은 395,000명, 더블린은 405,000명, 런던은 2,239,000명이었다. 1881년까지 많은 도시들은 그 규모에 있어서 다시 두 배가 되었고 런던은 인구가 4백만이 넘어 세계에서 가장 큰 도시가 되었다. 처음으로 전 인구의 반 이상이 도시의 개발 조성지에 산다는 것을 보여 준 1851년 인구 조사의 수치는 영국이 전원 사회에서 도시 사회로 변형하게 된 방식을 보다 잘 보여 주었다. 1881년까지 도시 인구의 비율은 전체 인구의 70퍼센트 이상이었다.

시골로부터 그렇게 많은 노동자들을 유인했던 도시에는 그들을 수용할 시설들이 부족하였고, 통제되지 않고 자유방임적이며 이득만을 추구하는 그런 환경에서 너무나 조잡한 집들이 공장 근처에 급속히 지어졌는데 그런 집들은 산업혁명 제 1단계에서 기계의 동력이 되었던 오염된 강 근처에 있었다. 이처럼 몹시 혼잡하고 더럽고 질병이 난무하는 상태를 보며 (위에서 이미 인용한) 엥겔스Frederich Engels나 드 토크빌Alexis de Tocqueville과 같은 연구차 영국에 온 외국인들은 너무나도 놀랐으며 드 토크빌은 《영국과 아일랜드의 여행*Journeys to England and Ireland*》(1835)이라는 저서에서 맨체스터에 대해 엥겔스와 비슷하게 묘사를 하였다. 기계의 동력이 수력에서 석탄을 이용한 화력으로 바뀌었을 때 공장 굴뚝으로부터 나오는 시꺼먼 연기 때문에 산업 지대의 모습은 한층 더 험악해졌다. 엥겔스는 신진의 유복한 중산층이 자신들의 가정을 분리하여 노동 계층의 가난을 보지 않으려고 피하는 방식을 신랄하게 비꼬았지만, 특히 1831년 영국에 콜레라가 상륙한 이후 이러한 비위생적인 지역의 위험성은 당국의 걱정거리였다. 이로 인해 결국 의회의 조사가 있게 되었고 채드윅Edwin Chadwick의 《전 노동자의 위생 상태에 대한 보고서*Report of the Sanitary Condition of the Laboring Population*》(1842)가 나왔다. 병에 대한 채드윅의 진단은 잘못되었다. 그가 믿었던 것과는 달리 그 병은 공기가 아니라 오염된 물에 의해 전염되었다. 그러나 지하수 시설과 깨끗한 물의 공급을 포함해 그의 보고서에 의해 착수된 실용적인 개혁으로 인해 전염병의 주된 원인을 제거할 수 있게 되었다.

당시의 비평가들은 농사일과는 달리 계절이나 일상에 따른 변화가 없는 공장제도에 의해 노동자 계급이 가혹하게 압박받고 있다고 생각했다. 가스등이 켜진 공장은 어두워진 후에도 계속 돌아갔고 일일 노동 시간은 12-13시간까지 늘어났다. 노동은 기계적이고 반복적이었다. 공장 노동자를 지칭하기 위해 사용된 이름인 "일손hands"은 그들이 사람으로 대접받기보다는 기계의 일부분으로 간주되었다는 것을 암시했다. 공장주들은 노동자들의 복지나 국익에는 관심이 없이 그들의 사적인 이익에 따라 움직이는 것으로 보였다. 칼라일Carlyle은 《시류*The Signs of the Times*》(1829)에서 "이 시대는 기계의 시대다 It is the Age of Machinery"라고 비난하였다.

> 모든 일손에 있어 현존하는 기술공은 자신의 일터에서 내몰려 더 빠르지만 생명 없는 기술공, 즉 기계에게 자리를 내주고 있다. 베틀의 북은 직조공의 손에서 떨어져 나가 더 빨리 움직이는 기계의 철제 손으로 넘어간다. 사공은 돛을 접고 노를 내려놓고 강력하고 지치지 않는 증기의 날개를 단 노예에게 배를 나아가게 명령한다. 〔…〕 인간은 정신이

나 마음뿐만 아니라 손에 있어서도 기계처럼 변해 간다.

칼라일의 적의는 산업화뿐만 아니라 산업화를 지지하는 공리주의 철학을 향한 것이다. 공리주의 사상을 체계화한 제러미 벤담Jeremy Bentham(1748-1832)은 인간의 행동은 합리적 원칙에 따라 실행되고 자신의 계발된 사리 추구에 호소함으로써 영향받을 수 있다고 믿었다. 감정 (그가 동의하지 않았던 낭만적 개념)과 동정은 도덕성의 근간이 아니었다. 그리스도교의 가르침도 또한 그러했다. 공리주의의 유일한 타당한 근간은 보편적으로 적용한다면 "최대 다수의 최대 행복"을 가져올 수 있는 경험에 기초한 사리 추구였다. 이는 칼라일처럼 디킨즈도 이의를 제기했던 철학이었다. 디킨즈Dickens가 최상의 '교육'으로서 동정적인 감정과 창조적인 상상력을 호소했던 소설 〈어려운 시절*Hard Tiimes*〉은 칼라일에게 봉헌되었다.

서서히 진행된 개혁

1832년의 선거법 개정과 더불어 개혁되기 시작했던 의회는 서서히 발전에 필요한 법률을 제정하였다. 1833년의 공장법은 직물공장이 9세 이하의 어린이를 고용하지 못하도록 금지시켰다. 1842년에는 10세 이하의 어린이가 탄광에서 일하는 것이 금지되었다. 1830년대와 40년대는 경제적 고난의 시대였고 백만 명 이상이 아사한 아일랜드에서는 지독한 기근의 시대였지만, 최초의 인구 조사가 있었던 1851년까지 영국은 번영하는 국가였다. 국회에서뿐만 아니라 관심을 가진 적극적인 개인이나 종교적이고 복음주의적인 집단들을 포함해 증가세에 있던 일단의 사회 개혁가들에 의해 주택, 노동 조건, 공공질서, 교육, 감옥과 여성의 권리에 있어서의 개혁에 대한 압력이 증대되었다. 1867년의 제2차 선거법 개정법은 연간 10파운드 상당의 건물을 소유하거나 임대하고 있는 도시의 모든 남성들에게 참정권을 확대하였고, 이로 인해 장래에 모든 남성이 참정권을 갖게 될 가능성을 열어 놓았다. 신흥 민주 국가에서 유권자를 교육한다는 것은 중요해졌고, 1870년에는 모든 어린이에 대한 초등 교육이 의무화되었다.

여성들을 위한 진보는 더디게 나아갔다. 노동 계급의 여성들은 어린아이들과 마찬가지로 19세기 초에는 값싼 노동력의 공급원으로 취급되었고, 그들의 노동 조건 개선을 위해서는 의회의 입법을 기다려야만 했다. 중산 계급의 여성은 "가정의 천사the angel in the house"로 이상화되었고 그들의 역할은 이러한 개념적 정의하에서 가정의 영역 속으로만 제한되었으며, 거기서 그들은 유일하게 공적인 세상으로 들어갈 수 있었던 남편을 지지하여 확실한 정절과 도덕적 정직함과 사랑스러움과 밝음을 나타내기를 요구받게 되었다. 법은 모든 계급의 여성들이 남성보다 열등하다고 판정하였으며, 결혼까지는 순결하고 그 이후에는 정숙해야 한다는 그들에 대한 압력에 의해 "타락한fallen or ruined" 여성들은 사회적으로 부과된 혐오감과 경멸, 멸시 등으로 입지가 좁혀졌다. 투표권도 없고 전문적인 일을 할 수 있는 길도 없고 공직을 얻거나 고등교육을 받을 기회도 없이 재정적으로 남자에 의존하는 중산 계급의 여성들은 제한된 삶을 살 수밖에 없었다. 지도적인 여성들은 이러한 제한을 반대하는 운동을 시작했다. 19세기에 몇 가지 개혁이 일어났는데, 예를 들어 결혼한 여성이 자신의 재산의 소유권을 유지할 수 있는 권리와 매춘부의 대우에 있어서의 개혁이었다. 그러나 소위 "여성 문제Women Question"는 여성의 참정권과 같은 많은 주요한 문제들이 중점적으로 다루어지기 시작했던 20세기에서도 여전히 강력히 논의되고 있었다.

"하늘은 스스로 돕는 자를 돕는다"는 말은 자신의 노력으로 비천한 신분에서 출발하여 부와 사회적 지위를 성공적으로 얻은 사람들에 대한 요약된 전기 모음집인 새뮤얼 스마일즈Samuel Smiles의 열성적이고 고무적인 책인 《자립*Self-Help*》(1859)의 주제였다. 거기에 든 모든 예가 성공담이었다. 스마일즈의 공공연한 메시지는 노동 계급의 어느 누구도 사회적으로 재정적으로 출세할 수 있다는 확신이다. 그러나 그 밑바탕에 있는 메시지는 빅토리아 시대의 노동관을 강화하고 있다. 빅토리아 시대의 관념이 여성들이 순결하기를 요구했던 것처럼 남성들은 근면하기를 유도하였다. 어투, 예절, 복장, 주택, 교양, 직업 등에 의하여 계급이 드러났던 19세기의 계급 체제는 엄격하고 심히 구분이 되어 있기는 했지만 "남부끄럽지 않은 것respectable"과 "흉한 것unrespectable" 사이의 구분은 관념적으로 훨씬 더 중요했다. 가난하지만 정직한 남자나 여자는 남부끄럽지 않다고 분류되었고 사실상 체면으로 인해 수동적이고 비반항적이 되기 때문에 체면을 자신의 목표로 삼도록 장려되었다. 빅토리아 시대의 걱정은 남부끄러운 집단의 사람들, 특히 혁명적인 폭도로 변할지도 모를까 봐 중산 계급들이 두려워했던 최하층의 범죄자들에 집중되었다. 사회의 가장 나약한 구성원들이었던 노동 계급, 어린아이, 여성, 노인, 허약자들은 남부끄럽지 않아야 한다는 압박과 최저 생활 임금을 벌어야 하는 필요성 사이에서 짓눌렸다. 《모닝 크로니클*Morning Chronicle*》지에 처음 실렸던 런던의 노동자들 사이에서 헨리 메이휴Henry Mayhew가 행했던 일련의 인터뷰를 모은 책인 《런던의 노동자와 런던의 빈곤자*London Labour and London Poor*》(1851)와 함께 스마일즈의 책을 읽어 보는 것은 유익하다. 가능한 한 메이휴는 노동 계급 사람들이 스스로 이야기하게 했고 논평식으로 첨언을 하지 않았고 판결을 내리지도 않았다. 그들의 노동 생활과 생활 조건에 대한 설명을 신뢰감을 주면서 설명했기 때문에 당시에 상당한 영향을 주었고 오늘날에도 감동적으로 읽힌다. 다음 글은 바느질하는 한 여성과의 인터뷰이다.

> 나는 이 문제에 대해 조사를 하게 될 때까지는 런던에서 바느질하는 여성들이 겪었던 궁핍함이 심했다는 것을 알지 못하였다. 그러나 나는 그 빈곤자들이 스스로 말하게 할 것이다. [...] 첫 번째 경우는 잘 생긴 한 처녀의 경우이다. 그녀의 이야기는 다음과 같다.
>
> "나는 능직 무명 바지를 만들지요. 바지 한 벌당 7펜스나 8펜스를 받는데요. 하루에 두 벌을 만들어요. [...] 그러나 몇 주 동안 일거리가 전혀 없을 때도 있어요. 아침 6시부터 밤 10시까지 일한답니다. 완전 고용이 되면 일주일에 7에서 8실링을 받게 되는데요. 그 중에서 꼰 명주실, 실, 양초에 드는 비용이 주당 약 1실링 6펜스이고, 분명히 주당 약 6실링 정도 남게 되지요. 그러나 이 중에서 석탄 값을 내야 하는데 그게 적어도 6펜스 이상이 들거든요. 그러므로 5실링 6펜스가 고작 내가 완전 고용이 되었을 때 버는 액수가 됩니다. 최근에 나는 상당히 부진했어요. 그래서 우리는 겨울마다 모두가 "거지"같이 되었었죠. 그때가 가장 돈이 필요할 때가 되는데도요. [...] 아버지는 내가 5살 때 돌아가셨어요. 어머니는 미망인이고 66세가 넘으셨고 하루 일의 양도 거의 하시지 못하시죠. [...] 나는 스무 살인데요. [...] 우리는 우리 두 사람 몫을 부지하기 위해 함께 매주 4실링 6펜스에서 5실링을 벌지요. [...] 처음 일하러 갔을 때 나는 정숙한 여자였어요. [...] 나는 순결을 지키기 위해 무진 애를 썼지만 나와 어머니를 위해 음식과 의복을 구할 수가 없다는 것을 알았어요. 그래서 한 젊은 남자와 살기로 했었죠. [...] 그는 나와 결혼하기로 약속했지만 그의 누이가 그와 나 사이를 이간질해서 우리를 갈라놓았어요. [...] 나는 지금 그 이의 아이를 임신했어요. [...] 나는 그를 무척 좋아했고 그가 나를 유혹하기 전에도 2년 동안 그를 알고 있었죠. [...] 정직하게 살았다면 내가 살아가기에 충분하게 벌 수가 있었을까. [...] 내가 할 수 있는 한 그러지 않기 위해 싸웠기 때문에, 사실 그랬고, 끝까지 결코 타락하지 말았어야 하는 건데. [...] 아기가 태어나면 내 짐만 늘어날 뿐이에요. 그리고 내 남편이 아이를 부양하지 않는다면 나는 전적으로 거리로 나앉아야만 할 판이죠. 이 모두가 얼마나 끔찍한 일인지 나도 잘 알아요. 현재 내가 처한 대로 사느니 마른 빵과 물만으로 사는 것이 훨씬 나았을 것 같기도 합니다. 그러나 궁핍하게 사는 불쌍한 처녀들이 받는 유혹은 아무도 모르지요. 신분이 높은 사람들은 결코 그것을 이해하지 못해요."

구스타프 도레의 1872년작
〈화이트채플의 웬트워스 거리〉.
과밀한 노동자들과 그들의 가난

구스타프 도레의 1872년작
〈아침에 말 타는 여성들〉.
부유층의 여가와 특권

1830년대와 40년대의 불황의 20년 동안 노동 계급의 빈곤과 대도시권에서의 노동 계급의 수의 증가로 인해 중산 계급의 하층민의 폭동에 대한 두려움은 커져 갔다. 1848년 영국 해협 건너 유럽에서의 혁명은 "다수"가 "소수"에 반항하여 일어난다면 벌어질지도 모르는 사태에 대한 경고였다. 이러한 상황들 속에서 1851년의 대박람회에 참석했던 하층민들의 온건하고 남부끄럽지 않은 행동은 19세기 중엽까지 세계에서 가장 번창하는 무역 국가인 영국이 다른 유럽 국가들을 위협했던 사회적 불안을 겪지 않을 것 같은 희망적인 표시로서 받아들여졌다. 대박람회가 시작되던 날에 대해 매컬리 경의 일기에는 다음과 같이 적혀 있다. "사회주의자들이 우리를 위협하던 그런 행동가들을 나는 보지 못했다. 〔…〕 영국에서 혁명이 일어날 확률은 달이 떨어질 확률만큼이나 없는 것이다 I saw none of the men of action with whom the Socialists were threatening us 〔…〕 There is just as much chance of a revolution in England as of the falling of the moon."

신앙의 쇠퇴

매컬리의 확신은 일반적으로 동조를 얻지 못했다. 빅토리아 시대 중엽에 교회에 가는 사람의 수가 줄어들고 있었다는 사실은 노동 계급이 반항할지도 모른다는 두려움의 한 원인이 되었다. 왜냐하면 교회가 가르치는 의무, 복종, 겸손이라는 그리스도교 미덕을 외면하는 것은 "재산과 국가에 커다란 위험이 따르는 것"이라고 생각되었기 때문이었다. 시골에서 신흥 도시로 이주해 온 사람들의 종교적 필요에 대비해 의회는 일찍이 1818년 새로 도시 교회를 건축하도록 재원을 인준하였다. 그러나 1851년 통계조사에서 전 인구의 단지 반수가 교회에 나가고 교회에 나가는 사람들 중에서 반수가 비국교를 신봉한다는 것이 드러났을 때 빅토리아 시대 사람들은 충격을 받았다. 교회에 나가는 사람의 수가 줄어드는 데에는 많은 이유가 있었는데 그중 하나는 빈곤자를 소외시키는 계급의 차별이 있었다. 도시에 있는 한 국교회에서 중산 계급은 가족석을 위한 대금을 지불하였지만 노동 계급은 뒤쪽에 있는 무료로 개방된 의자에 앉도록 제한되었다. 긴 노동 시간은 휴일에 교회 가는 데에 지장을 주었다. 그러나 부분적으로는 성경의 엄밀한 진리에 대한 믿음을 뒤흔들어 놓은 과학적 발전이 종교적 진리를 압도하는 회의적 분위기가 더 근본적인 이유였다. 지질학적 발견은 (라이얼Charles Lyell의 《지질학의 원리 *Principles of Geology*》는 1830-33년에 출판이 되었는데) 이 세계가 7일 동안에 창조된 것이 아니라 무한히 긴 시간 동안에 형성되었음을 보여 주었다. 다윈Charles Darwin의 《종의 기원 *Origin of Species*》(1859)과 《인간의 유래 *The Descent of Man*》(1871)에서의 진화론은 "천사보다 다소 낮은" 인간이 하루 동안에 창조되었다는 성서상의 주장에 이의를 제기하였다.

오늘날과 비교해 볼 때 빅토리아 여왕 시대는 매우 종교적이었고 사회의 관례도 종교의 일부가 되었다. 일요일의 엄수는 거의 모든 상업적인 활동이나 여가 활동이 이 날에는 금지된다는 것을 의미했고 관습적으로 모든 중요한 공적 행사는 그리스도교의 기도로 시작되었다. 국교와 비국교의 많은 교회가 건립되었다. 복음을 해외에 전파하고 국내에서는 사회 개혁을 위해 일하는 수많은 선교사들과 복음 운동 단체들이 있었다. 그러나 과학적 발견은 인간을 포함한 자연의 물체가 발견될 수 있는 기계적인 법칙에 따라 작용하고 발전된다는 것을 웅변하였다. 이는 신의 존재에 대해 의심을 품게 했고 결국 빅토리아 시대 사람들에게는 상당한 불안을 일으켰다. 1866년 찰스 킹즐리Charles Kingsley는 설교를 하면서 당시의 분위기를 다음과 같이 요약하였다.

> 과학은 많은 면에서 우리를 자유롭게 해 준다. 〔…〕 미개인이 느끼는 신체적 공포로부터도 말이다. 그러나 과학은 그 신체적 공포를 많은 사람들의 마음속에서 훨씬 더 압도적인 도덕적 공포로 대체시킨다. 내가—인간은 묻게 된다.—그리고 내가 사랑하는 모든 이가 조직화된 전제정치의 희생양인가? 〔…〕 우리는 단지 무력한 작은 조각, 기껏해야 거대한 기계의 바퀴들 중의 독립된 부품에 불과한 것인가?

종교적 회의에 대한 충격은 빅토리아 시대 중기의 많은 시인들의 구슬픈 어조를 설명하는 데 도움이 된다. 매슈 아널드Matthew Arnold의 〈도버 해변 *Dover Beach*〉에서처럼 그 어조가 명백하지 않을 때조차도 말이다.

> 신념의 바다도
> 예전엔 만조였고, 그래서 지구의 해변 둘레에
> 눈부신 거들의 주름처럼 접혀 놓여 있었다.
> 그러나 지금 나는 단지 들을 뿐이다.
> 그 애수에 잠긴, 후퇴하는 긴 포효소리만을.
> 밤바람의 숨결에 맞추어
> 황량한 광막한 물가로,

세계의 노출된 자갈 해변으로 퇴각하는 소리를.

The sea of faith
Was once, too, at the full, and round earth's shore
Lay like the folds of a bright girdle furled.
But now I only hear
Its melancholy, long, withdrawing roar,
Retreating, to the breath
Of the night-wind, down the vast edges drear
And naked shingles of the world.

비록 다윈의 진화론이 당시에는 교란시키고 "멸실환missing links"에 근거한 적의 있는 풍자화들뿐만 아니라 격렬한 공개적인 토론을 유발시키기는 했지만 그 기본 메시지는 인간은 진화를 통해 진보하고 발전했다는 것인데 이는 빅토리아 시대의 진보에 대한 신념과 일치되었다. 19세기 문학은 우울함과 확신의 이상스런 혼합을 보여 주는데, 이는 사회적 불평등과 신앙의 상실에 대한 빅토리아 시대 사람들의 우려와 경제적 · 사회

1871년 3월 22일자 《호넷》지에 실린
훌륭한 우랑우탄으로 풍자된 찰스 다윈

적 · 산업적 성공으로 인해 발전이 계속될 희망이 있다는 빅토리아 시대 사람들의 낙관적 세계관을 반영하고 있다. 이러한 발전은 빅토리아 시대 사람들에게 저개발 세계, 즉 "법 없는 약소 종족들the lesser breeds without the law"을 식민지화하고 발전시켜야 할 의무를 부과하는 것 같았다. 제국주의적 정복과 식민지의 개척으로 인해 대영제국이 건설되었고 19세기 영국 부의 상당 부분을 획득하게 된 식민지와 저개발 국가들의 시장을 독점하였다. 절정기인 19세기 마지막 10년 동안에 지구의 거의 4분의 1이 웨스트민스터로부터 지배를 받게 되었고, 급속히 팽창하는 인구 문제는 인구가 적은 식민지로의 대규모 이주에 의해 어느 정도 해결되었다.

19세기 소설

이 시대의 사회 상황은 사실주의 소설 속에 매우 세심하게 반영되어 있는데, 이 사실주의 소설은 18세기부터 19세기에 새로운 장르, 즉 그 자체가 하나의 혁신적인 문학 장르로서 발전하였다. 사실주의 소설은 발전적으로 진행하며 도덕적으로 진전되는 플롯을 가지고 있으며 그 플롯 안에서 개인은 사회적 · 역사적 변화의 충격에 직면하게 된다. 19세기 소설은 사회의 커다란 단면들을 다루려고 했기 때문에 길고, 많은 인물들이 등장한다. 19세기 초반의 제인 오스틴부터 세기 말의 토머스 하디까지 소설가들은 실제의 삶으로 인식될 수 있도록 그려진 소설 세계를 창조하였다. 개혁에 대한 정열 때문에 소설가들은 노동 계급의 인물들에 대한 나쁜 이미지를 불식시켜 정당화하며 부유한 인물들을 악마처럼 나쁘게 그리는 경향이 있었다.

메리 셸리

메리 셸리Mary Shelley의 〈프랑켄슈타인*Frankenstein*〉(1818)은 사실주의 소설 발달의 주류 밖에 있다. 이 소설은 거의 그 자체로 별도의 분류에 속한다. 유령 이야기로 생각되지만 유령이 등장하지는 않는다. 그리고 비록 고딕 소설로서 구분된다 할지라도 통상의 신비하고 고딕적이고 중세적인 배경이나 초자연적인 플롯을 가지지는 않는다. 셸리는 자신의 이야기를 최신의 것으로 만들었고 음침한 성이나 수도원이나 지하 감옥 대신에 프랑켄슈타인을 19세기 실험실에 놓았다. 그러나 고딕적인 공포의 관례를 보이는 특징들을 가지고 있다. 실험실에는 격리감과 신비감을 가진 위협적인 분위기가 있다. 즉 주인공은 다른 인물들을 무서워하게 하는 초자연적인 괴물이다. 그리고 지식의 추구에 의해 프랑켄슈타인은 멜로드라마식의 광기와 절망에 빠지게 된다.

오래가지 못했던 고딕 장르와는 달리 〈프랑켄슈타인〉은 지금까지 줄곧 인기 있는 소설이었다. 왜냐하면 이는 그 공상적인 플롯에도 불구하고 실제의 걱정거리를 논하기 때문인지도 모른다. 수많은 해석이 제시되어 왔다. 즉 이 소설은 과학적인 발견의 제어할 수 없는 본질과 "발전"에 필연적으로 따르는 위험들에 대한 경고이고 〈실낙원〉의 개정판이다. 파우스트적인 호기심에 의해 프랑켄슈타인은 생명체를 창조하고 그 후에 그의 창조물에 대한 책임을 거부한다. 신의 부재 속에 소설 내에서의 도덕적 투쟁은 괴물과 프랑켄슈타인 사이에서 벌어지는데, 즉 그를 만든 사람이 부당하다는 전자의 불평과 괴물이 폭발해 내는 폭력적인 힘에 대한 후자의 공포 사이에서 벌어지는 투쟁이다. 이 소설의 언어는 여러 가지 점에서 〈실낙원〉을 반영한다. 프랑켄슈타인은 자신을 "전능함을 열망했던 대천사the archangel who aspired to omnipotence"와 견주고 결국 "영원의 지옥 속에 갇히게chained in eternal hell" 된다. 그 괴물은 또한 밀턴의 작품 속에 나오는 유사한 인물들과 대등함을 알게 되지만 자신이 아담으로 추방되었는지 사탄으로 추방되었는지를 분별할 수는 없다.

〈프랑켄슈타인〉은 독자들에게 어느 정도 그 괴물의 불평에 대한 공감을 불러일으킨다. 그 괴물만이 고통을 받는 피조물이 아니기 때문이다. 정의가 공평하게 적용되지 못한다는 강한 느낌이 소설 전체에 퍼져 있는데 그 많은 부정이 프랑켄슈타인처럼 남용자이자 희생자인 괴물 그 자신에 의해 범해진 것이다. 어떤 비평가들은 그 괴물을 정치적이고 사회적인 세력으로서의 산업에 종사하는 노동계급의 출현과 19세기 초반의 불안에 대한 진보적인 반응을 반영하는 것으로 간주한다. 셸리 부부는 정치적 입장에서 급진적이었다. 메리의 남편인 시인 퍼시 비시 셸리Percy Bysshe Shelley는 피털루의 대학살에 항의하여 "너희는 많고 그들은 적다Ye are many–they are few"라는 후렴구를 가진 〈무질서의 가면극 *The Masque of Anarchy*〉를 썼다. 그러나 프랑스혁명에 대한 기억은 (영국의 산업혁명에 반대하고 기계 파괴 등 폭동을 일으킨 직공단원인) 러다이트의 공격에 의해 되살아났고, 이는 자유주의자들을 교란시켰는데 대부분의 자유주의자들은 교육을 받지 못한

하층민들이 그들에 대항해 일어나서 그들의 재산을 공격할 것이라는 중산계급 사람들이 가졌던 두려움을 공유하고 있었다. 그 괴물의 묘사에서만큼 그들의 노동계급에 대한 태도에 있어서 연민과 공포, 동정과 혐오감이 뒤섞였다.

그러나 다른 해석에서는 이 소설이 출생의 신화라고 주장한다. 메리가 낳은 자식의 죽음(오직 한 아이만이 유년기 후까지 생존하였다), 바이런과 자신의 남편 옆에서 글을 쓸 때의 경쟁적인 분위기, 글을 쓸 때의 창조적인 행위를 강조하는 낭만주의 경향은 모두 그녀의 임신과 모성에 대한 걱정이 성공적인 이야기를 쓰려는 노력과 융합이 되었다는 증거로 생각되었다. 이 해석은 이 소설의 색다른 설화 구조 속에서 누구의 이야기를 말하고 있는가 하는 문제에 주의를 집중시키고 있다. 그 구조는 프랑켄슈타인에게 이야기하듯이 괴물의 이야기를 말하고 그리고 월튼에게 하듯이 프랑켄슈타인의 이야기를 말하고 있는 월튼의 누이에게 보내진 일련의 편지들로 이루어진 구조이다. 그러나 독자는 반대 방향으로, 즉 (프랑켄슈타인에게 동정적으로 친근감을 느끼는) 월튼의 시점을 통해서, 그 다음에는 (괴물을 증오하는) 프랑켄슈타인의 시점을 통해서, 단지 마지막으로 이야기의 한가운데에 살고 있는 괴물 그 자신의 시점을 통해서 그 이야기를 알게 된다. 각각의 경우에 있어서 독자의 동정은 그 당면한 화자에 집중된다. 전지한 작가의 논평은 없다. 다각적인 이야기가 제시된다.

각각의 화자는 자신이 어린 시절에 받은 교육에 대하여 설명하고 여러 번 반복해서 소설 속에서는 개인의 성격이 형성되는 과정이 기술된다. 인간의 의식과 양심의 성장에 대한 가장 구체적인 설명은 괴물의 의식이 깨어난 순간부터 자신의 발달에 대한 것이다. 프랑켄슈타인에 의해 버려진 후 그 괴물은 전적으로 스스로를 교육하는데, 그래서 이것이 루소의 자발적인 교육이론을 위한 사례연구가 된다. 그는 경험에 의하여 불의 이점과 위험을 알게 된다. 그러나 감각적인 경험으로부터 얻어지는 것들은 그 괴물에게 육체적 생존을 위해 필요한 지식만을 줄 뿐이다. 드 레이시 집안을 관찰함으로써 사회적 동물이 되고 싶은 욕망이 일깨워진다. 그는 외롭다는 것을 알게 되고 친절한 행동으로 그 집안을 지원한다. 처음에 말하기 그 다음에 쓰기로 언어를 배울 때 그는 감수성과 도덕성에 대한 인식을 습득한다. 셸리가 그를 위해 골라 준 책은 교육과정에 대한 그의 생각을 암시한다. 괴테의 〈베르테르의 슬픔*Sorrows of Werther*〉을 읽고 그 괴물은 감정을 매우 존중하는 낭만주의적인 생각을 얻게 된다. 플루타르크의 〈영웅전*Lives*〉에서 그는 공화주의의 가치를 배우고 〈실낙원〉에서는 선과 악의 개념을 습득한다. 19세기에 계급과 금전에 대한 집착 때문에 계급이나 금전이 없는 사람은 누구나 "부랑자나 노예a vagabond and a slave"로 비난받았다. 그 괴물은 "나는 누구였는가?"라는 최후의 낭만적인 질문을 하게 된다. 그의 교육은 그가 거부될 때까지 신체적으로 유능하고 도덕적으로 민감한 사회적 존재를 형성하고 있는 것으로 보였다. 불의, 거부, 잔인, 고립으로 인해 그는 반사회적인 살인자로 변한다.

연 | 습 | 문 | 제

이 문제를 그룹 활동으로 하고 싶을 수도 있다. 11장을 다시 읽고 괴물이 배우는 것의 목록을 작성하라. 각 항목에 대하여 괴물이 교육되고 있는 과정을 밝히라. 즉 감각적 지각, 관찰, 모범, 언어, 경험 혹은 반성 등을 말이다. 좋고 나쁜 경험을 포함하여 가장 넓은 의미로 '교육'에 의해 괴물의 성격이 형성된다고 어느 정도 느껴지는가? 그는 결국 프랑켄슈타인의 용서를 구한다. 어느 부분으로부터 그가 후회와 죄의식을 배웠다고 생각하는가?

브론테와 디킨즈

많은 19세기 후반의 소설가들은 인간 의식의 도덕적 성장에 있어서의 낭만주의적 관심을 공유하였다. 학교는 대체로 매정하게 그려지고 있다. 〈제인 에어*Jane Eyre*〉의 로우드 학교나 〈어려운 시절〉의 그래드그라인드의 학교를 생각해 보라. 로우드 학교가 코완 브리지에서의 샬럿 브론테의 본인의 경험에 근거했다는 것을 알고 있다. 그리고 빅토리아 시대 소설 속에 나오는 학교들이 어느 정도는 충실히 현실을 반영하고 있다는 역사적 증거도 있다. 학교 제도를 비판하는 데 있어서 브론테와 찰스 디킨즈는 교육에 대한 신념의 부족을 보이고 있지는 않았다. 도덕적 발전이 남녀 주인공들의 형성에 있어서 중대한 것이었고 이러한 발전이 어떻게 일어나는가, 즉 도덕적으로 선해지기 위해 사람들이 어떻게 교육되는가 하는 것이 많은 소설 속에서 역점을 두어 다루는 문제이다. 제인 오스틴의 여주인공들은 그들의 실수로부터 배운다. 그것은 개인적 변화인데, 이때 작가가 우리의 동의를 당연하다고 생각하고 독자에게 이미 강요한 도덕적 관점을 그 인물이 공유하게 되는 것이다. 19세기 후반의 작가들에게 도덕적 판단은 보다 더 심각한 문제가 된다. 왜냐하면 교회는 더 이상 확실한 인도를 해 주지 않기 때문이다. 브론테의 로우드 학교는 자선 학교였기 때문에 그 학교의 그리스도교적 의식은 심히 비난을 받았다. 디킨즈의 코크타운은 경쟁하는 그리스도교 분파들의 지부인 교회들로 가득 차 있는

데, 이 교회들은 모두 노동 계급 사람들이 필요로 하는 것을 전혀 제공하지 못하기 때문에 비난을 받는다. 두 작가 모두 반종교적인 것은 아니다. 다시 말해 헬렌 번즈와 스티븐 블랙풀의 죽음의 장면에서 종교적인 어휘가 사용되고 있다. 〈제인 에어〉는 완전히 종교적인 서약으로 끝이 나고, 〈어려운 시절〉의 장 제목이나 부 제목에서 종교적인 어휘가 사용되고 있다. "씨뿌리기Sowing", "거두기Reaping", "저장하기Garnering"라는 부 제목에서 코크타운에서의 시간에 대한 기계적이고 공리주의적인 시간 계산법과 이와 달리 "뿌린 대로 거둔다as ye sow so shall ye reap"라는 말과 뜻에 있어서 자연적이고 계절적이고 종교적인 시간 계산법을 대조시키고 있다.

연|습|문|제

여러분이 선택한 19세기 소설에서 도덕적 의식을 습득하는 데 대한 작가의 관심을 생각해 보라. 소설이 전개되기 전에 도덕적 성격이 형성된 인물들을 보게 되는가, 아니면 어린 시절이 성인으로의 성장에 미치는 영향을 보게 되는가? 인물들이 도덕적 딜레마를 직면하는지, 그렇다면 그 딜레마가 변함없는 도덕성의 시험인지 아니면 새로운 도덕적 이해로의 교육인가? ("나쁜" 인물에 대해 생각해 보는 것은 주인공에 대한 것만큼이나 흥미로울 수 있다.)

빅토리아 시대 소설에는 모든 계급과 성별의 사람들이 등장하여 그들의 불평등함이 반영되었지만 소설 속의 주인공들은 소설의 주된 수요자였던 독자들에게 호소하기 위해 중산계급 출신인 경향이 있었다. 제인 오스틴의 에마는 가난하지만 존경할 만한 베이츠 양에게 친절하게 행동하도록 "교육이 되어야" 하지만 그녀는 또한 해리엇 스미스가 존경할 만하지만 자신과 같은 계급이 아니라는 것을 배워야 한다. 오스틴의 소설 속에서 하인이 거의 보이지 않는 점은 그녀가 계급 차별을 심각하게 나타내고 있다는 것을 보다 더 많이 보여 주는 것이다. 〈오만과 편견*Pride and Prejudice*〉에서 베넷 부인은 콜린스 씨가 그녀의 딸 중에서 누가 식사를 준비했는지 물을 때 모욕감을 느낄 수도 있지만 소설 속에서 요리사가 모습을 나타내지는 않는다. 〈폭풍의 언덕*Wuthering Heights*〉에서 히스클리프는 오로지 계급 때문에 캐시를 에드거에게 빼앗긴다. 〈위대한 유산*Great Expectations*〉에서 핍은 중산층으로의 진입과 신사라는 지위가 죄수가 지불한 비용에 의해 이루어졌으며 그의 "유산expectations"은 잘못된 가정에 의거했다는 것을 뒤늦게야 알게 된다. 그는 그러한 의외의 새 사실에 잘 반응하지만 그의 행동을 인정하는 디킨즈의 자세에는 계급 차별이 중심이 되고 있다.

연 | 습 | 문 | 제

여러분이 공부하고 있는 소설 속에서 작가는 어떻게 인물의 계급을 독자에게 알려 주는가? 말, 복장, 예절, 직업, 생활 방식을 고려해야 한다. 소설 속에서 인물의 계급은 그들에게 일어나는 사건과 관련이 있는가?

〈어려운 시절〉은 스티븐 블랙풀이라는 노동자 계급의 주인공이 나온다는 점에서 이례적다. 중산층 여성인 시시 쥬프와 루이자 그래드그라인드와 비교해 볼 때 그가 소설의 주인공 아니라고 생각할 수도 있다. 왜냐하면 디킨즈가 스티븐 블랙풀을 영웅적으로 만들고 있기는 하지만 그는 또한 제도의 희생양이기 때문이다. 계급에 의한 한계를 벗어나는 사람들은 서커스 단원들이다.

연 | 습 | 문 | 제

이 연습문제를 그룹으로 나누어서 할 수도 있다. 〈어려운 시절〉의 모든 주요 인물들의 주거지를 알아내라. 그 인물들이 살고 있는 지역과 주택의 형태로부터 빅토리아 시대 사회에서 계급 구분에 대해 무엇을 알 수 있는가? 서커스 단원들의 거처는 빅토리아 시대 사회의 엄격한 계급 조직으로부터 어떻게 벗어나는가?

계급은 재산 이상의 것들과 관련이 있지만 인물들은 돈 문제 때문에 심각한 영향을 받는다. 〈위대한 유산〉에서 돈으로 맥위치를 구할 수 없고 돈 때문에 에스텔라는 파멸하지만 핍을 노동 계급에서 중산 계급으로 상승시켜 주는 교육과 사는 방식은 결국 돈으로 얻는다. 〈오만과 편견〉에서 베넷 부인은 돈 때문에 미혹되고 그녀의 두 큰 딸들은 돈의 획득으로 보답을 받는다. 돈 때문에 인물들은 사회적인 지위가 올라갈 수도 있고 내려갈 수도 있다. 올리버 트위스트는 사회의 최하층과 브라운로 씨의 안락한 중산층 가정 사이를 이동한다. 페이긴과 아트풀 도저에게 그러한 선택의 가능성은 적다. 그에게 판결을 내리는 법정 앞에서 중산층다운 태도를 띄지만 계속 하층 계급의 억양으로 말하는 도저의 행동에 대한 풍자는 그가 계급뿐만 아니라 범죄적인 행위 때문에 비난받는다는 디킨즈의 메시지를 납득시키는 데 도움을 준다. (〈두 도시 이야기*A Tale of Two Cities*〉에서 혁명적인 군중에 대한 묘사나 〈어려운 시절〉에서 노동 쟁의에 대한 태도에서 드러나듯이) 그의 보수적 성향과 군중에 대한 두려움 때문에 디킨즈는 계급이 인물을 결정짓는다는 주장을 하지 못한다. 그의 소설에는 그가 상당히 연민하지만 노동자 계급으로 남아 있음으로써 도덕적으로는 더 낫다고 판단하는, 가난하지만 존경할 만한 사람들이 많이 있다. 〈어려운 시절〉에서 바운더비는 (시내의 집, 시골의 집, 하인, 중산계급의 아내 등의) 중산층의 모든 성공한 모습을 가지고 있는 노동 계급 중에서 "자립"한 사람이다. 자신의 아들을 흘끗 보기 위해 일 년에 한번 참을성 있게 먼 길을 다니는 그의 어머니는 "정직하다honest", "단순하다simple", "자립적이다self-reliant", "쾌활하다cheerful" 등의 형용사에 의해 존중을 받는데 이와 대조적으로 바운더비는 비난을 받는다.

연|습|문|제

모든 19세기 소설의 플롯에서 돈의 중요성을 생각해 보라. 인물들이 자신의 재정적 상황에 의하여 구속을 받는가? 오늘날 비슷한 상황 속에서라면 그 인물들에게 가능한 더 많은 선택의 자유가 있다고 생각하는가?

가난은 여성들에게 특히 가혹했다. 품위 있고 교육받은 여성들에게 열려 있는 한정된 방법에 따라 제인 에어는 여자 가정교사라는 직업을 갖도록 운명 지어지고 그녀의 좌절은 그녀가 독자들에게 남성들과 기회의 평등을 탄원하는 제12장에서 일어난다. 리버스 집안의 하인의 반응은 제인이 가장 위급한 시간에 친척들의 집 가까이에 이르지 않았다면 굶어 죽었을 것이라는 점을 나타낸다. 플롯은 그녀가 상속녀가 되도록 정하고 있다. 브론테가 자신의 여주인공과 남주인공을 동등하게 만들려고 할 때 그녀에게 계급은 재산보다 더 중요하지 않다. 젊은 여성들에게 매춘이나 "첩kept woman"이라는 사회적으로 버림받은 신분은 일자리가 없을 때 택하는 다른 방도였지만 나이 든 여성들에게는 무시무시한 구빈원이 기다리고 있었다. 〈어려운 시절〉에서 스파싯 부인은 놀랄 만큼 인상적인 여자 악한이지만, 자신의 사회적 신분을 편안히 유지할 만큼 충분한 수입을 갖지 못한 레이디 스캐저즈의 간호인이 되게끔 그녀가 받는 처벌은, 어떻게 수익 능력의 부족과 체면을 지키기 위한 추구 때문에 중산층 여성들의 기세가 꺾이게 되는지를 보여 준다. 이는 스파싯 부인이 왜 바운더비를 상냥하고 소중하게 다루고 그의 아내의 몰락에 대한 망상을 가지고 있는지를 설명해 준다.

시골 노동자들 가운데 고난은 미국과 오스트레일리아로부터 값싼 식량이 수입되기 시작했던 1870년대에 증가되었다. 시골의 실업은 19세기 말에 행해진 이민의 주된 원인이었고 토머스 하디의 소설은 시골 주민들에게 미치는 실업의 영향을 보여 준다. 그의 소설에 등장하는 중요하지 않은 인물들은 경제적 핍박을 가장 강렬하게 드러내는 인물들이다. 〈더버빌 가의 테스*Tess of the D'Urbervilles*〉의 이즈, 마리언, 레티의 운명을 추적해 보면 이따금씩 형편없이 지불되는 일이 여성들에게 미치는 해로운 영향을 보게 될 것이다.

연|습|문|제

여러분이 선택한 19세기 소설에서 여성의 경제적 지위를 생각해 보라. 어떠한 면에서 그들의 기회가 남성들보다 더 제한되어 있는가? 이러한 제한은 그들에게 어떠한 영향을 미치는가?

병과 죽음은 빅토리아 시대 소설에서 흔히 나오는데, 전염병이 만연되고 항생제가 아직 개발되지 않았던 시기였기 때문에 이는 놀라운 점이 아니다. 많은 아이들이 어린 나이에 죽었고 많은 여성들이 출산 시 사망했다. 영아사망률은 1840년에 1,000명 출생 중 154명이었고 1890년에 그 비율이 나아지지 않았다. 빅토리아 시대 사람들은 매일 같이 죽음을 상기시켜 주는 분명한 것들을 피할 수가 없었다. 사람들은 병원에서가 아니라 집에서 사망했고 복장이나 사회적 행동과 관련된 상중의 의식은 엄격히 준수되었다. 공기가 병을 옮긴다고 생각되었기 때문에, 안개 · 먼지 · 연기 · 검게 된 건물 등의 당시의 이미지를 담은 문학 속에서 모든 것들이 신체적이고 도덕적인 오염의 의미를 내포하고 있다. 소설 속에서 종종 임종의 장면이 클라이맥스가 되어 한동안 지속되는 동안에 인물들이 서서히 그리고 분명히 의견을 말하면서 죽어가고 그들의 최후의 말로써 진실을 나타낸다. 선한 자는 평온하게 죽고 악한 자는 끔찍하게 죽는다. 그리고 작가는 때때로 이 장면에 스스로 감동되어 사랑받는 인물들의 죽음에 대해 자신의 논평을 덧붙인다.

연|습|문|제

여러분이 읽고 있는 소설에서 죽는 주요 인물들이 있는가? 작가는 그들의 죽음을 소설에서 중요한 순간으로 만들고 있는가?

테 니 슨

빅토리아 시대의 감수성에 가장 짙은 호소력을 발휘하는 작품은 슬픔의 시인 앨프레드 테니슨Alfred Tennyson(1809–1892)의 〈추모시*In Memoriam*〉(1950)였다. (존 스튜어트 밀의 말을 빌리자면) 변화의 "충격"이 사회에 일으키는 낙관과 비관의 충돌을 테니슨보다 더 심오하게 표현한 사람은 없었다. 그의 시는 더 나은 미래에 대한 의기에 찬 신념을 기록하고 있다. "앞으로 가라, 앞으로 뻗어 나가자, 전 세계가 변화의 우렁찬 홈을 따라 영원히 돌게 하라Forward, forward let us range,/Let the great world spin for ever down the ringing grooves of change"(Locksley Hall, pp. 181–182). 종종 그의 시에는 고귀한 대의를 위한 소환이 있다. (〈모드*Maud*〉나 〈율리시즈〉의 끝을 생각해 보라.) 그는 따르라Follow, 앞으로Forward, 노력하라Strive, 오라Come, 들으라Hark, 찾으라Seek와 같이 명령의 목소리나 부단한 노력의 뜻을 가진 어휘를 사용한다. 그러나 구슬픈 어조 또한 없지 않으며 테니슨을 읽을 때 계속되는 효과는 상실감, 불확실감, 우울감 등이다.

연|습|문|제

테니슨 시의 어조를 생각해 보라. 미래에 대한 낙관적인 신념을 암시하는 어휘를 식별해 낼 수 있는가? 혹은 그 시의 어조가 우울함을 나타내는 어조인가? 그 시에서 두 가지 분위기를 다 감지할 수 있는가?

그의 초기 작품 〈샬럿의 처녀*The Lady of Shalott*〉(1832, 1842)는 여성에 대한 연민의 입장을 보여 준다. 이는 학대하는 술주정뱅이 아버지와의 어린 시절에 그 원인이 있었는지도 모른다. 이 시에서의 대립관계(즉 여성/남성, 수동성/능동성, 반사/실체, 고립의/사회적인, 사적인/공적인)는 그 처녀의 삶을 무의미하게 만드는 편협성을 강조한다. 그러므로 이 시는 그녀가 규칙을 어기는 것을 용서해 주는 것 같다. 누가 그 규칙을 정하는가? 그 처녀는 "그 저주가 어떤 것인지 알지 못한다knows not what the curse may be". 그녀는 "속삭이는 소리a whisper"에 의해 사로잡혀 있다. 그녀를 구속하는 울타리 속의 울타리, 호수 안에 있는 섬 위의 탑 속의 방, 그녀가 하는 일의, 사려 깊지만 동떨어지고 부차적인 특징은 빅토리아 시대의 중산층 여성을 상징하는 것 같다. 이 시에서는 성에 대한, 활동에 대한, 다른 종류의 생존에 대한 열망이 스며나온다. 이 시는 여성의 성적이고 감정적인 억압에 대한 표출이나 권력과 고용이라는 공적인 영역으로부터의 여성의 배제에 대한 표출로써 해석되어 왔다.

이 시는 또한 상업적이고 노동 지향적인 19세기 도시 환경에 직면하여 정연한 시골의 전통적이긴 하나 이전의 생활 방식을 상실한 데 대한 보다 더 일반화된 유감을 표현하는 것으로 해석되어 왔다. 이 시의 배경은 중세이고 많은 빅토리아 시대의 시와 회화에 등장하는 배경이다. 종교적인 신념이 쇠퇴하고 있다는 우울한 인식 때문에 많은 빅토리아 시대 사람들은 종교개혁 이전의 시대를 되돌아보았는데, 이 시기에는 교회가 통일된 가톨릭 제도였고 그리스도교의 이상이 보다 더 확실해 보였기 때문이었다. 고딕풍의 부활은 18세기에 시작되었고 19세기는 예술과 건축에서 고딕풍이 번성하였다. 1830년대 말과 1840년대에 옥스퍼드 운동은 종교적인 건축에 있어서 초기 전통으로의 복귀를 촉진하였고 이로 인해 빅토리아 시대의 많은 새로운 교회가 그 영향을 받았지만 박물관, 은행, 시청, 국회의사당과 같은 공공 건축물은 중세 성당의 양식을 모방하였다. 과거로의 대규모적인 회귀는 그 처녀의 캐멀롯으로의 도피가 파괴적인 만큼이나 불가능하였다. 그러나 그녀가 선택할 수 있었던 것은 무엇이었을까? 랜슬럿은 그녀의 죽음에 감정적으로는 마음이 움직였지만 이해를 할 수 있었던 것은 아니었다. 1832년판에서의 "캐멀롯에서의 잘 유지된 정신the well fed wits at Camelot"은 훨씬 더 지각력이 없다. 억압의 근본적인 원인이 그녀의 고립이나 끊임없이 반복되는 베 짜기에 있는가? 베 짜기는 19세기 초의 산업 불안의 핵심에 있었다. 이 시는 "여성 문제Women Question"와 "노동관work ethic"에 역점을 두고 이 둘을 교차하며 다루고 있다.

이 "노동관"은 〈시름 잊은 사람들*The Lotos Eaters*〉에서 공개적으로 다루어지고 있는데, 이 작품은 "삶이 전부 노동이어야 하는가?Should life all labour be?"(87행)라고 묻고 있다. 노고에서 벗어나고 싶은 열망과 피곤함을 나타내는 어조가 이 시를 지배한다. "만물은 그처럼 쉬고 있는데 왜 우리만 애 쓰는가All things have rest; why should we toil alone?"(60행). 그 섬은 지친 선원들을 홀리는 효과를 갖고 모든 것은 잊혀진다. "모든 것이 우리에게서 떠나고, 무서운 과거의 일부분들이 된다All things are taken from us, and become/Portions and parcels of the dreadful Past"(91-92행). 망각 속에서는 "잠이 노고보다 더 달콤하므로slumber is more sweet than toil"(171행) 시름 잊은 사람들이 빠져드는 망각을 우리는 인정하지 않을 수 없는가? 거의 그럴 것 같지는 않지만 그 섬은 매우 매력적인 운문으로 묘사되어 있다. 칼라일 시각에서의 기계적인 노동처럼 그 섬은 인간을 수동적이고 어리석게 만든다. 그래서 이 시는 반복되는 노고로부터의 다행스런 도피로서 해석될 뿐만 아니라 아내나 자식들이나 여하한 관련된 삶에 대해 무관심해질 때까지 반복되는 노고로 인해 사람들이 빠져들게 되는 모든 것을 망각하게 하는 수동성에 대한 묘사로서 해석될 수 있다. 과도하고 기계적인 노동은 사람들의 사이를 멀게 하고 지치게 할 뿐만 아니라 남녀 간의 감정마저 없애 버린다. 이 시의 유혹적이고 도덕적으로 불온한 어조는 테니슨이 노동의 가치와 노동의 필요에 대한 19세기의 모순된 감정을 이야기하고 있음을 보여준다.

많은 시에서 그는 모순과 자신의 임무를 수행해야 하는 절실한 압박감과 씨름하고 있다. 〈아서 왕의 죽음*Morte d'Arthur*〉(1833)에서는 격심한 변화와 타협하려고 한다. "황무지, 돌출한 뾰족뾰족한 바위barren land, juts of pointed rock"와 "얼음의 동굴icy caves"의 어두운 풍경 속에서의 황량함과 황폐함의 이미지는 "호수의 많은 물, 반짝이는 수면great water, shining levels of the lake"과 "보름달full moon"의 풍부함의 이미지와 대조된다. 신의 계획을 완수하기 위해서는 원탁의 기사를 해체할 필요 있고, 아서 는 "우박도 비도 눈도 내리지 않는 곳인Where falls not hail, or rain, or any snow" 아빌론으로 떠나기를 바란다. 그러나 "내가 정말 간다면If indeed I go"이라는 아서 의 작별의 말과 "날들은 어두워진다the days darkens" 베디비어의 말에 의심의 어조가 스며 있다. 이처럼 〈율리시즈*Ulysses*〉(1833)는 "분투하고, 추구하고, 탐색하면서, 결코 굴하지 말라To strive, to seek, to find, and not to yield"는 모든 영웅적 사명에도 불구하고 "고요한 노변still hearth"에 배경을 두고 "무위한 군주idle king"에 대해 이야기하고 있는데, 그 왕의 나이는 약해지는 빛과 저무는 날의 이미지 속에서 강조되고 있다. 잠정적인 뜻으로 "may be"의 반복은 율리시즈의 운명에 대한 불확실함을 나타내는 그 이상의 우울한 어조로 들린다.

연|습|문|제

의무 즉 "옳은" 일을 한다는 관념은 교육이나 교양에 의해 빅토리아 시대 사람들에게 강요되었다. 이러한 사실은 의무를 무조건적으로 받아들여야 한다는 이상적인 관념을 장려하기 위해 중세의 배경을 사용하는 또 한 명의 시인 로버트 브라우닝의 〈차일드 롤랜드 암흑의 탑으로 왔다*Childe Roland to the Dark Tower Came*〉에서 보게 된다. 여러분이 선택한 빅토리아 시대 시에서 의무의 필요를 생각해 보라. 자신의 의무를 다해야 한다는 압박감에 대하여 상대적으로 도전하는 힘이 있는가? 이는 사회에서의 남녀의 역할에 대한 빅토리아 시대의 관념과 어떠한 관계가 있는가?

〈율리시즈〉와 〈아서 왕의 죽음〉은 테니슨이 1833년에 가장 절친한 친구였던 아서 할램의 갑작스런 죽음을 슬퍼하고 있는 동안 씌어졌으며, 이 두 작품은 테니슨의 개인적 상실감을 간접적으로 나타내고 있다. 그의 가장 유명한 작품인 〈추모시〉는 그의 슬픔을 직접적으로 기록하고 있다. 할램에 대한 긴 비가를 이루고 있는 일련의 짧은 서정시들은 종교적 회의, 죽음, 창조와 진화에 대한 빅토리아 시대 사람들의 깊은 관심에 대해 생각하고 있다. 〈추모시〉는 발표 당시부터 엄청난 인기가 있었고, 대부분의 빅토리아 시대의 장시들처럼 지금은 별로 널리 읽히지는 않지만 항상 비평적으로는 높은 평가를 받아왔다.

이 시는 테니슨의 절망의 시절을 기록하고 있고 작품 내의 시간으로는 3년이지만 실제로 쓰는 데는 더 많은 시간이 걸렸다. 그의 마음 상태는 처절한 절망과 종교적 회의에서부터 신념의 회복으로 움직여 간다. 많은 빅토리아 시대 사람들이 공유했던 종교적 진리에 대한 과학적인 비난 속에서 회의적인 목소리를 내면서 시는 신념의 회복으로 끝을 맺는다. 아래의 제55연은 국민에게 말하고 있는 것 같다.

> 나는 비틀거린다 굳게 밟고 있던 곳에서
> 그리고 무거운 걱정과 함께 떨어진다
> 어둠을 통해 신에게로 오르는
> 지고한 세상의 제단으로 난 계단 위로.
>
> 나는 절룩거리는 신념의 손을 뻗혀 찾고
> 폐물을 주우며 소리쳐 부른다
> 만인의 주라고 느끼는 자를
> 그리고 희미하게나마 더 큰 희망을 믿는다.
>
> I falter where I firmly trod,
> And falling with my weight of cares
> Upon the great world's altar-stairs
> That slope through darkness up to God.
>
> I stretch lame hands of faith, and grope,
> And gather dust and chaff, call
> To what I feel is Lord of all,
> And faintly trust the larger hope.

테니슨은 창조에 대한 라이얼의 지질학적인 설명이 성서의 설명과 반대된다는 사실을 받아들였고, 1844년 《창조의 자연사적 자취*Vestiges of the Natural History of Creation*》에서 나타났던 체임버스의 진화론적 견해 또한 받아들였다. 이는 1859년 다윈 이론의 발표에 자극되어 일어난 논쟁이 계속되고 있는 동안 그의 시가 지적으로 유연했다는 것을 의미했다.

제35연에서 테니슨은 지구의 형성에 있어서 서서히 진행되던 침식의 과정을 묘사하고 있다.

집 없는 바다의 신음소리,
해류의 소리는 빨리 혹은 서서히
영원한 산을 만들고
미래의 대륙이 될 흙을 뿌린다.

The moanings of the homeless sea,
The sound of streams that swift or slow
Draw down Aeonian hills, and sow
The dust of continents to be.

제56연에서 그는 생명이 개별적으로 창조되었고 각각의 유형은 신에 의해 유일한 것으로 소중히 여겨진다는 생각을 비난한다. 대신에 그는 "빨건 이빨과 발톱을 한 자연 Nature, red in tooth and claw"의 무자비함에 대해 담담하게 그리고 있고, 자연은 빅토리아 시대 사람들이 수집하고 연구하기를 좋아했던 화석을 통해 이야기한다.

"그 유형을 너무 소중히 하냐고?" 그러나 아니,
경사진 절벽과 파내진 돌로부터
자연은 소리친다. "수천의 유형이 이미 사라졌다.
나는 어떤 것에도 관심이 없다, 왜냐면 모두가 사라질 테니까."

"So careful of the type?" but no,
From scarp'd cliff and quarried stone
She cries, "A thousand type are gone:
I care for nothing, all shall go."

이 외의 빅토리아 시대 시

종교적 회의와 신에 대한 변화하는 견해를 체념하고 받아들이려는 노력은 많은 빅토리아 시대 시의 중심적인 내용이다. 로버트 브라우닝Robert Browning(1812-1889)은 교회의 세속화를 비판하고 신의 존재를 입증할 증거를 찾기 위해 가상의 등장인물이라는 장치를 사용하였다. 브라우닝이 창조한 아랍인 의사 카쉬쉬는 나사로를 만남으로써 자신의 임상 훈련이 방해받게 되는데 그는 신의 기적을 입증하고 싶어 하는 빅토리아 시대 사람들의 열망을 나타낸다. 리포 리피 수사는 자신의 강렬한 육욕과 예술적 재능 때문에 교회가 영혼과 육체를 분리하는 점을 문제시하고 대신에 자연적이거나 인간적인 육체미로서 신의 현시에 대한 믿음을 표현한다.

에밀리 브론테Emily Brontë(1818-1848), 에밀리 디킨슨Emily Dickinson(1830-1886), 크리스티나 로세티Christina Rossetti(1830-1894)의 시는 굳건한 신념을 지녔던 여성들에 의해 씌어졌고, 그들은 작품 속에서 또한 정도는 서로 다르지만 함께 괴로워하면서 신의 본질을 의문시하고 있다. 목사의 딸인 브론테에게 자연의 세계는 강렬한 아름다움과 강력한 파괴의 순간들을 제공하였으며 거기서부터 그녀는 "영원Eternity"(죽음), "장엄한 빛solemn light"이 있는 "밤night"의 세계(별), "모든 존재가 그대 안에 실재하는Every Existence would exist in thee" "영원한 생명undying life"(두려워하는 영혼은 나의 것이 아니다) 속으로 도피하고 싶어 했다. 크리스티나 로세티는 고교회파 영국 국교도였다. 그녀와 자매인 마리아는 수녀가 되었고 그녀가 건강이 나빠질 때까지 자신도 북부 런던에 있는 "타락한fallen" 여자들을 위한 수용소에서 평신도 수녀로 지냈다. 그녀의 시는 확고한 신념을 드러내고 있지만 휴식과 잠에 대한 근본적인 열망을 나타낸다.

미국 시인인 에밀리 디킨슨은 엄격한 칼뱅주의 신앙 속에서 자라났다. 그녀는 뉴잉글랜드 지방에 자신의 가족이 지은 집에서 평생을 살면서 점차적으로 옆집에 사는 오빠의 가정을 제외하곤 모두로부터 완전히 고립하여 살았다. 교회에 나가기를 거부하였고 그녀의 시는 신의 존재를 결코 부정하는 것은 아니지만 신을 의문시하고 비난하고 있다. 청교도적인 인내와 도덕적 자제가 신의 "정의justice"는 설명이 되지 않는다는 비뚤어진 인식과 다투고 있다.

모든 행복한 꽃에게는
분명히 전혀 놀랍지도 않게
서리는 놀고 있는 꽃을 참수하고—
우발적인 힘으로—
금발의 자객이 지나가고—
또 하루를 재기 위해서

태양은 태연하게 진행한다
만족한 신을 위하여.

Apparently with no surprise
To any happy Flower
The Frost beheads it at its play—
In accidental power—
The blonde Assassin passes on—
The Sun proceeds unmoved
To measure off another Day
For an Approving God.

연 | 습 | 문 | 제

종교적인 신념이 나타나는 빅토리아 시대 시들을 비교해 보라. 얼마나 다양한 반응들을 찾아볼 수 있는가? 그 시들 중 어떤 시가 종교적 회의의 순간들을 암시하고 있는가?

엘리자베스 배렛 브라우닝은 이례적으로 자신의 여성주의적 견해를 솔직하게 보여 준다. (비록 그녀가 남편에게 쓴 소네트를 마치 〈포르투갈 인들의 소네트*Sonnets from the Portuguese*〉인 것처럼 숨겼지만) 성적인 열망을 공개적으로 표현하기를 두려워하지 않았다. 그녀의 최고의 작품들은 정치적이며 헌신적이고 진보적인 계획을 가지고 당대의 문제에 주목한다. 빅토리아 시대의 대부분의 여류 시인들은 내용이나 이미지에서 한계를 드러냈는데, 그 내용이나 이미지는 가정이라는 범위와 창문으로 볼 수 있거나 시골 산책길에서 경험할 수 있는 정도의 자연세계에 의존하고 있다. 에밀리 브론테에게 자연의 이미지는 맹렬한 경향이 있다. 에밀리 디킨슨의 많은 서정시는 자연에서 정확히 관찰한 바를 담고 있고 종종 이러한 관찰들은 신의 존재에 대한 계시인 것으로 드러나고 있다. 신은 마치 정중한 방문객이나 손님처럼 예기치 않게 조용히 그녀의 자연의 공간이나 가정의 공간으로 들어온다. 이는 빛의 변화에 의해 예고될 수 있다("하나의 빛이 봄에 존재한다. 어느 비스듬히 비치는 빛이 있다. 예감은 그 긴 그림자이다A Light exists in Spring; There's a certain Slant of light; Presentiment–is that long Shadow"). 영원은 집을 드나드는 이미지 속에서 얼핏 보인다("비록 내가 집으로 돌아온다 해도, 우리는 어둠에 익숙해진다Tho' I get home; We grow accustomed to the Dark"). 방에서 나가거나 방에서 기다리는 행위는 삶과 죽음 사이에 있는 영혼의 이미지가 된다("나는 파리가 윙윙거리는 소리를 들었다, 내가 죽었을 때. 그녀가 살았던 마지막 밤I heard a Fly buzz–when I died; The last Night that She lived"). 마차가 개인적으로 친숙한 시골을 지나 떠나는 영혼을 데리고 간다("나는 죽음을 위해 멈출 수 없었기 때문이었다. 단지 지난해 이맘때에 나는 죽었다Because I could not stop for Death; 'Twas just this time last year I died").

크리스티나 로세티에게 있어서도 자연은 항상 조용한 분위기로 묘사된다. 〈도깨비 시장*Goblin Market*〉의 성숙된 이미지로 인해 이 시는 그녀의 작품 중에서 이례적인 시가 되고 있지만, 그 저의는 독특하지 않다. 〈내 사촌 케이트*Cousin Kate*〉, 〈사과 수확*An Apple Gathering*〉, 〈모드 수녀*Sister Maude*〉는 모두 창녀와의 동료 관계를 보여 준다. 그러나 "고양이 얼굴에cat–faced" "쥐처럼 걷고 교활하고rat–paced, sly" "곁눈질하는leering" 도깨비 시장 사람들이 "사러 오라고Come buy" 끈질기게 외치는 〈도깨비 시장〉은 특히 성적인 해석의 여지가 있었다. 물물교환의 활동, 위험스럽고 유혹적인 과일에 대한 리지의 저항과 로라의 탐닉은 오랫동안 어린이를 위한 시로서 간주되어 왔던 작품 속에 어른을 향한 의도가 깔려 있음을 암시하고 있다.

여성주의 비평가들의 연구가 시작되었던 20세기 후반까지 이 여류 시인들의 시는 그들의 많은 이미지가 가정의 활동이나 자연의 관찰에 집중되었다는 사실로 인해 비평가들에 의해 과소평가되었다. 크리스티나 로세티의 시는 매우 최근까지 단순하고 인습적이고 지적인 깊이가 부족하고 복잡한 도덕적 문제를 다루고 있지 못한 것으로 취급되었다. 라이어넬 스티븐슨은 1972년 그녀의 시는 "최소한의 지적인 내용을 담고 있다는 분명한 이유 때문에 빅토리아 시대의 어느 남녀 시인의 시보다도 순수한 서정시 형식에 더 가깝다"고 썼다. 〈도깨비 시장〉의 성적인 면에 대한 논의는 그녀의 작품에 대한 태도를 변화시키기 시작했다. 20세기 초반에 에밀리 디킨슨은 이미지의 편협성과 기법의 부족 때문에 비난을 받았다. 지금은 그녀의 이상한 구두법, 다양한 고쳐 쓰기, 간결한 서정시, 주저하고 절규하고 변칙적인 구문은 남성적 글쓰기에 반대하여 자체의 형식과 목소리와 스타일을 형성하는 혁신적인 여성적인 글쓰기로서 분류되고 있다.

연|습|문|제

19세기 남성 시인과 여류 시인 작품 사이의 차이점을 아는가? 현대 독자는 빅토리아 시대의 문학을 읽을 때 작가의 성별을 고려해야 하는가?

7. 20세기

"제국주의imperialism"라는 말과 "신제국주의the new imperialism"라는 말은 19세기 말경에 사용되기 시작했는데, 이 말은 무역상의 이해관계가 발생하는 경우 국가의 보호가 필요한 모든 곳에서 대영제국을 확장하고 안전하게 지키는 정책을 의미했다. 19세기 말경의 영국 경제는 세계적이 되었다. 영국의 무역은 전 세계로 펼쳐졌고 특히 영국 선박에 의해 행해졌다. 1880년대에 영국은 전 세계 총 선적 톤 수의 3분의 1 이상을 차지하였고 가장 근접한 경쟁국인 미국보다 3배 이상의 선적 톤 수를 차지하였다. 미국 무역의 대부분은 대영제국과의 무역이었고 대영제국은 19세기 말에는 전 세계로 확장되었다.

영국 식민지

처음에 영국은 우연히 식민지를 가지게 되었다. 서인도 제도처럼 때로는 무역가나 개척자에 의해 계발된 상업적 이익을 공고히 하기 위하여 식민지를 세웠으며 때로는 탐험이나 전쟁의 성과로 식민지를 얻게 되었다. 캐나다는 프랑스와의 7년 전쟁이 끝날 무렵 영국의 손에 들어오게 되었고, 나폴레옹과의 전쟁에서 승리로 더 많은 서인도 제도의 섬들과 (오늘날 스리랑카인) 실론 섬이 영국의 지배하에 들어오게 되었다. 희망봉은 19세기 초에 인도로의 긴 항해 도중에 선박들이 쉴 수 있는 장소로 바람직했기 때문에 확보되었다. 벤저민 디즈레일리Benjamin Disraeli 수상은 인도로 가는 새로운 짧은 항로의 통행을 확보하기 위해 수에즈 운하가 개통된 직후 주요 주주의 지분을 매입하였고, 영국은 다소 내키지 않아 하면서도 이집트를 계속 점령하였다.

오스트레일리아는 1770년에 쿡 선장에 의해 권리가 주장되었고 거의 즉시 유형수들의 목적지가 되었다. 뉴질랜드는 정착하러 온 이주민들에게 쓸모가 있다고 생각될 때까지는 고래잡이를 위한 전초지였다. 프랑스인들이 그 섬들을 식민지로 삼기 위해 활동을 했을 때야 비로소 영국 정부는 1840년 뉴질랜드를 병합하는 데 합의했다.

인도는 "대영제국의 가장 빛나는 보석the brightest jewel in the imperial crown"이라고 불릴 정도로 아주 소중한 식민지였다. 디즈레일리는 1876년 빅토리아 여왕을 위해 인도의 여제Empress of India라는 직함을 만들어 냈고, 그녀를 위해 오스본 하우스Osborne House에 붙여진 이국적으로 꾸민 더바 윙Durbur Wing이라는 이름은 영국인의 마음이 인도에게 매혹되었던 증거다. 동인도 무역회사는 일찍이 1600년에 설립되었고, 항구와 해안의 요새를 시작으로 하여 점차적으로 인도 내륙의 넓은 지역으로 그 관리를 확대하였다.

1857-8년의 인도의 벵골 원주민들의 폭동Indian Mutiny 이후 영국 정부가 이 회사로부터 직접적인 통치권을 접수하였다. 칸푸르에서 일어난 대학살도 이 인도 폭동 기간에 일어난 일이었다. 여자와 어린아이로 구성된 약 200명의 인질이 영국군이 그 도시로 진격해 오자 퇴각하던 힌두 지도자였던 나나 사히브의 명령에 따라 살해되었다. 대학살의 잔인성은 전설이 되었는데, 역사가들이 그 사건에 대한 상극하는 소문을 해결할 수 없기 때문이었다. 전설은 더 엄청난 세세한 부분들이 많이 모여서 될 수 있는 것이다. 그러나 빅토리아 시대 사람들은 여자들이 살해되기 전에 성폭행되고 수족이 절단되었다고 믿었으며 칸푸르는 영국인들이 원주민들 사이에서 하시라도 일어날 수 있다고 느꼈던 야만성의 소문난 본보기가 되었다.

미국 식민지의 상실은 18세기에는 일반적으로 심각하게 느껴지지 않았지만 19세기에는 인식이 바뀌었다. 마르크스주의 역사가들은 영국 제국주의는 경제적인 추진력, 즉 국내 시장이 한계에 도달하기 시작했을 때 해외에서 새로운 시장을 찾으려고 하는 욕구를 가졌다고 주장한다. 빅토리아 시대 사람들은 식민지 무역을 통해 얻어질 수 있는 이익과 식민지들이 이주민들에게 제공하는 개척의 기회에 대해 잘 알고 있었다. 그러나 빅토리아 시대의 관념은 "백인의 부담white man's burden", 즉 영국이 미개발 국가로 문명과 기독교를 전파해야 할 의무를 가지고 있다는 진정한 믿음을 강조하였다. 윌버포스는 1813년 "이러한 비참한 인간들을 현재의 비참한 상태로부터 끌어올리고 무엇보다도 그들의 이해를 향상시키고 그들의 정신을 고양시켜 줄 뿐만 아니라 수많은 면에서 일시적인 행복을 증진시키고 영원한 행복으로 가는 확실한 길을 그들에게 가리켜 주기 위해 신성한 진리를 그들에게 전파해 주려는 노력"이라고 인도 식민을 합리화했다.

19세기 동안 "백인이 정착한" 식민지(캐나다, 오스트레일리아, 뉴질랜드, 남아프리카)는 평화적으로 자치 독립을 향해 움직여 갔다. 개화되지 못할 것으로 여겨지던 그곳 토착민들의 독립은 서서히 진행되었으며, 영국 정부가 언제 어느 정도로 독립을 인정해야 할지를 논의하는 동안 "자유"에 대한 압박은 지역적으로 증대되었다.

인도는 영국이 소유한 가장 값진 식민지였다. 1858년 영국은 인도의 제후들을 지원하는 데 합의했고, 인도 전체의 5분의 2는 제후와 토후국의 왕들이 운영하는 독립된 국가들로 이루어져 있었다. 궁극적인 권력은 영국에 있었고 사회적, 정치적 엘리트들을 영국이 지배하고 있었지만 영국 정부에서는 백인이 정착한 식민지들처럼 인도도 언젠가는 독립되어야 한다는 예감이 있었다. 병력이나 비용에 있어서 인도의 제1차 세계대전에의 중대한 공헌으로 인해, 영국은, 1917년 하원에서의 국무장관의 발언을 빌리자면 "대영제국의 필수적인 부분으로서 인도에서의 책임 있는 정부의 점진적인 실현을 예상하고 자치적인 제도를 점차적으로 발전시키는 방향을 향해" 움직이기로 결정하였다. 20세기 초반 해방운동, (영국 행정관에 의해 1885년 설립된) 인도 민족 의회, 간디의 수동적인 저항운동, 벵골의 민족주의 운동, 최초의 인도 공산주의자들 이 모두는 독립을 위한 선동을 하였다. 어려움 중 하나는 힌두 사회와 이슬람 사회 사이의 불신이었다. 이 어려움은 결코 해결되지 않았고 그 결과로 1947년 마침내 독립이 되었을 때 이 나라는 두 개의 국가, 즉 이슬람 국가인 파키스탄과 힌두 국가인 인도로 분리되었다.

제 1 차 세계대전

오늘날에는 1914-18년 동안의 유럽 제국주의 열강들 사이의 전쟁을 제1차 세계대전이라 부르지만, 제2차 세계대전으로 인해 그런 대규모의 싸움이 결코 다시는 일어나지 않으리라는 유럽인들의 희망은 깨졌다. 사상자 수도 컸고 피해도 컸다. 약 천만 명이 사망한 것으로 추정되는데 그중에서 백만 명 이상이 영국과 영연방 국가 출신이었다. 이전에는 전혀 경험해 보지 못한 대규모의 전쟁이었다. 오늘날까지 전 영국의 도시나 마을의 중심에는 그 지역 출신의 사망자를 위한 위령비가 있고, 1차 세계대전에서의 사망자가 2차 대전에서의 사망자보다 많다.

그러나 1914년 8월에는 그 전투가 길어지거나 어려워지리라는 예상은 전혀 없었다. 크리스마스 때까지는 그 싸움이 끝나리라 확실히 믿었다. 영국에서 파견된 첫 병력은 존 프렌치 경Sir John French 휘하의 파견군이었는데 몽스에서 독일군의 진격을 막았으며 심한 손실에도 불구하고 초기의 마른과 이프르에서의 전투는 기술적인 승리였다. 그러나 크리스마스 때까지 양 진영 모두 진격을 중단하고 신속히 방어용 참호를 파고는 전쟁에서의 새 방침으로 겨울 동안 진용을 정비할 준비를 하였다. 1915년 연합군과 동맹국은 "무인 지대No-Man's Land"의 서부전선의 맞은쪽에 서로 대치하고 있었고 참호는 스위스에서 영국 해협까지 확산되어 갔다. 지독한 겨울의 상황과 무자비한 봄의 공격을 지나 전쟁은 서부전선에서는 영토의 뺏고 뺏김 없이 4년 동안 계속되었으며 반면에 동부전선에서는 러시아, 폴란드, 리투아니아, 세르비아, 마케도니아까지 확대되었다. 메소포타미아와 팔레스타인에서는 중동의 군사 행동이 있었고 대서양과 태평양에서는 독일 함대와 영국 함대가 교전을 했다. 전투는 북반구 전역으로 퍼져갔지만, 문학이나 미술에서 자주 묘사되는 것은 플랑드르와 피카르디 벌판에서의 참호 전투이다.

비에 젖은 진흙투성이의 참호의 비참함과 시체로 뒤덮인 무인 지대 전역의 포격과 저격은 1915년 독일군이 개시한 염소 가스 공격에 대한 공포에 의해 더 악화되었다. 그해 12월 존 프렌치 경이 면직되고 헤이그 장군General Douglas Haig이 지휘권을 가지면서 필요한 만큼 많은 병력을 대규모 공격에 투입하기로 결정하였다. 1916년 이러한 전술에 필요한 병력 수를 유지하기 위하여 전 군에 강제징집이 도입되어야만 했다. 7월에 헤이그는 솜 지역 전투에서 대대적인 공격을 퍼부었고 20주 동안의 전투를 통해 60만 명(그 중 3분의 2가 영국군)을 희생하면서 서부전선에서 80마일을 진격하였다.

1917년에 러시아는 독일에 쫓겨 퇴각하였고 러시아 혁명 이후 화평을 청하였다. 러시아가 전쟁에서 물러났을 때 새로운 동맹국이 가담하였다. 독일이 잠수함 공격을 재개하자 이에 대응하여 미국은 1917년 4월 전쟁을 선포하였다. 기운찬 미국 병력의 등장은 이 전쟁에의 전환점이 되었지만 헤이그가 1917년 7월 이프르에서 또 한번의 대규모 공격을 개시할 수 있는 허가를 로이드 조지Lloyd George로부터, 비록 마지못해 하는 허가긴 했지만, 받아낸 이후였다. 이 전투에 파스샹달이라는 이름이 붙여진 것처럼 파스샹달은 대규모 살상의 원인이 된 부적절한 군사 계획을 상징하는 용어가 되었다. 영토 점령을 거의 하지 못한 진격에서 30만의 영국 병력이 또 죽었다.

공적인 의식이나 교회와 전국에 있는 추모비에서 1914-18년 전쟁의 사망자와 함께 이후의 전쟁에서의 사망자가 추모되고 있지만 전투에 대한 국민의 인식을 깊이 변화시킨 전쟁은 1차 대전이었다. 찰스 1세와 의회와의 분쟁 이후 처음으로 시인이나 미술가들이 전선에서의 자신의 경험을 기록하는 병사가 되었다. 그들은 글과 그림에서 19세기의 전쟁의 묘사와는 대조되는, 과거로부터 내려오는 공포를 표현하였다. 빅토리아 시대 시대 사람들이 좋아하던 전쟁시 중 하나는 테니슨의 〈경기병대의 진격*The Charge of the Light Brigade*〉이었다. 이 시는 군사적인 참사를 세상에 알리고 있다. 그러나 "알린다celebrate"는 것이 이 시가 하고 있는 것이다. 말이 질주하는 듯한 리듬과 재촉하고 반복적인 각운과 문구로써 이 시는 힘이 있는 시어(rode, vollyed, thundered, flashed, charging, plunged, stormed)와 명령법 동사(charge forward, honour)의 도움을 받아 의기양양한 승리의 어조를 창조한다. 이 시는 무조건적으로 의무를 수행하고 압도적인 전력 차에도 불구하고 용감하고 조국의 명예를 위해 목숨을 바친다는 빅토리아 시대의 관념을 가장 이상주의적인 방식으로 구체화하고 있다. 이 시를 1차 대전 때의 참호 속에서의 생과 사를 묘사하는 시, 특히 전쟁 후반에 쓰인 시의 어조와 이 시를 비교해 보면 태도에서의 변화는 분명해진다.

연|습|문|제

빅토리아 시대의 전쟁에 대한 어떤 표현도 〈경기병대의 진격〉만큼이나 찬미적이지는 않다. 다음 페이지의 그림들을 잘 보라. 엘리자베스 톰슨은 근위보병 제1연대를 그린 그림인 〈크림에서의 교전 후의 점호Calling the roll after an engagement, Crimea〉가 1874년 왕립미술원의 전시회에서 화제가 되었을 때 겨우 28세였다. 흐리고 눈 내리는 하늘과 대조적으로 거무스름한 색의 옷을 입은 부상당한 병사들의 행렬은 전쟁의 고통뿐만 아니라 의무, 용기, 인내, 결의와 같은 빅토리아 시대의 이상에 대해 말하고 있다. 이 그림과 폴 내쉬의 그림인 〈메닌 도로*Menin Road*〉을 비교해 보라. 스타일에 있어서 톰슨의 사실주의와 내쉬의 모더니즘 사이에는 차이가 있다. 후자는 비스듬한 사선 모양의 채색과 비현실적이고 기하학적인 패턴을 의도적으로 그렸기 때문에 그 자체로 주의를 끌고 있다. 분위기에 있어서 어떤 차이점과 어떤 유사점 찾아볼 수 있는가? 각 그림에서 풍경이 하고 있는 역할과 병사들에게 할애된 그림상의 공간을 생각해 볼 수도 있다. 두 그림 중 어느 것이 전쟁의 피해를 가장 잘 전달하고 있다고 생각하는가?

엘리자베스 톰슨, 〈크림에서의 교전 후의 점호〉

폴 내쉬, 〈메닌 도로〉. 전쟁의 공포를 모더니즘적인 기법으로 표현

1차 대전은 그로 인해 큰 재해와 많은 사망자 수를 낳은 것으로 지금 알려져 있지만 1914년 영국이 교전 중이라는 소식에 대한 최초의 반응은 환호에 가까웠다. 역사가들은 처음 8주 동안 75만 명이 지원할 정도로 젊은이들이 서둘러 입대했던 그 열의를 어떻게 설명해야 할지 난감해 했다. 그들이 지적하기로는 멀리 이국땅에서 일어난 빅토리아 시대의 전투는 직업 군인들에 의해 치러졌고 전쟁을 영웅적 행위를 위한 영광스런 기회로 느끼게 했던 관념에 의해 지지를 받았다는 것이다. 전투의 현장이에드워드 시대의 많은 사람들의 기억 속에 생생하게 남아 있지는 않았다.

더욱이 빅토리아 시대 말기에 급증하는 중산층의 생활수준이 향상되었을 때 계급의 장벽은 와해되고 있었다. 연간 4백 파운드의 수입은 가정마다 훌륭한 주택, 하인, 해외에서의 휴가, 집안의 여자들과 아들들을 위한 충분한 여가를 제공하였다. 버지니아 울프Virginia Woolf는 〈자기만의 방*A Room of One's Own*〉(1929)에서 연간 5백 파운드의 수입은 작가에게 개인적인 독립을 준다고 주장했다. 시골 지역에 곤궁함을 가져오고 이민자 수를 팽창시켰던 1870년대와 1880년대의 경제적 곤경은 1900년에는 사라졌다. 1900년에서 1914년까지는 기억해 보면 융성한 시기였고 영국 경제의 힘을 생각해 볼 때 당연했다. 빅토리아 시대의 노동관과 "진보"에 대한 믿음과 젊은이들에게 세계의 불운한 국가를 돕기 위해 노력해야 할 의무가 그들에게 있음을 가르쳐 준 제국주의 관념 이 모두가 인생은 힘들지 않으며 편안하고 퇴폐적이라는 인식이 형성되는 데 이바지하였다고 역사가들은 주장해 왔다.

루퍼트 브룩Rupert Brook(1887–1915)은 노포크에서 휴가를 보내는 동안 전쟁이 발발했다는 소식을 들었다. 〈비범한 젊은이*An Unusual Young Man*〉에서 그는 상상의 젊은이의 반응을 묘사함으로써 자신의 감정을 표현하였다.

> 그는 갑자기 가슴을 조이며 영국 해안에 침입이 있을지도 모른다는 것을 깨달았다. 그는 그 침입이 성공할 가능성은 전혀 생각지 않았지만 단지 영국 땅에서의 적이나 전쟁에 대해서만 생각하였다. 〔…〕
>
> 생각할 때마다 영국에 대한 생각이 물밀듯이 그를 엄습해 와서 그의 놀라움은 커져 갔다. 그는 연인이 느끼는 그런 뻔뻔한 무력함을 느꼈다. 평탄치 않은 잿빛의 작은 들판과 작고 오래된 산울타리, 야생화, 느릅나무, 너도밤나무, 관대함, 당당하지만 겸손한 빨간 벽돌로 지어진 조용한 집, 시골의 굽이치는 산과 잡목 숲이 그 앞에 떠올랐다. 그는 높이 들어 올려져서 코츠월드와 윌드 지방에서 보이는 서쪽 경치와 윌트셔의 고지와 프린시

즈 리스버러 위의 산들에서 보이는 미들랜드 지방이 뒤섞인 경치를 내려다보고 있는 것 같았다. 그리고 이것도 모두 오래전에 들었던 곡조에 맞추어져 있던 것 같은데 이 곡조 중 많은 것이 성가였다. 〔…〕 심히 유감스럽게도 그는 가장 진부한 생각을 말로 표현하였다. 동시에 그는 몹시 행복하였다.

이 부분에 대해 여러 가지 생각이 떠오른다. 브리튼 전체가 참전했지만 브룩은 "브리티시"보다는 "잉글리시"라는 단어를 선택하고 있고, 시골적인 시각에서 "영국다움Englishness"을 구체적으로 표현하고 있다. 그는 자신의 신식 자유주의 사상 때문에 무시하던 종교적이고 관념적인 생각에 의해 자극을 받게 되어 불안해 하지만 동시에 그렇게 자극받는 과정에서 자신만의 행복감을 나타낸다.

영국 시골의 평화로운 이미지를 침입의 위협과 잔혹한 전쟁에 대한 생각과 대비시키는 사람은 브룩만이 아니었다. 오래된 삼림지대와 경계가 되고 야생화들로 가득 차고 기계화되기 이전의 전통적인 방식으로 경작되고 있는 완만한 굴곡을 이루고 있는 들판 속에 묘사된 본질적인 "영국다움"에 대한 그의 시각에 많은 시인들이 동참하였다. 에드워드 토머스Edward Thomas(1878–1917)는 〈한 팀의 말머리 마구*As The Team's Head-Brass*〉에서 파괴의 위협하에서 인정 있는 생활방식을 제시하기 위하여 브룩과 비슷한 시골의 모습(즉, 한 팀의 말이 차고 있는 머리 마구가 의미하는 전통적인 방법으로 말들이 갈아 일구는 들판과 연인들을 숨겨 주는 숲)을 사용하고 있다. 농부가 프랑스에서 자신의 친구를 잃었던 그날 밤 느릅나무를 쓰러뜨렸던 강한 눈보라는 반복을 통해 상실된 것과 최고조에 있는 시인과 관련하여 여전히 상실의 위기에 처해 있는 것, 즉 팔 · 다리 · 생명 · 더 나은 세상의 상징이 된다. 믿지 못할 정도로 차분하게 토머스는 이듬해에 프랑스에서의 죽음을 예언하고 있다. 파괴 대신에, "나를 짓밟는 대신에Instead of treading me down", 밭을 가는 한 팀의 말들은 두 사람이 다정하게 이야기할 때 그들을 둘러싸고 있는 자연의 재생의 주기에 따라 밭고랑을 만든다. 이 시의 교묘한 구조는 시골에 초시간적인 분위기를 부여하지만 토머스는 제목을 결코 결정하지 못했다. 그는 시골의 평온함에 대한 자신의 이미지가 회고적이라고 느낀 것처럼 이 시를 "마지막 팀의 말The Last Team"이라고 부를 생각을 했다.

연｜습｜문｜제

1차 대전 시의 전쟁 시인들은 종종 참호 속에서의 전쟁과 삶에 대한 공포와 평화로운 시골 풍경을 대비시키고 있다. 읽어 본 시로부터 그런 장면을 여러 개 선정하라. 시골에 대한 묘사에는 어떠한 요소가 공통적으로 들어 있는가? "잉글랜드"에 대한 어떠한 이미지가 나타나는가?

전쟁 초에 쓰인 많은 시들은 전투를 위해 참전하는 데 있어서의 흥분을 보여 준다. 브룩의 소네트 〈평화*Peace*〉는 "이제 하느님께 감사드립니다Now, God be thanked"로 시작된다. 〈전투 속으로*Into Battle*〉에서 줄리안 그렌펠Julian Grenfell은 "전투의 기쁨joy of battle"에 대해 쓰고 있다. 최전면으로 나타난 이미지는 열중과 젊음이고(신병은 lads, children, sons, 혹은 chaps이다), (로렌스 비니언Laurence Binyon의 〈8월 4일*The Fourth of August*〉에서는) 의무의 고결함, 즉 "우리 운명의 장엄함the grandeur of our fate"이고, (존 매크래이John McCrae의 〈플랑드르 벌판에서*In Flanders Fields*〉에서는) "약해지는 손에서 우리는 횃불을 던지니 네가 그 횃불을 가지고 높이 들어라from failing hands we throw/The torch; be yours to hold it high"라는 영광과 명예로운 죽음이다. 제국주의적 전쟁을 찬양하는 시를 썼던 구세대의 시인들, 즉 토머스 하디Thomas Hardy, 러디어드 키플링Rudyard Kipling, 헨리 뉴볼트Henry Newbolt는 어조가 과격하지 않은 시를 썼다. 〈해협함포사격*Channel Firing*〉과 〈국가가 붕괴될 때*In Time of the Breaking of Nations*〉에서 하디는 전쟁을 슬프고도 무모하지만 불가피한 것으로 받아들인다. 키플링은 전투에서 외아들의 사망 후에 이해할 수 있는 죄책감과 괴로움을 가지고 글을 쓰는데, 〈메소포타미아*Mesopotamia*〉와 〈죽은 정치가*A Dead Statesman*〉는 시그프리드 서순Siegfried Sassoon의 〈장군*The General*〉과 〈비가*Lamentations*〉만큼 부족한 통솔력을 비난하고 있지만 서순이 겪었던 참호 속에서의 직접적인 전투 경험에서 나오는 힘이 없어 비난받는다. 1차 대전 시기의 많은 전쟁 시인들의 경험이 사실적이라는 느낌, 즉 전장에서부터 우리에게 직접 말하는 목소리를 체험하는 경험이야말로 전쟁시가 지니는 문학적 가치라 할 수 있겠다.

연｜습｜문｜제

전쟁의 초기에 쓰인 시와 말기에 쓰인 시를 대조해 보라. 어조에 있어서 어떤 변화가 있는가? 어느 특정한 시인의 작품을 세심하게 읽고 전쟁이 계속됨에 따라 그의 글이 스타일이나 내용이나 태도에 있어서 변화하는지를 살펴볼 수도 있다.

1차 대전 당시 최고의 전쟁 시인들은 내용이나 그 어조에 있어서 근본적으로 새로웠다. 많은 장교 계급 시인들에 의해 씌어졌을 때조차 그 시에는 일반 병사들과의 가까운 관계, 동료를 잃었을 때의 절망감, 그들 자신의 상황을 지도자나 민간인들이 알지 못하는 데에 대한 아쉬움 등이 모두 표현되어 있다. 그 시들은 개인적 상실감, 사랑과 동정 때문에 명예나 영광을 향한 막연한 이상주의에 의지하지 못하게 되는 사건들을 이야기하고 있다. 예를 들어 윌프레드 오언Wilfred Owen의 〈노출*Exposure*〉과 〈불구*Disabled*〉처럼 종전 무렵이나 휴전 이후에 씌어진 시들은 오랜 종군으로 지쳐 있는 상태를 기록하고 있다. 전쟁 위령비나 전사자 추모비에는 전쟁 시인들의 시 구절들이 새겨져 있다. 항상 초기 시들로부터 선택되었는데, 가장 많이 인용되는 시는 브룩의 1914년에 쓰인 소네트들이나 로렌스 비니언의 〈전사자들에게*For the Fallen*〉다. 브룩은 다르다넬스 전투에 참가하기 위해 가는 도중 패혈증으로 사망했다. 비니언은 전쟁이 발발했을 때 45세였다. 그는 1916년 적십자 간호병으로 입대하였지만, 〈전사자들에게〉는 전쟁 개시 무렵에 썼다. 이 시는 1914년 9월 21일 《더 타임스*The Times*》지에 발표되었다.

연|습|문|제

브룩의 1914년 소네트, 특히 1번 〈평화〉, 3번 〈사자들*The Dead*〉, 5번 〈병사*The Soldier*〉와 비니언의 〈전사자들에게〉를 읽어 보라. 추모식이나 비문에서 사용된 인용문들의 출처를 밝힐 수 있는가? 이러한 특정한 시행들이 참호 속에서의 생과 사의 직접적인 경험을 전달하는 시들의 구절보다 더 널리 퍼지게 된 이유가 무엇이라고 생각하는가?

모 더 니 즘

"모더니즘modernism"이란 용어는 넓게는 1880년부터 1940년까지의 기간에, 좁게는 1910년부터 1930년까지의 기간에 적용될 수 있으며, 또는 이 시기에 일어난 문학에서의 문체상 변화에 적용될 수 있다. 소설에서는 사실주의 소설에 대한 반발, 즉 광범위한 사회적 진용의 인물들과 상세하게 묘사된 외양과 플롯이 지배하는 구조는 현실을 나타낼 수 없다는 느낌이 있었다. "실제의real" 삶은 더 엉성하고 잘 조직되어 있지 못한 것이다. 플롯의 모든 가닥을 한데 묶는 "닫힌closed" 결말 대신에, 모더니즘 소설은 독자들에게 "열린open" 결말을 주고, 인물이 비판받고 보답받는다는 의식을 덜 갖게 하고, 삶은 플롯의 한계를 넘어선다는 의식을 더 많이 갖게 하였다.

소설은 버지니아 울프의 말을 빌리면 "모멘트moments" 혹은 제임스 조이스James Joyce의 말을 빌리면 "에피퍼니epiphanies"를 획득하는데, 이 용어들은 이 두 작가들이 소설가의 기법의 핵심에 있다고 느끼는 계시의 중요한 순간들을 지칭하는 말이다. 플롯상의 에피소드들이 변함없이 하나의 결론으로 움직이는 일련의 인과관계로 연결되어 있는 결말을 가진 이야기 대신에 소설은 불명확한 단편적 경험의 연속, 즉 계시의 순간들의 연속이 되었다. 작가는 자신의 작품 속에서 하나의 목소리로서 물러서게 되었고 교훈적인 견해를 개진하지 않음으로써 더 이상 텍스트에 방해를 주지 않았다. 모더니즘 소설의 텍스트는 정치에 관심이 없었다. 버지니아 울프는 1924년 모더니즘 소설은 "대영제국의 영광을 찬양하거나 노래를 부르거나 교의를 가르치기 위해to preach doctrines, sing songs, or celebrate the glories of the British Empire" 존재하지 않는다고 썼다.

인물들의 개인적인 감정을 표출하는 쪽으로의 움직임, 즉 객관성에서부터 벗어나 다른 사람이나 심지어는 자기 자신에 대한 진실은 단순해서 알기 쉬운 것이 아니라 한정되고 부분적으로 이해할 수 있고 일관성이 없다는 인식으로부터 생겨난 주관성으로의 움직임이 있었다. 작가들은 경험이 인물들의 마음속에 스며들 때 경험을 전달하기 위한 시도로 "내적 독백interior monologue"과 "의식의 흐름stream of consciousness"과 같은 새로운 글쓰기 스타일을 개발하였다. 인물들의 소외는 현저하다. 의사소통의 어려움과 부족이 강조되고 사회는 더 이상 분명한 행동의 목표나 모범을 제시하지 않는다. 모더니즘은 제1차 세계대전에 의해 초래된 환멸과 빅토리아 시대 말기에 종교적 정치적 확실성의 상실과 사회에서의 계급 차이에 대한 증대되는 진보주의적 동요에 대한 문학적인 반응으로 볼 수 있다.

주관적인 경험, "내적 독백", 변화하는 시점, 명백한 작가의 안내의 부재 이 모두는 소설 읽기를 어렵게 할 수 있다. 독자는 "모멘트"를 이해해야 한다. 왜냐하면 모더니즘 소설은 그 예술적 기교에 관해 자의식이 강하기 때문에 연결고리가 언어에 의해 창조된다. 조이스나 울프와 같은 모더니즘 소설가들의 글은 세련되고 고도로 통제되어 있고 때로는 모호하다. 구문은 단편적이다. 즉 전통적인 이야기체의 표시가 없다. 소설가들은 그들의 텍스트를 조직화하기 위해 상징과 암시, 이미지와 모티프의 반복 같은 시의 문체를 사용하였다. 정상적인 구문과 언어적 부호를 변형시킴으로써 모더니즘 소설은 텍스트가 언어로부터 창조된 예술품이라는 사실로 주의를 끌고 있다. 이는 전에 언급했던 톰슨의 그림은 우선적으로 사실적으로 표현된 장면에 보는 사람의 주의를 끌려고 하는 반면 같은 쪽에서 언급한 내쉬의 그림은 블록 모양과 사선 모양으로 채색된 비현실적인 장면을 만들어 냄으로써 그것이 그림이라는 사실로 주의를 끌고 있는 것과 같다. 울프, 엘리엇, 포스터E. M. Forster와 같은 모더니즘 작가들은 이전의 작가들보다 작품의 형식, 기법에 관하여 더욱 과감하게 논의하기 시작했다. 이들 모두가 상당히 많은 문학비평문을 발표하였다.

E. M. 포스터

포스터는 여섯 편의 소설을 썼고 그의 생애 동안에 다섯 편을 출판하였다. 여섯 번째 작품인 〈모리스*Maurice*〉는 동성애 이야기이다. 포스터는 이 작품이 출판되지 못할 것을 알았고, 다시 말해 이 소설이 헌정된 "더 행복한 시기Happier Year"가 올 때까지는 결코 안 되리라는 것을 알았다. 이 작품의 주인공은 "성도착자pervert"이다. 포스터는 포레스트 리드에게 보낸 편지에서 성도착자란 말을 "불합리한 말an absurd word"이라 했는데, 그 편지에서 그는 "죄가 될 정도의 사회의 무지criminal blindness of Society"와 어떻게 그러한 무지가 그의 주인공을 파멸로 몰아가는지에 대해 쓰고 있다. 동성애는 빅토리아 시대에는 불법이었다. 오스카 와일드는 이 법에 따라 재판을 받고 구금되었다. 1960년대에 태도가 바뀌기 시작했고, 울펜든 보고서에 따라 이 법은 1967년에 폐지되었다. 포스터는 〈모리스〉가 자신의 사후에 출판되는 데 동의했고 이 소설에 첨부할 〈터미널*Terminal*〉이라는 노트를 썼지만 계속 이 소설을 출판하기를 거부하였다.

그에게는 늘 지지하는 친구들이 주변에 있었고 케임브리지의 킹스 칼리지에서는 그 문제에 관대한 단체를 알게 되었고 1945년에는 그 대학의 특별회원이 되었다. 그의 소설은 1905년부터 1914년까지 놀라울 정도로 짧은 기간에 씌어졌다. 심지어 〈인도로 가는 길*A Passage to India*〉은 1924년 출판되었지만 1912년에 씌어지기 시작했다. 그러므로 그는 동성애에 대한 사회적 비난이 극도에 달했을 때 글을 쓰고 있었다. 단지 최근 비평에서 그의 작품의 이러한 측면이 논의되었고 그가 공공연하게 인정했던 외로움이 그의 소설 속에 부호화되어 나타날 수 있다고 생각되었다.

제임스 조이스의 〈더블린 사람들*Dubliners*〉(1914)과 〈율리시즈*Ulysses*〉(1922), 엘리엇의 〈황무지*The Waste Land*〉(1922), 버지니아 울프의 〈댈러웨이 부인*Mrs Dalloway*〉(1925)과 같은 모더니즘 작품들은 에피소드와 단편적인 경험으로 이루어져 있다. 〈율리시즈〉와 〈댈러웨이 부인〉의 구조는 주인공의 생애에 있어서 평범한 하루의 사건에 의거하고 있다. 같은 기간에 씌어진 포스터의 소설들은 단순하게 예전의 사실주의 전통이나 모더니즘 어느 쪽에도 속하지 않는다. 그의 소설들은 두 장르의 요소를 모두 가지고 있고 두 장르 사이의 변이를 보여 준다. 그의 소설에는 플롯, 전개, 클라이맥스와 결말이 있는데, 결말은 〈전망 좋은 방*A Room with a View*〉(1908)에서의 결혼과 〈하워즈 엔드*Howards End*〉에서의 상속이라는 해결에 이르게 되고 〈인도로 가는 길〉에서의 제국주의의 영향을 인정하게 된다. 작가의 목소리가 소설 속에 있고 예를 들어 디킨즈의 소설에서보다는 덜 전지적이고 설교적이지만 침입적이어서 독자에게 직접 말한다. 〈소설의 양상*Aspects of the Novel*〉에서 포스터는 이러한 작가의 개입을 "시점point of view", 즉 화자와 이야기와의 관계라고 설명하였다.

> 소설가는 공평하거나 불공평한 방관자로서 외부로부터 인물들을 묘사할 수 있고, 혹은 전지함을 가지고 내부로부터 인물들을 묘사할 수도 있으며, 혹은 인물들 중 한 사람의 입장이 되어 나머지 인물들의 동기에 대해서는 알지 못하는 체할 수 도 있으며, 혹은 중간적인 자세들도 있다.

연|습|문|제

포스터가 쓴 소설에서 작가의 개입이 나타나는 경우를 두세 개 골라라. 그 경우가 포스터의 "시점"에 대한 설명에 부합하는가, 아니면 그 설명을 확대하고 있는가? 인물들을 판단할 때 작가의 개입에 의해 조종되고 있다고 느끼는가? "시점"은 인물묘사의 문제인가 아니면 소설에 의해 창조된 세상에 대한 도덕적 태도를 암시하는가?

모더니즘 소설로서 포스터의 소설의 또 다른 특징은 이미지 · 상징 · 모티프 · 에피퍼니를 사용하는 그의 시적인 스타일이다. 텍스트를 조직하는 데 도움이 되는 일단의 단어들과 이미지를 반복함으로써 주제가 전달된다. 〈전망 좋은 방〉에서 방, 광경, 전망,

보기, 빛의 언급은 루시가 자신의 감정에 대한 진실을 서서히 발견하는 것에 수반하며, 이 소설은 거짓과 진실의 대립을 바탕으로 조직되어 있다. 〈하워즈 엔드〉에서 집 · 소유권 · 소유 · 정신적 고향의 추구는 성공하고 재정적으로 빈틈없고 도시에 살고 자신의 제국을 세우고 있는 윌콕스가家 사람들과 관대하고 점잖고 인정 있는 쉴레겔가家 사람들 사이에 대립을 주제화하고 있다. 〈인도로 가는 길〉에서 아치 · 동굴 · 메아리는 악과 이상에 대한 메시지와 이야기의 중심에서의 해결되지 않은 신비를 내포하고 있다. 작은 모티프들이 끊임없이 되풀이되어 나온다. 즉 〈전망 좋은 방〉에서의 바이올렛 꽃이나 〈하워즈 엔드〉에서의 자동차나 〈인도로 가는 길〉에서의 말벌 등이 이에 해당한다. 포스터의 소설에서 강조된 부분을 신중히 읽어 보면 그가 언어를 정교하게 만들고 있음, 다시 말해 분명한 것 이외의 의미를 지니는 시적인 어휘를 선택함으로써 의미를 창조하고 있음이 드러나고 있다. 예를 들어 〈전망 좋은 방〉 제4장에서 루시가 시뇨리아 광장을 가로질러 갈 때와 제6장에서 조지가 바이올렛 꽃 속에 있는 그녀를 힐끗 볼 때가 바로 계시의 순간이다. 각 경우에 있어서 그 장면을 강조하고 독자에게 에피퍼니로 주의를 환기시키기는 것은 포스터가 시적 언어를 선택했기 때문이다.

연|습|문|제

〈인도로 가는 길〉에서 첫 장의 어휘는 이 소설의 주제와 어떻게 관련되고 있는가? 그 지리적인 묘사는 영국인들이 살고 있는 고상한 지역은 미화하고 갠지스 강가에 쌓여 있는 "쓰레기나 거의 별반 차이가 없는scarcely distinguishable from the rubbish" 인도의 도시는 (누구한테일까?) 숨기려 하면서 그 사회의 사회적 구조를 반영하고 있다. "아치형을 이루는 하늘overarching sky"은 소설이 탐구하려고 하는 공유된 인간 존재에 대한 개념을 소개하고 있다. 동굴의 "주먹과 손가락fists and fingers"은 플롯상의 절정을 형성하게 되는 위협적인 요소를 소개하고 있다. 첫 번째 문장과 마지막 문장에서 사용된 "비범한extraordinary"이란 단어는 소설 전체를 통해 반복된다. 선의의 노력을 부정하고 동굴에서의 수포로 돌리는 경험으로 끝나게 되는 이해의 실패와 빈틈과 누락을 암시하는 첫 번째 단락에서 부정을 나타내는 말들에 관심을 기울여라 그리고 소설의 끝 부분에서의 "아니, 아직은 아니야No, not yet"와 "아니, 거기서는 안 돼No, not there"와 같은 말들에 주목하라. 의미가 상징적인 단일한 단어를 찾아낼 수 있는가?

누락되었거나 빈틈이 있거나 무언가가 해결되지 않은 채 있거나 분명하게 진술되지 않았다는 느낌은 포스터의 소설에서 뚜렷이 나타난다. 여기 여러 비평가들이 그의 글에 대해 쓸 때 사용한 일련의 단어들, 즉 복잡한complex, 상반되는 태도를 가진ambivalent, 불확정성indeterminacy, 불가해한enigmatic, 누락omission, 부정negation, 모호성ambiguities, 애매한evasive, 보류reservation, 혼란muddle과 같은 단어들이 있다. 상당수의 단어가 소설의 본문에서 인용되었다. 그 비평가들은 공히 그의 작품의 중요한 양상, 즉 독자를 곤란하게 할 수 있는, 파악하기 어려움이나 무언가가 없음을 지적한다. 답변되지 않은 가장 큰 의문점은 〈인도로 가는 길〉에서 동굴에서 무슨 일이 일어나는가 하는 문제이지만 더 사소한 순간, 즉 〈전망 좋은 방〉의 제14장에서 루시가 바틀릿 양에게 조지의 첫 번째 키스가 잠재의식 속에 있었다고 설명하는 장면을 생각해 보라.

"내가 잠재의식 속에 있었다라고 말한 것은 에머슨 씨가 그순간 이성을 잃었다는 뜻이에요. 나는 그 제비꽃밭 속으로 미끄러져 들어갔고 그는 단순한 데다 깜짝 놀랐던 거였어요. 우리가 그를 너무 비난해서는 안 된다고 생각해요. 전혀 생각지도 않게 아름다운 배경 속에 어떤 사람을 보게 되면 상당히 다른 느낌이 들 거예요. 정말 그럴 거예요. 엄청나게 다른 느낌이 돼요. 그래서 그가 잠시 이성을 잃은 거예요. 그는 나를 좋아하지도 않고 그런 말도 안 되는 일은 털끝만치도 없어요. 프레디가 그를 좋아하는 데다가 일요일에 그를 이리 오라고 했어요. 그러니 그때 당신이 스스로 판단할 수 있을 거예요. 그 사람도 이제 많이 나아졌어요. 항상 울음을 터뜨릴 것 같은 표정도 아니고요. 큰 철도회사 총지배인의 사무실에서 직원으로 일하고 있어요. 짐꾼이 아니란 말이에요! 그리고 주말이면 아버지를 뵈러 가지요. 그의 아버지는 언론계에 종사하셨는데, 지금은 류머티즘에 걸려 은퇴하셨어요. 자, 이제 정원으로 가요." 그녀는 손님의 팔을 잡았다. "이제 더 이상 그 어리석었던 이탈리아에서의 일 얘기는 그만하기로 해요. 우리는 당신이 윈디 코너에 있는 동안 아무 걱정 없이 멋진 휴식을 즐기기를 원해요."

루시는 이 정도면 이야기를 잘한 편이라고 생각했다. 독자는 그녀의 말 속에 애석하게도 허점이 있다는 것을 간파했을지도 모른다. 바틀릿 양이 그 허점을 찾아냈는지 어떤지는 아무도 모른다. 왜냐하면 나이 든 사람들의 마음속을 꿰뚫어 본다는 것은 불가능한 일이기 때문이다.

"What I mean by subconscious is that Mr Emerson lost his heat. I fell into all those violets, and he was silly and surprised. I don't think we ought to blame him very much. It makes such a difference when you see a person with beautiful things behind him unexpectedly, It really does; it makes an enormous difference and hl lost his head; he doesn't admire me, or any of that nonsense, and straw. Freddy rather likes him, and has asked him up here on Sunday, so you can judge for yourself. He has improved: he doesn't always look as if he is going to burst into tears. He is a clerk in the General Manager's office at one of the big railways–not a porter!– and runs down to his father for week-ends. Papa was to do with journalism, but is rheumatic and retired. There! Now for the garden." She took hold of her guest by the arm. "Suppose we don't talk about this silly Italian business any more. We want you to have a nice restful visit at Windy Corner, with no worriting."

Lucy thought this rather a good speech. The reader may have detected an unfortunate slip in it. Whether Miss Bartlett detected the slip one cannot say, for it is impossible to penetrate into the minds of elderly people.

어떤 "허점"을 알아차렸어야 했는가? 그 설명에 의해 갑자기 멈추게 된다. 독자가 허점을 간파하였는지도 "모른다"는 포스터의 솔직하지 못한 주장은 독자를 난처하게 하여 허점을 찾게끔 할 것 같다. 포스터는 작가로서의 개입에 관한 한 모든 것이 솔직하지 못하다. 그는 자신이 창조했고 독자가 해독하고 있는 텍스트상에서 해독하는 행위가 일어나고 있다는 것을 공공연히 인정하면서 대화하듯이 독자에게 말하고 있다. 그러나 그는 자신의 창조물의 마음속을 "꿰뚫어볼penetrate" 수 없는 척한다.

연|습|문|제

루시의 "허점"은 무엇인가? 거짓과 진실에 바탕을 둔 소설에서 그 허점은 조지가 그녀를 좋아하지 않는다는 그녀의 자기기만적인 주장인가? 아니면 그 허점이 "전혀 생각지도 않게 아름다운 배경 속에 어떤 사람을 보게 될 때"라는 구절 속에서 대명사 "그"인가? 그녀가 물결 같은 제비꽃밭의 배경 속에 그녀 자신이 "그"에 의해 지각이 된 것으로 그 장면을 기억하는 대신에 그녀가 조지를 어떻게 보았는지를 슬그머니 드러내게 되었는가? 제7장에서 그녀는 자신이 "제비꽃밭에 미끄러져 들어갔고" 자기에게 "약간의 잘못이 있으며" 조지는 그 순간 자신에게는 영웅이나 신처럼 보였다고 바틀릿 양에게 고백하였다. 이 텍스트에 대한 최근의 "색다른" 해석으로부터 나온 또 다른 주장에 따르면 그 "미끄러짐"이 인칭 대명사로 되어 있고 "그"와 "그녀"라는 말을 빠뜨린 것이라면 이는 작가의 미끄러짐을 나타낼 수 있고 많은 포스터의 글에서 남자와 그의 관심을 끄는 여자 사이의 사랑보다는 남자와 남자 사이의 사랑일 가능성을 나타낼 수 있다고 지적되었다.

남자들 사이의 우정은 포스터에 의해 명랑하고 희극적으로 다루어지고 있으며, 〈전망 좋은 방〉에서 신성한 못에서의 수영이나 〈인도로 가는 길〉의 제27장에서 아지즈와 필딩 사이의 "중간의 호의적인 장면gracious interlude"처럼 최상의 상태에서는 우정과 화합의 이상적인 순간이 된다. 이러한 순간들이 지속되지는 않는다. 지속적으로 지혜롭고 자애로운 의식을 가지고 있는 사람은 초로의 여성들이다. 개성화된 인물이라기보다는 유형적 인물인 포스터의 자애로운 노년의 여성들은 플롯상의 그들의 위치 그 이상의 영향력을 그의 소설 속에서 가지고 있다. 〈하워즈 엔드〉에서 윌콕스 부인의 존재는 소설 전반에 스며들어 있고, 윌콕스 집안 사람들이 윌콕스 부인의 임종 시의 소망을 지키지 않기로 결정할 때 그들이 이해하지 못하는 일인 하워즈 엔드 저택을 위한 "정신적인 상속자spiritual heir"(제11장)를 찾는 그녀의 일은 오로지 소설의 끝에서 그녀가 선택한 상속자인 마거릿이 그 저택을 소유하게 될 때 끝이 난다. 그 저택은 포스터가 한탄하는 점인 "런던의 끊임없는 변화the continual flux of London"(제20장)와 대조되는 영국에서 가치있게 생각하는 것, 즉 "끊임없이 삶을 바라볼 수 있고 전체적으로 삶을 바라볼 수 있는 one might see life steadily and see it whole" "영국의 농가English farms"(제29장)에 대한 상징인 것 같고, 이는 동시에 저택을 보살피는 일을 어떤 사람으로부터 다른 사람에게로 양도해 주는 여성 인물들에게서 나온다.

연|습|문|제

헬렌은 윌콕스 부인이 "모든 것을…알고 있었다knew … everything"(제4장)고 주장하고 후에 마거릿은 "그녀가 모든 것을 알고 있었다She knew everything"(제40장)고 이 주장을 되풀이하고 있다. 에이버리 양은 마거릿이 하워즈 엔드 저택에서 살게 될 것이라고 예견한다. 〈인도로 가는 길〉에서 아델라는 "무어 부인, 그녀가 알고 있었다Mrs Moore–she did know"(제29장)고 주장한다. 포스터 작품에 등장하는 초로의 여성들은 어떤 종류의 속 깊은 이해심과 신비한 통찰력을 지니고 있는가? 그는 그점을 분명히 하고 있는가 아니면 모호하고 막연하게 남겨 두고 있는가?

〈인도로 가는 길〉은 제국주의의 파괴적인 영향에 대한 포스터의 비난으로서 해석되어 왔다. 그의 에세이 〈영국적 특성에 대한 기록*Notes on the English Character*〉에서 그는 영국인들로 하여금 감정을 감추고 의심하도록 훈련시키고 나서 그들을 "공립학교 교사나 앵글로색슨인들뿐만 아니라 바다의 모래만큼이나 다양한 사람들로 이루어진 세상이나 그들이 알지도 못하는 부와 섬세함을 가진 사람들로 이루어진 세상으로 내보내는" 공립학교제도를 비난하고 있다.

> 그들은 잘 발달된 신체와 잘 발달된 정신은 가졌지만 감정은 발달되지 못한 채 세상으로 들어간다. 외국에서의 영국인들이 가지는 어려움의 주원인이 되는 것은 발달되지 못한 감정이다. 차가운 감정은 아니라 할지라도 발달되지 못한 감정이다. 하지만 그 차이는 중요하다.
>
> forth into a world that is not entirely composed of public–school men or even of Anglo–Saxon, but of men who are as various as the sands of sea; into a world of whose richness and subtlety they have no conception. They go forth into it with well–

developed minds, and undeveloped hearts. And it is this undeveloped heart that is largely responsible for the difficulties of Englishmen abroad. An undeveloped heart—not a cold one. The difference is important.

인도에서의 제국주의는 벵골 원주민의 폭동에 대한 기억을 생생하게 했다. 포스터의 소설은 장교들 중 "가장 사려 깊고 가장 잘 교육받은 사람the most reflective and best educated"이었던 맥브라이드가 필딩에게 "벵골 원주민 폭동에 관한 기록을 읽어 보라Read any of the Mutiny records"고 말할 때 그 사건을 언급하고 있다(18장). 1919년 포스터가 〈인도로 가는 길〉을 완성하기 바로 직전 암리차르에서 또 한 차례의 잔악한 대학살이 발생하였는데, 그때 영국의 사령관인 다이어 장군은 군대에 공공 집회에 모인 군중들에게 발포하라는 명령을 내려서 수많은 무장하지 않은 무방비의 인도인들을 살해하고 부상을 입혔다. 〈인도로 가는 길〉에서 영국인 사회의 보다 병적으로 흥분하거나 인종차별적인 영국인들에 대한 희극적인 묘사 속에 대학살 사건을 둠으로써 대학살에 대한 공포감이 일소되어 있다. 그러나 빅토리아 시대 여성을 강탈하려는 동양의 욕망에 대한 신화(아델라의 흉함에 대한 아지즈의 반응에 의해 대단한 웃음거리가 된 신화)는 소설 플롯상의 클라이맥스를 뒷받침하고 있다.

"오리엔탈리즘Orientalism"은 서양에 의해 동양이 아름답고 여성적이고 호감이 가고 매력적이고 신비하고 유혹적일 뿐만 아니라 또한 솔직하지 않고 믿을 수 없는 것으로 인식되는 방식을 설명하기 위해 에드워드 사이드에 의해 만들어진 용어이다. 토착민을 백인 여성이 강탈하는 이야기는 제국주의적 통제의 모진 형벌 방법을 정당화하는 유용한 관념론적인 믿음이라고 신역사주의 비평가나 문화 유물론적 비평가는 주장하였다. 사이드의 오리엔탈리즘에 의해 기술된 동양의 성욕에 대한 두 가지 견해는 포스터의 소설 근저에 있다. 포스터는 그 성욕을 우리가 인종차별주의자로 비난하고 우습다고 경멸하는 인물들의 견해로 만듦으로써 그에 대한 적대적인 견해를 모독하고 있다. 포스터가 전면에 내세우는 견해인 동양에 대한 신비하고 유혹적인 이미지는 감상적인 묘사가 들어 있는 단락과 특권 계급에 속하는 인물들이 그 풍경과 서로에게 반응하는 방식에서 전달되고 있다.

연|습|문|제

〈인도로 가는 길〉의 동굴에서 발생한 일을 알고 싶은가, 아니면 그 사건을 신비한 것으로 남겨 두고 싶은가? 비평가들은 독자가 제시하는 어떠한 대답도 동서양에 대한 독자 자신의 생각에 대해 더 많은 것을 드러낸다고 주장해 왔고 이 소설의 애매함은 비서구적 생각에 대한 자발적인 수용성과 개방성을 위해 권력에 대한 제국주의적 담론을 거부하는 포스터의 방법이라고 주장해 왔다.

최근의 비평가들은 포스터 소설의 애매함과 침묵에 다시 관심을 모았고 진리의 확정성에 대한 포스터의 거부 방식을 검토하였다. 포스터 소설의 이와 같은 특성을 모더니즘 스타일의 특징적 요소로 규정하는 대신에 혹은 역사와 현실 정치에 대한 작가적 책임에 대한 포스터의 회피를 비판하는 대신에, "동성애적queer" 비평의 관점은 포스터 소설 속에 부호화되어 감춰진 동성애의 가능성을 고찰하고 있다. 이런 비평들은 남성 간의 우애, 언뜻 보이기는 하지만 그 실천이 연기되어 있는, 함축되어 있지만 명시되지 않은, 남성과 남성 관계에 대한 포스터 개인의 욕망을 규명하고, 그가 공개적으로 밝히고 있는 바 그대로, 당시 상황으로는 그런 류의 소설을 출판하는 게 불가능했음을 독자에게 상기시켜 주고 있다. 몇몇 최근에 발표된 읽을 만한 비평들은 포스터가 제국주의자들의 이데올로기와 정치권력을 공개적으로 혐오했으며, 같은 방식으로 포스터는 개인의 사적인 관계들을 제한하는 힘에 관해서도 은밀하게 회의적인 태도를 취한 것이라고 주장한다.

제2부 장르와 비평방법

Genres and Critical Approaches

8. 연극과 공연 공간

중세 시대

중세 시대부터 르네상스 시대까지 영국의 연극은 현저하게 종교적이었다. "성스러운 holy" 날이나 주일이 연극이 공연되는 주된 날이었다는 사실에서 알 수 있듯이 교회는 말 그대로 연극의 "후원자patron" 역할을 담당하였다. 교회는 항상 공연이 이루어지는 장소였으며 연극은 그리스도교의 내용을 재현하였고 성경에 나오는 이야기, 성인의 삶, 도덕적인 교훈을 실연하였다. 관객은 그 지역 사회 주민이었고 종종 배우도 그 지역 사회로부터 수급되었다. 교회 예배가 라틴어로 진행되던 시절이었지만 연극은 영어로 행해졌으며 영어로 공연되는 모국어 연극은 교회와 전 주민들에게 인기가 있었다.

일찍이 14세기에 전문 배우들이 연극을 상연하기 위해 교회나 성당을 방문했다는 증거가 있다. 그들은 공연에 대한 대가를 받았으며 그 지불 기록만이 종종 그러한 배우들이 있었다는 데 대한 유일한 증거일 뿐이다. 그 배우들은 왕실이나 귀족 집안의 일원이었을 테고 크리스마스나 결혼식 같은 때에 그 집안을 위해 향연을 베풀도록 고용되었을 것으로 추측된다. 튜더 왕조 시대에는 대학이나 학교나 법학도의 숙소에 있던 법률가들이 라틴어로 된 고전극들을 부활시켰고 그들의 제자나 학생들에게 라틴어로 공연하였고 나름의 창작극을 쓰도록 독려하였다. 집안의 향연처럼 이러한 극들은 사적이거나 특권이 부여된 공연이었을 것이다. 대중의 연극은 교회와 종교적인 축제와 관련이 있었다.

교회에서 공연된 연극의 이러한 뚜렷한 전통 범주에 들어 있기는 하지만, 항상 야외에서 열렸던 형태의 종교적인 드라마가 있었는데 이는 성체축일에 종교적인 의식과 더

불어 행해지는 일군의 성체성혈대축일극Corpus Christi play cycles 혹은 "신비극Mystery"이었다. 이런 신비극은 "이동 무대에의 야외극pageants"이라 불리는 일련의 개별적인 에피소드들로 되어 있으며, 천지창조에서 최후의 만찬까지 세계의 역사가 담겨 있다. 이 개별적인 에피소드는 마을 내의 정해진 길을 따라 역에서 역으로 견인되는 이동마차 위에서 행해졌다. 배우들은 정해진 장소에서 그들의 이동 무대를 멈추고 그날 동안 여러 차례 각 에피소드를 반복해서 공연하였다.

행렬용 이동무대에서 벌어지는 그 야외극의 진행 경로 자체가 공연 의식의 일부였다. 요크에서 성체축일에 성체를 운반하는 행렬은 이 도시의 주요한 세 종교 단체를 방문하였는데, 성삼위 수도원에서 시작하여 요크 성당을 방문하고 세인트 레너드 병원에서 끝이 났다. 이동무대는 성당까지는 같은 경로를 따라갔지만 그 다음에는 상인들과 장인들이 있는 지역을 방문하기 위해 다른 경로를 따라 이동하였다. 그래서 페이브먼트라고 불리는 요크에서 처음으로 포장이 된 공터인 시장에서 끝이 났다. 여기서 시장의 부인과 친구들이 그 연극을 관람하였는데(시장과 시의원들은 일찍이 공회당에서 관람을 하였다), 성체성혈대축일극은 이웃에서 공연되고 관람되었으며 종교적인 행렬과 이동무대 행렬의 두 가지 행렬에 의해 경축되는 교회 축일 동안 행해졌고 사람들의 일상생활과 노동의 공간에서 벌어졌기 때문에 그리스도교도로서의 신앙과 시민으로서의 긍지를 강렬하게 경험할 수 있는 기회였음에 틀림없다.

헨리 8세가 1536년 로마 가톨릭 교회와 결별하고 영국을 신교 국가로 전환하였을 때 종교극을 포함한 모든 가톨릭적인 것은 의심을 받았다. 1548년 성체축일의 축제가 금지됨으로써 신비극을 공연할 기회가 없어졌다. 그리고 엘리자베스 1세가 즉위하였을 때 지방 관리들에게 "종교적인 문제나 국가의 통치문제를 다루거나 표현하는" 여하한 연극도 금하도록 명령하였다. 1580년대까지 요크, 체스터, 코번트리, 웨이크필드에서의 신비극 공연은 모두 끝이 났다. 그러나 종교극의 공연이 감소되었을 때 새로운 형태의 극이 나타나게 되었다. 그 연극은 대중적이고 상업적이고 전문적이었다.

르네상스 시대의 극장

배우들이 더 이상 교회의 축일이나 종교적 축제에만 얽매일 필요가 없게 되었을 때 그들은 일하는 날에도 공연을 할 수 있었고 입장료를 받을 수 있었다. 이렇게 되기 위해서는 그들은 연극 이외의 것들로부터 방해를 받지 않는 공간이 필요했다. 순회 공연하는 배우들과 후원을 받는 극단들은 시청이나 여관의 객실이나 대저택의 연회장에서 공연을 하였고 교회에서도 여전히 공연을 하였으며 종종 마을이나 작은 도시 내의 가장 큰 실내 공간에서도 공연을 하였다. 신비극의 공연이 중단되기 이미 오래 전에 〈매그니피슨스*Magnificence*〉와 〈만인*Everyman*〉과 같은 도덕극이 환영을 받았다. 신교도의 지도자들은 드라마의 선전적 가치를 인식하였다. 토머스 크롬웰은 1530년대에 헨리 8세를 위해 연극 행사를 준비하였고 전문 극단들은 왕실과 귀족의 후원을 계속하여 누렸다. 극단은 전국을 순회하였고, 사실상 역병 때문에 런던으로 들어갈 수 없게 될 때마다 전국을 순회할 수밖에 없었다. 16세기 말 극장을 짓거나 기존 건물을 상설 공연 장소로 개조하였다. 기록에 남아 있는 최초의 극장인 런던의 레드 라이언the Red Lion은 1567년 스테프니에 지어졌다. 이 극장은 모험적 사업으로 세워진 노천 원형극장이었는데 성공했던 것 같지는 않지만 이후에 다른 극장들이 잇달아 세워져서 성공하였다. 시어터the Theatre(1576), 커튼the Curtain(1577), 로즈the Rose(1587), 스완the Swan(1595), 글로브the Globe(1599), 포천the Fortune(1600) 등이 모두 런던에 신축된 극장이었다.

원형극장뿐만 아니라 5개의 실내 극장이 1575년에서 1629년 사이에 실패할지 성공할지 모르는 상황에서 세워졌다. "사설" 극장은 실내 극장이었는데 여기서 배우들은 촛불을 켜놓고 공연을 하였다. 그들은 노천 원형극장보다 더 비싼 입장료를 받았으며 비교적 여유 있는 관객층을 유치하였다. 그들은 공공연히 왕실이나 대저택에서의 사적인 공연의 전통을 유지하였다. 런던에 있던 혁신적인 공연 공간은 셰익스피어의 글로브와 같은 노천극장이었다. 이 같은 극장은 영국에서 본 적이 없었고 그 디자인이 어디에서 나왔는지도 불분명하다. 이런 극장은 엘리자베스 시대의 황소나 곰 놀리기를 하던 장소를 모델로 하였다는 견해가 있지만, 최근의 학설에 따르면 이러한 견해보다는 레드 라이언이나 시어터를 세운 극장의 흥행주였던 제임스 버비지가 로마 시대 고전적 디자인의 극장을 지으려고 했다는 의견에 더 많은 신뢰가 모아진다. 오늘날에도 연극이 공연되는 건물을 의미하는 라틴어를 차용하여 자신의 (엘리자베스 시대의 말로) 극장을 시어터라고 이름붙인 사람은 버비지였다.

글로브는 목재와 벽토를 이용하여 다각형으로 건축되었는데 도넛 모양으로 지어져서 중앙에 "저급한 입석 관객들groundlings"이 서서 관람하는 지붕이 없는 마당이 있었고, 긴 의자로 된 좌석이 있는 초가지붕을 얹은 위층 관람석들과 마당으로 불쑥 나온 큰 무대가 있었다. 이 건물은 (종종 정확하지는 않았지만) 그림으로 많이 묘사됨으로써 너무도 잘 알려져서 엘리자베스 1세 시대 극장의 전형적인 양식으로 되어 있다. 셰익스피어가 이 극장에서 연기를 했고 이 극장에 일부 출자를 했으며 이 극장을 위해 위대한 희곡을 썼기 때문에 이 극장은 항상 최고의 관심을 끌어왔으며 결국 1997년에는 템스 강 남쪽 기슭에 본래의 극장이 있었던 자리 근처에 학문적 고증을 거쳐 재건이 되었다. 하나의 극장에 대한 그렇게 대단한 관심이 모아졌기 때문에 엘리자베스 1세 시대의 노천 원형극장들이 일시적이고 실험적인 공간이었다는 사실은 어느 정도 감추어지는 경향이 있다. 이러한 형태의 극장들은 의회가 극장을 폐쇄한 1642년부터 1660년까지의 기간에는 잔존하지 못했다. 연극이 왕정복고와 함께 대중의 무대로 돌아왔을 때 극장은 새로운 연극을 위한 모델이 된 촛불을 밝힌 실내 극장이었다. 인위적으로 불을 밝히고 전 관객을 위한 좌석이 마련된 실내 극장들은 그때부터 현재까지 연극을 위한 표준적인 장소가 되었다.

노천극장을 찾는 관객들은 많았다. 글로브와 포천은 각각 3천 명을 유치하였다. 최상류층을 제외하고 모든 사회 계층의 사람들이 관객들이었다. 연극은 무대의 뒷벽에 텅 빈 공간을 가로질러 쳐진 페인트칠한 벽걸이 천과 몇 가지 소품을 제외하고는 아무런 장치도 없는 무대에서 대낮에 공연되었다. 배우들은(여성 역은 소년들이 했기 때문에 여배우는 전혀 없었다) 다양한 당대의 의상을 입었다. 극단의 의상은 "각본"과 전 극의 "대본" 즉 스크립트와 각 배우의 대사와 큐를 보여 주는 무대 대본과 함께 극단의 가장 귀중한 자산이었다. 〈한여름 밤의 꿈〉에서 플루트는 연기에 익숙하지 않아서 자신의 "대사"를 큐까지 모두 한꺼번에 말한다고 퀸스가 불평하고 있다.

16세기 말에 런던에 자리를 잡았던 극단들은 대략 15명의 배우를 데리고 있었다. 주요 배우들은 극단의 소품, 의상, 각본의 공동 소유자들이었다. 각각의 극단들은 흔히 흥행주가 소유한 자체의 극장을 가지고 있었지만 글로브에서는 주연배우들이 그 일부 몫을 가지고 있었다. 극장의 내부는 화려하게 장식이 되어 있었고 배우의 의상도 그만큼 화려했다. 1599년 런던을 방문했던 스위스의 관광객, 토머스 플래터의 주의를 끌었던 것은 배우들의 의상과 춤 혹은 "지그 춤jig"으로 각 공연을 마감하는 그들의 관행이었다.

> 배우들은 가장 값비싸고 정교한 의상을 입고 있다. 그 이유는 지체 높은 귀족이나 기사들이 자신의 사망 시 자신의 하인들에게 그들의 옷 중에서 거의 최고의 옷을 물려주는 것이 영국의 관습이기 때문이다. 그러나 하인들이 그 옷을 입는 것은 어울리지 않기 때문에 배우들에게 헐값에 판다.

무대장치도 없고 소품도 거의 없어서 의상이야말로 개성을 보여 주는 분명한 수단이었다. 한 극단에는 15명의 배우가 있었고 (주연배우를 제외하고) 모든 배우는 여러 역을 맡아 했다. 의상은 인물의 신분을 드러내 주고 그들의 사회적 지위를 드러내 주는 데 도움이 되었고 엘리자베스 여왕 시대와 같이 계급 사회에서는 매우 중요하였다.

극단들은 일요일을 제외하고 매일 오후에 공연을 하였고 매회 다른 극을 공연하였다. 많은 관객들이 모여들었기 때문에 절도와 매춘의 기회가 되었고 싸움이나 심지어 소동이 일어날 가능성도 있었고 질병이 퍼지기도 했다. 도제나 직공들도 작업장에 손을 내려놓고 연극을 보러 왔다. 이 모든 것들은 시 당국의 골칫거리여서 런던이나 유랑극단이 찾아오는 도시에서는 가능하기만 하면 공연을 금지시켰다. 런던에서 역병으로 등록된 사망자 수가 주당 30명 이상이 될 때마다 극장은 자동적으로 폐쇄되었다. 시장의 불만을 피하고 그의 통제를 벗어나기 위해 극장이 도시의 외곽, 즉 그의 관할권이 닿지 않는 외곽에 세워졌다. 그 극장들은 관객들이 걸어서 올 수 있도록, 붐비는 도로변이나 그 가까이에 위치하였고 템스 강 남쪽 기슭에 있는 극장의 경우는 나루터 옆에 위치하였다. 그러나 배우들을 진정으로 보호해 준 것은 왕의 총애였다. 엘리자베스 1세, 제임스 1세, 찰스 1세는 모두 연극을 좋아하였고 궁정에서 공연된 연극들은 왕을 위해 특별히 쓰인 것이 아니라 극단의 상연 목록 중에 있는 것이었다.

연극 창작물들이 놀라울 정도로 많이 쏟아져 나오면서 지붕이 없는 원형극장도 발전하였다. 셰익스피어도 새로운 극장을 위한 연극을 쓰는 많은 작가들 중 한 사람이었다. 모든 작가들이 특정 극장을 위해 연극을 썼다. 크리스토퍼 말로는 로즈 극장에서 해군 장관의 극단을 위해 연극을 썼다. 셰익스피어는 시어터 극장과 후에 이 극장을 개축한 글로브 극장에서 의전장관의 극단을 위해 연극을 썼다. 벤 존슨은 글로브 극장을 위한 연극을 썼고 블랙프라이어즈 극장에서 소년 배우들로 이루어진 극단을 위한 비공식 연극을 썼으며 와이트홀에 위치한 궁정을 위한 가면극을 썼다. 연극은 무대에 오르기 전에 왕실 축하연 관리원장의 허가를 받아야 했다. 관리원장은 자신이 생각하기에 욕설이나 신을 욕하는 것과 같은 불경스러운 구절이나 왕을 시해하거나 폐위하는 내용이 언급되어 있다고 의심되는 구절같이 선동적인 구절이 있으면 검열하여 삭제하였다. 축하연 관리원장이 서명한 허가된 연극 극본은 극단의 의상 다음으로 가장 소중한 재산이었다. 이 극본은 극단의 프롬프트용 대본이 되었다. 이 대본으로부터 각 배우들의 역을 위한 대사가 베껴 씌어졌다. 극단이 순회공연을 다닐 때 이 대본을 가지고 다녔고 이 대본은 허가받지 않은 연극이 공연되지 않는다는 것을 시 당국에 확인시키기 위해 사용되었다.

노천 연극 공간은 원형극장에서 공연되는 연극에 어떠한 영향을 주었는가? 무대장치에서 비롯되는 신호들이 없었기 때문에 극작가들은 배경을 창조하기 위해 언어를 사용해야 했다. 인물들이 등장할 때 그들의 말에 의해 장면이 언제 어디서 일어나는지가 드러났다. "자, 이제 12시가 되었네. 자러 가게, 프란시스코Tis now struck twelve. Get thee to bed, Francisco"하고 〈햄릿*Hamlet*〉의 시작 부분에서 버나도가 말한다. 그들의 말로부터 야경을 서는 두 병사를 보고 있다는 것을 알게 된다. 〈십이야〉에서 바이올라는 "여보세요, 여기가 무슨 지방인가요?What country, friends, is this?"하고 묻고 선장의 답변으로부터 일리리아라는 곳에 있다는 것을 알게 된다. 관객들이 벌건 대낮에 연극을 보기 때문에 당시의 연극의 관례를 정확하게 이해하기 위해서는 의혹을 갖지 않도록 적극적으로 노력할 필요가 있었다. 셰익스피어의 연극에는 관객들이 그들의 상상력을 사용하게끔 호소하는 그런 부분들이 많다. 〈헨리 5세〉에서 코러스는 "여러분의 상상력을 움직이시오Play with your fancies", "여러분의 생각을 움직이고 또 움직이시오Work, work your thoughts", "우리의 힘이 못 미치는 바를 여러분의 상상으로 메우시오eke out our performance with your mind"하며 요구한다. 아쟁투르의 전투 장면을 무대에서 적절하게 상연하지 못한 데 사과하며 코러스는 "부족한 모방으로 사실을 상기하시며 이어 감상하소서Yet sit and see/Minding true things by what their mockeries be" 하며 말한다. 다시 말해 프랑스와 영국의 군대를 나타내는 극소수의 배우들, 즉 "초라한 칼 몇 자루four or five most vile and ragged foils"로서 전투를 "모방mockery"한 점을 무시하고 관객은 진정한 장면을 자신의 상상 속에서 창조해야 한다. 생각이나 상상에의 호소는 광경을 통해서가 아니라 언어를 통해서이다. 연극은 구어의 강렬함과 빠름과 복잡함과 직접성에 의해 더 활기차게 되었다.

17세기 초반부에 (연극이 1642년 청교도들에 의해 금지될 때까지) 공설 극장과 사설 극장 모두가 성행하였다. 관객은 빈부의 계층에 따라 분리되기 시작했고 두 형태의 극장은 각각 다른 관객으로 성황을 이루었다. 점차 우수한 음악적 자원을 가진 실내 극장들이 새로운 연극을 위한 바람직하고 고급스런 형태로 발전하였고, 원형극장은 구식의 유혈과 폭력의 연극을 공연하였다. 보다 더 정교한 형태의 연극은 궁정에서 발달하였는데 화려한 무대효과, 빨리 변하는 장면, 음악, 궁정풍 무용이 곁들여진 멋지게 각색된 가면극이 공연되었다

모든 극단들 중에서 국왕의 극단the King's Men은 셰익스피어와 존슨이 극을 써 준 극단이었는데(제임스 1세가 의전장관의 극단의 후원을 인계받았을 때 국왕의 극단이라고 개명되었다) 두 형태의 극장, 즉 공적인 공연을 위한 글로브 극장과 실내 무대에서 행해지는 공연을 위한 블랙프라이어즈 극장을 모두 소유하고 있었기 때문에 두 가지 형태의 영리를 위한 연극을 공연하였다. 블랙프라이어즈 극장은 1608년에야 그들의 손에 들어오게 되었고 셰익스피어의 마지막 작품인 〈템페스트〉만이 이러한 형태의 극장을 위해 씌어졌다. 이 극에서 셰익스피어가 주노와 시어리스를 그리는 데 있어서 궁정 가면극의 영향을 볼 수 있다.

1642년 극장의 폐쇄가 완전한 효력을 발휘하지는 못했다. 때때로 불법적으로 배우들이 런던에 남아 있던 여러 극장에서 연극을 올렸고 때로는 그 연극들을 폐쇄하고 의상을 압수하도록 병사들이 보내질 때가지 수일간 공연을 하였다. 그러나 의회의 금지령은 가혹하게 연극 공연을 제한하였다. 하나씩 극장이 문을 닫았다. 배우들은 외국으로 갔고 소년 배우들은 더 이상 훈련되지 않았다. 1658년 윌리엄 대버넌트 경Sir William Davenant이 무대 연극의 금지령을 벗어날 방법을 찾을 때까지 새로운 연극은 거의 씌여지지 않았다.

대버넌트는 매우 진취적인 사람이었다. 1630년대부터 극자가로서 그는 자신이 셰익스피어의 서자라고 주장했다. 계관시인 및 궁정 가면극의 작가로서 벤 존슨의 뒤를 이었다. 내란 동안에는 왕당파 편에서 싸웠으며 1640년에는 찰스 1세의 왕비와 함께 프랑스로 망명을 하였다. 1647년 메릴랜드로 항해하는 동안 찰스 1세가 그를 메릴랜드의 총

독으로 임명하였지만 크롬웰의 해군에 의해 붙잡혀 런던탑에 투옥되었다. 1654년 그의 석방은 아마 존 밀턴의 노력 덕분이었던 같다. 항상 연극인이었던 대버넌트는 (찰스 1세를 위해 만들었던 가면극처럼) 연극을 음악적 행사로 만듦으로써 금지령을 성공적으로 벗어날 수 있다는 것을 깨달았다. 1656년 영국에서는 본 적이 없는 영웅적 드라마와 일종의 오페라를 혼합한 형태의 〈로도스 섬의 포위공격*The Siege of Rhodes*〉이라는 작품을 썼다. 입장료를 부과하고 입장료를 지불하는 사람만이 입장되었을 때 이는 대중 연극이 재현하게 된 시발점이었다.

왕 정 복 고 기 의　극 장

찰스 2세는 연극을 좋아하였다. 왕위를 되찾기 위해 영국에 돌아온 후 곧 두 개의 극단에 허가를 내어 주었고 이 두 극단은 그들을 위한 새로운 극장이 건립될 때까지 쓰이지 않던 테니스 코트를 개조하여 공연을 하였다. 왕정복고기의 고급 극장들은 튜더 왕조 시대의 노천극장과는 사뭇 달랐다. 이 극장들은 작은 실내의 지붕이 있는 공간으로 말굽 모양의 피트(일층 관람석)가 있고 세 층의 발코니와 칸으로 막혀 있는 관람석이 둘러싸고 있고 피트로 돌출된 무대 앞 부분과 커튼이 내려지는 무대 안쪽 부분 사이의 무대를 분리하는 장식 아치가 있었다. 이들 극장의 설계는 대버넌트가 너무나 잘 알고 있었던 사설 극장이나 궁정의 극장을 생각나게 했지만, 이 극장들은 망명자들이 프랑스나 이탈리아에서 이미 보았던 발전된 배경이 있는 무대와 무대 장치의 영향을 받았다.

막은 서막 이후에 올라가서 종막 후까지도 내려오지 않았다. 막이 올라가면 원근화법으로 그려진 플랫이 설치된 안쪽의 배경이 있는 무대가 보이고 (때로는 착시현상을 증대시키기 위해 점감하는 비율로 무대가 만들어지기도 했으며) 무대의 맨 뒤쪽에는 역시 원근화법으로 그려진 배경이 있었다. 무대 위에는 실외 장면을 위한 나무나 구름이나 하늘을 보여 주는 테두리 장식이 매달려 있었고 혹은 실내 장면을 위한 건축물의 장식이 있었다. 무대 바닥에는 장면을 바꾸기 위해 덧문을 움직일 수 있는 홈이 있었다. 한 장면이 앞쪽에서 공연되는 동안 또 다른 장면을 위한 무대가 세워질 수 있었다. 왕정복고기 연극에는 덧문을 열어젖힘으로써 새로운 장면이 드러나게 되는 "폭로 장면discoveries"들이 많았다.

특히 희극에서는 엘리자베스 시대 연극처럼 주요 연기가 배경이 있는 무대가 아니라 장식 아치 앞의 피트 쪽으로 돌출된 앞 무대에서 행해졌다. 장식 아치 앞의 양쪽 편이나 한쪽 편에 있는 두 문으로부터 배우들이 등장하였다. 그러므로 왕정복고기의 극장은 배우가 관객과 가까이 할 수 있었던 아무런 무대장치도 없는 엘리자베스 시대의 무대와 배우들이 액자 같은 장식 아치 안에서 관객들로 떨어져 있었던 18세기 후반이나 19세기의 눈속임 그림 기법으로 만들어진 무대 사이의 일종의 중간 형태의 극장이었다.

엘리자베스 시대의 입석 관객들은 무대 앞마당에서 서서 보는 값싼 자리를 차지했다. 왕정복고기의 극장에서 일층 관람석 피트는 벤치로 된 좌석으로써 당시 인기 있고 사교적인 자리였는데 촛불이 켜진 실내에서 서로를 잘 볼 수가 있어서 거기서 멋쟁이들과 숙녀들이 만나서 어울리고 공연 동안 이야기를 나누었다. 찰스 2세와 그의 동생 요크 공은 작은 칸 막은 관람석을 예약해 놓았는데(그들이 오지 않을 때는 판매가 되었다), 가격은 칸 막은 관람석의 경우 4실링, 일층 관람석 피트와 일층 갤러리석의 경우 2실링 6펜스, 이층 갤러리석의 경우는 1실링 6펜스, 맨 위층 갤러리석의 경우는 1실링으로 가장 값싼 좌석이었다. 하인들이 찾는 맨 위층 갤러리 석의 입장료는 비교적 비싼 편이었다. 관객의 규모는 알 수 없다. 학자들의 추정치는 300명에서 1,000명 사이로 다양하지만, 만원일 때도 500명을 넘지 않았을 것이라는 견해에 대다수가 동의한다. 셰익스피어의 글로브 극장은 3천 명을 수용하였다.(윌리엄과 메리나 앤 여왕은 연극에 관심이 없었으므로) 특히 찰스 2세 치하 시의 왕정복고기 시대의 관객들은 품격 있는 사람들이었지만 전적으로 귀족은 아니었다. 중산층의 남녀 전문 직업인들이 극장을 찾았으며 그중 많은 사람이 정기적으로 공연을 관람하였다. 피프스가 1668년에 쓴 일기에 의하면 1월 1일부터 8월 31일 사이에 73차례 극장을 찾은 것으로 되어 있다. 그는 종종 그의 아내와 동반하였고, 비슷한 지위에 있는 많은 여성들처럼 그녀도 하인만을 데리고 가거나 혹은 여성 친구들과 함께 극장에 가는 것을 상당히 좋아하였다.

적은 수의 관객과 한정된 수의 극장(몇 해 동안에는 단 하나의 극장 밖에 없었던 적도 있었다)과 비싼 입장료는 연극 관람이 더 이상 대중의 인기 있는 행사가 아니었음을 나타내 준다. 왕정복고기의 공설 극장은 부유하고 품격 있고 교육받은 중산층을 위한, 다시 말하여 정선되고 결집된 집단의 전유물이 되었다.

왕정복고기 드라마에 있어서 주요한 두 가지 혁신은 바꿀 수 있는 무대장치의 사용과 여성 배우의 채용이었다. 제임스 1세와 찰스 1세의 궁정에서 화려하게 무대에 올려진 가면극에서는 여성들이 공연을 하였기 때문에 이 두 가지가 전적으로 새로운 것은 아니었다. 심지어 엘리자베스 여왕도 때때로 공연에 참가하였다. 그러나 그러한 경우는 사적인 행사였다. 왕정복고기 드라마에서 처음으로 공설 무대의 관객들은 여성 배우들과 눈속임 그림 기법으로 만들어진 무대장치를 볼 수 있었다.

그림 그려진 플랫, 덧문, 테두리 장식, 기계장치를 포함하는 정교한 무대장치는 연극의 내용과 공연 방법에 주요한 영향을 미쳤다. 비극에는 (종종 각운을 맞춘 시로 된) 인위적으로 꾸민 스타일의 언어에 어울리는, 잘 꾸며지고 이국적인 배경들이 있었다. 희극에서의 실내 장면은 사실적으로 그려진, 옷 갈아입는 화장실, 거실, 커피하우스, 도박을 하는 방을 무대로 장치가 되었다. 실외의 장면은 세인트 제임스 파크, 하이드 파크, 스프링 가든즈, 코벤트 가든의 광장이나 뉴 익스체인지를 묘사하는 경치가 그려진 무대에서 상연되었고 드물지만 이따금씩 지방의 사유지나 런던 이외의 도시의 거리에서 상연되었다. 더 이상 희극의 배경이 상상의 일리리아나 아테네 밖의 마법의 숲은 아니었다. 왕정복고기 희극은 관객이 잘 알고 있는 일상의 세계를 반영하였고, 무대장치는 배경의 장소를 알려 주는 이외에 연극의 의미를 나타내는 데 기여하였다. 〈촌뜨기 아내〉에서 대부분의 장면은 호너나 핀치와이프의 숙소를 배경으로 하고 있다. 결혼하지 않고 자유롭고 출세한 난봉꾼이 규칙에 얽매이고 제한적이며 신체적으로 격렬하고 좌절되고 질투심이 많고 소유욕이 강한 남편과 대립되게 배치되어 있다. 그 유사한 배경들은 그들이 서로 공유하고 있는 공통된 점이나 관객들과 공유하고 하고 있는 점을 강조한다. 기본적으로 그들은 꼭 같은 생활공간에 살고 있으므로 이러한 공유된 환경 속에서 그들이 서로 함께 잘 지내기 위해 어떻게 행동해야 하는가가 문제시된다. 서막이나 종막 때에 앞무대에서 말하는 남녀 배우들은 연극과 관객을 보다 더 밀접하게 관련시켜 당시의 도덕이나 관습에 대해 의견을 말할 권리를 주장한다.

여배우의 채용은 연극에 훨씬 더 많은 영향을 미쳤을는지 모른다. 연기는 여성들에게 직업의 기회를 부여하기는 했지만 그들에게 "훌륭한" 일자리는 아니었다. 여성들에게는 남성들보다 적은 임금이 지불된 데다가 극단의 주주가 될 수 있는 유리한 기회는 주어지지는 않았다. 극단의 주주가 된다는 것은 튜더 왕조부터 배우가 되면 얻을 수 있는 가장 유익한 자리였다. 여배우들은 손쉬운 성적인 놀이 대상으로 간주되었다. 대부분의 여배우들에게는 여러 명의 애인이 있었고 그들의 연애 사건은 흔한 한담거리였다. 1668년 1월 14일 피프스는 아내의 친구 중 한 명이 전날 저녁 공연에서 보았던 여배우 몰 데이비스에 대해 이러쿵저러쿵한 이야기를 기록하고 있다. "가장 뻔뻔스런 더러운 여자이고 왕이 지금은 더 많이 그녀의 뒤를 밀어주고 있어서 그의 정부로 생각되고 있다." 어떤 인쇄물에는 당대의 가장 유력한 여배우였던 엘리자베스 배리가 "돈을 목적으로 일하는 몸을 파는 여자"라고 묘사되었다. 그녀보다 어린 경쟁자였던 앤 브레이스거들은 (순결하고 아양 떠는 역할을 좋아해서) 순결한 것으로 명성이 났지만 이 자체가 중요한 문제였다는 사실은 여배우들의 연애 사건에 대한 호기심 많은 대중의 관심을 보여 주는 것이다. 그러나 익명의 필자가 그녀에 대해 쓴 표현은 무례할 정도로 암시적이다. "도도하고 우쭐해 하는 한 여인은 자신의 음란함을 숨김으로써 다른 사람들이 자신의 음란함을 분명히 드러냄으로써 벌어들이는 돈보다 더 많은 돈을 벌었다." 넬 귄Nell Gwyn은 희극적인 연기를 할 때의 확실한 솜씨보다는 일련의 연애사건을 통해 주연 배우의 정부가 되었다가 왕의 정부가 됨으로써 사회적으로 신분이 상승하였기 때문에 더 유명해졌다.

성적인 것이 무대에서 표현되었다. 왕정복고기 비극에는 강간이나 강간에 가까운 장면이 다루어졌고, 그 장면에서 여배우들은 살갗을 노출시키는 식으로 의상이 찢긴 채 "막이 오르자 무대에 이미 나와discovered" 있었다. "반바지를 입는" 남성 역할breeches role로 여성을 남성으로 가장하는 것은 으레 긴 드레스 아래 감춰져야 할 여성의 신체나 다리나 둔부를 드러내는 또 다른 방법이었다. 소녀를 소년으로 가장하는 것은 각색의 새로운 것은 아니었지만 셰익스피어의 극에서 그 역할은 젊은이가 담당했다. 왕정복고기 드라마는 의도적으로 여성의 성적 매력을 이용하고 드러낸다. 남녀 주인공의 교활한 성적 희롱이나, 유혹이나 유혹에 가까운 경우나, 자신이 더 이상 매혹적이지 않다는 것을 인정하지 못하는 늙은 여인네들의 우스운 희롱을 보여 줌으로써 왕정복고기 희극이 얼마나 성공하였는지를 생각해 보라.

왕정복고기의 관객들은 서로 밀접한 관계를 가지고 있었고 배우들과의 관계도 너무 긴밀하였기 때문에 공연에 대한 전율은 더 컸다. 남녀 배우들은 어떤 정해진 유형의 역할과 연상이 되었고 작가들은 이 점을 생각하면서 작품을 썼고, 때로는 실제의 사항을 참조하기도 하였다. 서막과 종막에 의해 배역과 실제의 삶 사이의 구분이 특히 불분명해졌다. 넬 귄은 이상하게도 그녀가 희극배우였기 때문에 드라이든의 〈포악한 사랑

Tyrannick Love〉(1669)에서 비극적인 여주인공 역이 맡겨졌다. 이 연극의 끝에서 죽게 되었는데도 불구하고 그녀의 관가에서 뛰어내리며 말한다. "멈춰! 너 미쳤어? 이 망할 놈아. 일어나서 종막을 말해야 한단 말이야Hold, are you mad? You damn'd confounded Dog/I am to rise and speak the Epilogue." 종막에서 그녀는 무대에서의 자신 역할과 알려진 자신의 성격 간의 차이를 공개적으로 조롱하고 있다.

사실대로 말하면 비극 속에서 나는
신이 부르시기 때문에 죽으러 가고 있노라.
오 시인이여, 너무나도 몰상식한 몹시도 우둔한 시인이여!
사랑 때문에 나를 죽게 하다니.

To tell you true, I walk because I dye
Out of my Calling, in a Tragedy.
O Poet, damn'd dull Poet who could prove
So Senseless! to make Nelly dye for Love.

18세기 극장

1728년 링컨즈 인 필드 극장의 경영자인 존 리치John Rich는 존 게이John Gay의 〈거지의 가극*The Beggar's Opera*〉을 공연하는 데 합의했다. 온갖 예상과는 달리 대성공을 거두었다. 당시의 유행하던 농담은 "이 연극으로 인해 리치는 즐거웠고 게이는 부자가 되었다It made Rich gay and Gay rich"였다. 사실상 두 사람 다 이 연극으로 성공을 하였고 리치는 그 수익금으로 코벤트 가든 극장을 세웠으며 이 극장에서 계속해서 뮤지컬 드라마와 팬터마임과 오페라를 공연하였다. 18세기 중엽의 가장 유명한 배우였던 데이비드 개릭David Garrick이 1747년 경쟁 업체인 드루리 레인 극장의 경영자가 되었을 때 그는 의도적으로 리치가 상연하는 공연물과는 반대로 당시의 주류가 되고 있던 드라마를 공연하기로 했다. "달라진reformed" 18세기의 취향에 따라 개릭은 옛 연극들을 바꾸고 새로 썼다. "가장 이름난 작가들의 많은 연극을 개작해야 할 절대적인 필요가 실로 있는 것 같다. 왜냐하면 기지가 있다고 불후작이 될 수 있는 이유로 받아들일 수는 없기 때문이다There seems indeed an absolute Necessity

1821년 헤이마켓의 시어터 로열의 내부 모습. 돌출한 앞 무대, 앞무대의 출입문, 그 위로 칸 막은 관람석이 있다.

1880년 헤이마켓의 시어터 로열의 내부 모습. 돌출한 앞 무대와 앞 무대의 출입문은 없어지고 앞무대의 아치가 무대 배경 그림을 둘러싸고 있다.

for reforming many Plays of our most eminent Writers, For no kindd of Wit ought to be received as an Excuse for Immortality"라고 그가 적었다.

월폴 수상은 〈거지의 가극〉에서의 정치적 풍자에 의해 화가 나서 1737년 의전장관의 검열권을 재개시키는 허가법을 제출하였다. 음란하거나 정치적으로 위험하다고 생각되면 무엇이든지 무대에서 공연될 수 없었다. 20세기 중엽에야 비로소 왕정복고기에 향유되었던 표현의 자유를 극작가들이 되찾을 수 있었다. 즉 그 법은 1968년까지 유효하였다. 이 법은 원래는 정치적인 풍자를 통제하는 데 목적이 있었지만, 이 법 덕분에 중산층의 도덕성을 해치는 것들을 싫어하도록 도시의 취향이 바뀌었다. 점차 극장은 관객을 끌기 위해 기지와 언어보다는 무대의 효과에 의지했다. 개릭은 앞 무대로부터 관객을 멀리 떼어놓고 절정에 있던 유력한 화가 필립 드 루더버그에게 조명을 비롯해 무대 설계를 관리하도록 의뢰하였다. 루더버그의 봉급은 주연배우의 두 배였고, 이는 무대의 눈속임 장치의 중요성이 점차 커지고 있음을 분명히 나타내는 것이다. 18세기 후반에는 무대의 범위가 장식 아치 뒤편으로 물러났고 사실적이고 눈속임을 일으키는 배경이 유행하게 되었다.

19세기 극장

19세기에 발전된 많은 다른 것들처럼 극장의 개혁은 공학적, 과학적 발견에 의해 촉진되었다. 18세기의 촛불이나 등잔불이 가스와 전기로 바뀌었기 때문에 흔들리는 그림자들은 19세기의 무대에서 사라지게 되었다. 19세기에 사실주의를 애호하는 경향과 더불어 새로이 적용할 수 있는 무대 조명이나 기계장치로 인해 몹시 정교한 무대가 만들어졌다. 액자 속의 그림처럼 이제 장식 아치 뒤편이 연기하는 공간이 되었다. 웅대한 장면의 경우 그 웅대한 장면을 실제로 보고 있다고 느끼도록 가공적으로 만들기 위해 무대의 규모가 커졌다. 바닥에는 긴 홈이 개설되었고 무대 장면들이 들어 올려지거나 위에서 내려질 수 있도록 키가 큰 탑들이 높이 세워졌다. 바다나 강의 장면은 크고 나지막한 용기 안에서 공연되었고 넓은 물 위에 비치는 무대조명의 효과는 감탄을 자아냈다. 값비싼 무대장치가 만들어질 수 있는데 그 이유는 며칠마다 새로운 극을 상연하는 이전의

1858의 찰스 킨이 연출한 〈베니스의 상인〉의 무대 장치로 샤일록의 집 외부를 보여 줌(W. 텔빈의 그림)

레퍼토리 극단 체제가 장기 공연물을 연기하고 계획하는 배우-경영자의 체제로 변화되었기 때문이다. 어빙이 라이시엄의 경영을 맡았을 때 80명 이상의 목수, 50명의 소품 담당, 30명의 가스 조명 담당을 고용했던 것으로 정평이 나 있다.

무대장치와 음악, 호화로운 구경거리와 선정적인 것들이 있는 19세기 극장은 모든 사회 계층으로부터 많은 관객을 끌었다. 새로운 형태의 극, 즉 보드빌(노래나 춤이 곁들어진 가벼운 희극), 서커스, 멜로드라마 등이 유행하였는데 멜로드라마는 등골을 오싹하게 하고 신경을 흥분시키도록 극장의 무대효과를 철저하게 이용하였다. 셰익스피어의 극들은 충분한 무대장치를 가지고 공연되었다. 〈한여름 밤의 꿈〉의 공연에는 바다 경치, 배경음악, 잎이 우거진 굽은 나무들과 줄줄이 늘어선 생화가 있는 숲의 장면이 있었는데, 이는 요정의 나라와 같은 환상의 세계에 대해 빅토리아 시대 사람들을 매혹시키는 실마리가 되었다. 목적을 달성하기 위해 무언극이나 배경과 조명에 의존하는 무언의 에피소드가 첨가되었다. 역사극을 연출하는 주요 공연에서 벽걸이나 깃발들이 걸린, 진을 친 성이나 크고 높은 도시 성벽을 보여 주는 무대장치가 세워졌고 군중이 나오는 장면에는 출연배우들이 100명 이상에 달했다. 화려한 의상과 동화 같은 무대 장면은 역사적 정확성에 대한 관심을 자극하기는 했지만 역사적으로 고증을 거친 것은 아니었다. 이러한 무대장치들 속에 반영되고 강화된 더 깊은 실체는 빅토리아 시대 사람들의 자신감, 즉 세계 최강국 국민으로서의 이미지였다.

현대 극장

헨릭 입센과 안톤 체호프의 영향을 받은 20세기 초반의 연극은 선정주의적인 성향이 약해졌고 이전 시대의 작품들보다 자연주의적인 주제를 다루게 되었으며 사실주의적인 요소를 지닌 무대는 여전히 유행되고 있었다. 장식 아치는 아주 세심하게 개조된 내부의, 실제로는 존재하지는 않는 네 번째 벽과 같았다. 객석에 앉아 있는 관객은 사적인 공간에서 공연되고 있는 연극을 특별히 허가된 자리에서 은밀하게 보고 있는 것 같았다. 그러나 아방가르드 극장은 사실주의나 눈속임을 위한 가공적 무대장치를 거부하고 실

1858년 찰스 킨이 연출한 〈베니스의 상인〉. 배우들이 다리 위에 서 있거나 곤돌라를 타고 운하 위를 떠다닐 수 있었다.

험적으로 거의 텅 빌 정도로 무대 장식을 없애고 배경을 창조하기 위한 몇 가지 상징적 구조물이나 분위기를 높여 주는 조명에 의존하였다. 이는 극장은 예술이며 현실로부터 유리된 예술품, 즉 추상물이라고 주장한 고든 크레이그Edward Gordon Craig의 작품에서 볼 수 있다. 그의 혁신적인 설계에는 건축을 암시하는 종합적인 조명과 형식이 사용되었다. 1920년대와 30년대의 독일에서 베르톨트 브레히트Bertolt Brecht는 표현주의적이고 미니멀리즘적인 무대장치를 만든, 눈속임 그림 기법을 반대하는 디자이너와 일을 하였다. 몇 개의 커튼과 때로 그 위에 휘갈겨 쓴 글이 있기도 하고 텅 빈 무대와 스크린에 투사된 글이나 이미지 등, 이러한 것들이 그의 무대의 기본적인 요소였다. 눈속임 그림 기법을 적극적으로 반대하는 양식으로 작업하는 그의 경험으로부터 관객이 인생이 아닌 극장에서의 연기를 보고 있다는 사실을 잊게 해서는 안 된다는 개념인 소외 이론을 발전시켰다.

오늘날 연극 공연은 절충적이다. 컴퓨터 자동화에 힘입은 복잡한 조명과 기계장치로 어떠한 눈속임 장면이든지 만들어 낼 수 있다. 동시에 영화와 텔레비전이 실체의 모습을 재현하는 더 큰 힘을 갖고 연극에서의 눈속임 장면에 대항할 수 있다. 지난 세기 동안

1912년 허버트 비어봄이 연출한 셰익스피어의 〈헨리 8세〉의 2막 1장 장면

1908년 E. 고든 크레이그가 〈햄릿〉 공연을 위해 디자인한 무대 장치

의 연출 방식의 변화로 인해 결과적으로 서로 다른 연출 방식이 배제되거나 제거되지는 않았으며 현재는 어떤 방식이든지 연극 계획에 사용된다. 20세기 초에 유행했던 사실적이고 자연주의적인 무대장치에서의 연극을 여전히 볼 수 있다. 무대장치는 상징적이면서 침울할 수 있고, 정교하면서도 인공적일 수 있으며, 엉성하면서도 꾸밈없을 수 있고, 장식적이며 멋질 수도 있다. 의상은 역사적으로 정확할 수 있고, 심히 환상적일 수 있고, 단순하게 의상답지 않은 청바지에 티셔츠 차림일 수 있고, 시대와 유행을 혼합한 의상일 수도 있다. 이러한 선택은 연극이 공연되는 공간과 연극을 보는 관객과 연극을 기획한 극단에 좌우되기 쉽다.

현대 연극에 대해 생각해야 할 문제가 있다. 텍스트가 무대를 위해 씌어졌는가, 라디오를 위해, 영화를 위해, 아니면 텔레비전을 위해 씌어졌는가? 연극이 현대적 극장이 제공할 수 있는 모든 자원과 방법을 가진 극단에 의해 공연되었는가, 아니면 최소한의 무대장치와 어떠한 인공적인 조명도 없이 학교나 지역사회의 공화당에서 작은 순회극단에 의해 공연되었는가? 아니면 관객이 완전히 보이고 연예의 일부를 제공하는 템스 강

남쪽 강변에 새로이 재현된 옥외의 글로브 극장에서 공연이 되었는가? 어떤 부류의 관객, 즉 런던이나 스트래트퍼드나 지방 도시의 실연하는 극장을 다니는 소수의 관객을 위해, 아니면 영화를 보는 대규모의 국제적인 관객을 위해 공연이 되었는가?

영화는 경제적인 측면에 의해 지배되어 왔기 때문에 수천 명의 배역을 필요로 할 수 있지만 현대의 무대 연극은 소수의 배역만을 사용하는 경향이 있다. 영화와 텔레비전의 초현실주의 덕분에 무대에서 연극 외적인 장치를 사용하게 되었는데, 이는 의도적으로 무대 연극의 비현실성이나 "과장성staginess"에다 주의를 끈다. 예를 들어, 테네시 윌리엄스Tennessee Williams의 〈유리 동물원*The Glass Menagerie*〉의 시작 부분에서 톰이 관객들에게 직접 말을 한다거나 톰 스토퍼드Tom Stoppard의 〈아르카디아*Arcadia*〉의 7장에서 1809년의 인물들과 현재의 인물들이 무대 위에 함께 등장하는 것 등이다. 어떤 연극이든지 그 텍스트는 본래 씌어졌을 때의 극장의 여건이나 극장의 여건이 급진적으로 변화했을 수 있을 때 그 극이 연출되는 방식에 의해 영향을 받는다. 조너선 밀러Jonathan Miller는 새로운 표현 양식을 통해 고전 연극의 새로운 해석을 창조하는 연극의 힘에 찬사를 표하며 이를 연극의 "사후 생명afterlife"이라고 불렀다.

9. 극문학 입문 — 셰익스피어

문학을 비평적으로 연구할 때 텍스트를 해석하는 데는 여러 방법이 있다는 것을 기억할 필요가 있다. 텍스트는 안정된 실재물이 아니다. 셰익스피어 극의 연출가는 그들이 연출하는 작품에 맞게 대사를 삭제하기도 하고 바꾸기도 한다. 배우들은 근본적으로 다른 방법으로 배역을 연기하기도 한다. 관객들은 자신의 개인적인 반응을 그 역할에 이입한다. 비평 방법이 달라지면 텍스트에 대한 해석이 달라진다.

이 장에서는 하나의 텍스트를 여러 가지 관점으로 보기 위해 시작할 수 있는 방법들을 설명하고 있다. 서로 다른 많은 비평적 방법들이 있다. 이론적이거나 형식의 관점에서 텍스트를 연구함으로써 달리 생각하지 못했을지도 모르는 의미가 어떻게 드러나게 되는지를 보여 주기 위하여 보다 중요한 비평 방법 중의 일부가 여기 개략적으로 기술되어 있고 매우 간략하게 설명되어 있다. 이러한 연구 방법에 관심을 갖게 되고 이러한 비평방법을 계속해서 보다 깊이 연구하고 싶다면 이 방법들이 복잡하고 광범위하다는 것을 알게 될 것이다. 그러나 단순한 차원에서조차 어떤 텍스트든지 다음 방법들을 적용해 보면 자신이 받아들일 수 없는 방법을 포함해서 많은 서로 다른 해석을 시도해 볼 수 있게 된다.

플 롯

텍스트가 설화시든, 소설이든, 단편소설이든, 희곡이든, 사실의 설명문이든 간에 스토리와 플롯이란 용어는 텍스트상의 일련의 연대기적인 사건을 배열하는 방법을 설명하기 위해 사용된다. "스토리story"라는 용어는 사건이 전개될 때 논리적이고 인과관계를 가진 사건을 언급하지만 "플롯plot"이란 용어는 사건을 이야기는 방법을 설명하기 위해 사용되며, 여기에는 시간적 순서를 무시하고 특정 에피소드를 다른 에피소드보다 더 두드러지게 하고 제거하게 되거나 입장을 개입시킨 관점에서 사건을 진술하게 하는 등의 방법이 포함될 수 있다. (혼란스럽게도 어떤 비평가들은 이 두 용어를 반대로 사용하지만 이 책에서는 이 용어들이 앞서 말한 것처럼 사용될 것이다.) 하나의 스토리는 사건들이 이야기되는 방법에 따라 많은 다양한 플롯을 제공할 수 있다. 예를 들어 셰익스피어의 〈안토니와 클레오파트라*Antony and Cleopatra*〉의 이야기는 만약 작가가 다른 사건들을 선택하거나 주인공을 옥타비아로 하거나 옥타비우스로 한다면 "옥타비아의 비극" 혹은 "옥타비우스의 승리"에 대한 희곡의 토대를 제공할 수 있을 것이다.

플롯은 으레 어린이를 위한 가장 단순한 이야기에서조차도 노골적인 방식으로 말하지 않도록 한다. 잠자는 숲속의 미녀가 잠들고 난 후 순식간에 여러 해가 지나가는 반면에 〈아기 돼지 삼형제*The Three Little Pigs*〉에서 돼지들의 집들이 쓰러지는 에피소드가 반복에 의해 어떻게 연장되어 나타나는지를 생각해 보라. 어떤 에피소드는 오래 끌고 어떤 에피소드는 무시되거나 빨리 지나가고 어떤 에피소드는 미스터리를 창조하기 위해 독자에게 감춰질 것이다. 많은 에피소드는 전혀 고려되지 않는다. 왜냐하면 작가는 모든 가능한 사건으로부터 텍스트 안에 이용할 사건만을 선택하기 때문이다.

플롯이 중간이나 심지어는 끝에서 시작하여 텍스트 속의 시간적 범위 내에서 앞뒤로 움직일 때 사건의 연대기적인 순서는 근본적으로 바뀔 수 있다. 소설에서는 종종 시간 순서가 이리저리 움직이지만 셰익스피어의 극은 시간상으로 한 사건 후에 다음 사건이 나오는 연대기적인 방법으로 플롯을 이야기하는 경향이 있다.

다수의 스토리가 이야기되어질 수 있다. 부차적 플롯sub-plot은 작가가 포함은 시키지만 주된 스토리에 부차적인 것으로 유지하고 싶어 하는 부수적인 스토리를 말한다. 사건이 전개되는 방법을 조직함으로써 작가는 독자의 주의를 집중시키고 통제한다. 구조structure는 텍스트의 전반적인 효과를 강화하기 위한 유용한 장치이다.

구조주의와 형식주의

구조주의structuralism는 인간의 사회가 제도나 구조나 규칙(예를 들어 언어 체계) 내에서 기능을 하고 어떠한 제도 내에서의 일부분은 그 구조 내의 다른 부분과의 관계나 차이로부터 의미를 끌어낸다는 믿음에 근거한 복잡한 이론이다. 여기서는 이 이론의 한 가지 면, 즉 문학의 장르와 관련된 면만을 생각해 볼 것이다. 이 이론은 20세기 초반에 러시아에서 발전된 문학 연구 방법인 형식주의formalism와 관련이 있다. 이 연구 방법은 한정된 수의 문학적 구조와 플롯이 있다고 가정하는데, 경험 있는 독자는 이 점을 알아내는 방법을 배운다. 문학의 특질 중 하나는 우리의 예상에 따르기를 거부하는 힘, 즉 문학적 구조를 "변형deform"하는 힘이기 때문에 텍스트가 이행하거나 이행하지 못하는 예상을 구조를 지배하는 법칙을 이해함으로써 갖게 된다. "옛날 옛적에Once upon a time"로 시작되는 동화는 "그리고 그들은 내내 행복하게 살았다and they lived happily ever after"로 끝날 것이라고 예상한다. 그리고 익히 알고 있는 결말에 즐거워하지만 이야기 속의 예기치 않은 전개에 의해 놀라고 기뻐한다. 우리는 셰익스피어 극이 처음부터 희극이나 비극의 세계에 있다는 것을 알게 되고 연극이 어떻게 끝날 것인가(결혼이나 죽음)에 대한 예상은 여러 가지 부분에 대해 반응하는 방식에 영향을 준다.

셰익스피어의 희극은 존슨과 같은 작가의 풍자적인 희극과는 대조적으로 낭만적이다. 풍자 희극에서 사람들은 웃음거리가 되고 사랑은 대수롭지 않지만 낭만적인 희극은 주로 사랑에 대한 것이며 결혼으로 끝이 난다. 셰익스피어에 있어서 젊은이들은 첫눈에 반하게 되고 부모나 신분의 간섭을 허용하지 않는 정열을 가진다. 연인들의 행로는 처음에는 순탄하지가 않다. 셰익스피어의 희극은 상실과 혼란과 절망으로 시작하지만 항상 결혼으로 표현되는 화해와 화합으로 끝이 난다. 그 화합은 연인들의 사적인 세계보다 더 폭넓다. 왜냐하면 셰익스피어는 어려움을 성공적으로 해결함으로써 모두가 화합하게 되는 사회에 그 연인들을 두기 때문이다. 그의 초기 희극에서 사회의 화합은 완전하다. 후기 희극에서 〈십이야〉의 말볼리오와 〈템페스트〉의 안토니오처럼 어떤 인물들은 화해에 포함될 수가 없다.

희극에서 (오르시노, 바이올라, 캐서린, 헤르미아, 로잘린드와 같은) 남녀 주인공들이 처음에 불행한 상황에 처해있다고 해서 걱정하지는 않는다. 왜냐하면 그 극의 구조상 행복한 결말이 될 것이라는 것을 알고 있기 때문이다. 베네딕트와 비어트리스가 어떻게 이 논리에 부합하는가? 그들은 연극의 시작 부분에서 그들이 처한 상황에 만족해 하는 것 같다. 그들의 안정된 상황은 간섭하는 선의의 친구들 때문에 붕괴되는데 이는 그들의 의지와 무관하게 생긴 일이다. 그러나 예상되는 결말이 암시하고 있는 바는 그들이 서로에 대해 분명히 만족하지만 반감을 표출한다는 점은 독신 생활에 대해 불만을 느끼는 그들의 진정한 상태를 인정하기를 극기적으로 거부하는 것이었을지도 모른다는 것이다. 그들이 주장하는 것만큼이나 서로를 싫어했다고 믿는다면 실제로 마음 편히 희극의 플롯을 따라갈 수 있을지 자문해 보라. 그들의 당황과 증대되는 애정에 대해 즐거워하고 그들 자신보다 그들을 더 잘 이해하고 있음에 기뻐하는 것은 우리의 특별한 입장에 근거한 것이 아닌가? 그들의 성격에 대한 심리학적인 통찰보다는 그 극의 구조상 그들이 결합되어야 한다는 것을 인식함으로써 이러한 특별한 이해를 갖게 된다.

아리스토텔레스는 비극을 자신의 고귀한 본성 속의 비극적 결함에 의해 궁극적으로 파멸과 죽음을 맞게 되는 위대한 인간의 몰락으로 정의하였다. 모든 비극은 주인공의 죽음으로 끝이 난다. 순진한 주인공이 다른 사람들이 범한 행동에 대한 복수로 살인을 저지르는 짐을 지게 되는 복수 비극은 배역 대부분의 죽음으로 끝이 난다. 아리스토텔레스의 이론은 많은 면에서 셰익스피어의 비극에 부합된다. 오셀로는 고결한 무어 인으로서 질투라는 비극적 결함에 의해 오도된다. 햄릿은 도덕적으로 섬세하고 총명하며 유망한 왕자로서 "사건에 대해 너무도 엄밀히 숙고함thinking too precisely on th'event"으로써 그 우유부단함에 의해 오도된다. 안토니는 유명한 지도자로서 열정에 의해 오도된다. 그러나 이는 셰익스피어가 주인공의 몰락에 본성을 관련시키는 능력을 충분히 설명하지는 못하는 것 같다. 햄릿이나 맥베스나 리어의 죽음과 함께 우주의 존재를 느끼고 연극계는 상실에 의해 동요된다고 느낀다.

결과가 치명적일 것이라는 점은 연극을 보는 사람들의 마음속에 분명하게 자리잡고 있다. 시작 장들에서 햄릿의 부친의 유령이나 〈맥베스〉에서의 마녀들이나 로마로부터 안토니에게로 사신들이 교대되어 오는 것 등은 모두 주인공이 가게 될 비극적인 행로를 가리킨다. 반면에 왕국을 분할하는 리어의 어리석음과 코딜리어를 쫓아내는 그의 무자비함은 임박한 파국을 암시한다. 호레이쇼, 밴쿠오, 필로, 켄트와 같은 믿을 수 있는 방관자들의 견해는 주인공의 최초의 결정에 대한 관객들의 이해를 확증해 주고 비극의 구조에 대한 경험으로부터 이러한 결정이 꼭 치명적이 될 것이라는 것을 알게 된다. 오셀로는 자신의 비극적 결말로 향하는 행동을 처음에는 전혀 하지 않지만 이아고는 처음부터 무대에 등장하여 자신이 의도하는 악행을 알려 준다.

일부 연극은 희극이나 비극의 장르에 쉽게 부합되지 않는 구조를 갖는다. 〈겨울 이야기*The Winter's Tale*〉는 비극의 양식으로 시작되어 페르디타가 목동에 의해 발견될 때까지 이 양식이 유지되다가 발견되는 시점에서 이 극은 희극의 양식으로 전환된다. 이 연극의 전반부에서 극이 비극적 결말로 치닫고 있다는 구조상의 암시가 있는지, 그리고 후반부에서 희극의 세계로 전환되었다는 것을 어떻게 알게 되는지 생각해 보고 싶을지도 모른다. 겨울이 봄과 대립되는 것처럼 사실상 그 구조는 두 장르와 대립되며, 이 극을 몰아가는 재생, 갱생, 부활로의 움직임은 사건과 언어상에서 너무도 분명히 드러나는 삶과 죽음의 구조적인 대립에 좌우된다. 연출가가 분위기와 스타일에 있어서의 변화를 느끼게 하기 위해 막간을 어디에 두는지를 보는 것은 항상 흥미롭다. 제3막이 끝날 무렵이나 제4막이 시작할 무렵에서 막간이 와야 하지만 연출가들은 안티고누스가 아기를 내버리는 장면 앞에서, 곰이 등장할 때, 목동들에 의해 발견된 후 소문이 도달되기 전에 막간을 두기를 선택하였다. 구조상의 중요점이 어디에 있어야 최상이라고 생각하는가, 그리고 언어상 무엇이 한 장르에서 다른 장르로의 전환을 암시해 주는가?

〈자에는 자로*Measure for Measure*〉는 또 하나의 희극이나 비극의 장르에 쉽게 부합하지 않는 연극이다. 그 구조는 아래로 깊은 곳까지 나선 모양으로 내려갔다가 다시 올라오는 발견의 여정이다. 공작을 따라 궁전에서 감옥까지 사회를 관통한다. 개인들은 자신이 수치스러운 행동을 범할 수 있다는 것을 발견한다. 그 나선 모양의 움직임은 제4막에서 공작이 "보시오, 새벽별이 목동을 불러 깨우고 있습니다Look th'unfolding star calls up the shepherd"라고 말할 때 전환되기 시작하지만 우리의 기대가 실현된 것으로 이 극은 끝이 나는가? 이는 이 극이 공연에서 어떻게 종결이 되는지에 좌우될 수 있다. 연출가는 이자벨라가 결혼 생각을 받아들이거나 아니면 거부하게 되는 무언극으로 종결하기를 선택할 수도 있지만, 그래서 모든 것이 해결되지 않았다는 불편한 느낌을 받게 된다면 어떤 기대를 갖게 해 놓고 그 기대를 완전히 만족시키지 않은 구조에 반응하고 있는 것이다.

등 장 인 물

등장인물은 사실주의 문학에서 가장 뚜렷이 드러난다. 드라마나 소설에서 지면상의 글들이 살아 있는 인간에 관한 것처럼 대부분의 해석은 인물에 대해 논의하고 있다. 인물을 창조하는 데 있어서 작가의 솜씨는 대체로 실제 인간을 만나고 있다는 환상을 갖게 되고 현실적으로 가능한 것보다 더 깊이 있게 인물에 대해서 알게 되는 정도에 의해 판단된다.

드라마에서 배우들이 배역을 실현하는 여러 가지 방법에 의해 인물에 대한 해석의 가능성은 늘어난다. 예를 들어 〈안토니와 클레오파트라〉에서 클레오파트라는 안토니보다 더 어리거나 비슷한 나이로서 연기될 수 있다. 그녀는 믿을 수 없고 허영심이 강하고 변덕스럽고 어리석은 여자일 수 있다. 그녀는 매력적이고 유혹적이며 우아하고 고결할 수 있다. 그녀는 매력적으로 쾌활하거나 약 올리고 도발적인, 애태우는 여자로 제시될 수 있다. 여하한 해석이든 그 증거는 텍스트에 근거해야 하지만 연극에서는 많은 증거가 다른 인물들의 견해에 의해 제공되며 클레오파트라와 같은 복잡한 여성 인물은 다양

1999년 셰익스피어의 글로브 시어터에서의 남자 배우로만 연출된 〈안토니와 클레오파트라〉 중 클레오파트라 역을 맡은 마크 라일랜스.

한 반응을 불러일으킨다. 이노바아버스는 실제로 그녀에 대해 어떻게 생각하는가? 옥타비우스는 연극이 전개되는 동안 그의 견해를 바꾸는가?

19세기와 20세기 초의 비평은 특히 인물 중심이었다. 그래서 셰익스피어 극의 인물들을 마치 실제 인간인 것처럼 다루고 그들을 심리학적으로 분석하고 그들에게 이전의 역사와 그 이후의 운명을 부여하였다. 인물들이 실제 인간이 아니라 문학적 가공물이며 그들의 특징이 전통적 유형types과 일치할 수 있다는 점을 기억하는 한 인물 분석은 여전히 텍스트를 연구하는 매혹적이고 유익한 방법이다. 중세의 도덕극에서부터 영국의 드라마는 자비Mercy나 신념Faith이나 만인Everyman과 같이 도덕적 속성을 대표하는 인물들에 대한 개념을 이어 왔다. 〈헨리 4세 제1부〉와 〈헨리 4세 제2부〉에 나오는 폴스타프는 중세의 악Vice이나 폭동Riot 같은 인물들로부터 발전한 것이며 다른 사람들에게 달라붙어 돈이나 이익을 챙기면서 그들에게 죄를 범하게 하는 쾌활하고 강인한 인생의 향유자이다. 〈자에는 자로〉에서 공작은 너무도 불가사의한 성격을 가지고 있어서 그의 행동들을 만족스럽게 하나의 일관된 것으로 조정하기가 어렵다. 비평가들은 〈겨울 이야기〉의 페르디타가 봄을 상징하는 화신으로 해석될 수 있는 것처럼 그 공작도 정의라는 속성을 나타낸다고 주장해 왔다.

언 어

모든 텍스트는 언어로 재현된다. 그리고 언어는 리듬과 운, 어휘와 구문, 이미지와 상징을 통해서 의미를 창조하는 힘을 갖는다. 엘리자베스 여왕 시대의 장식이 없는 무대에서 연극을 위한 가공의 배경을 창조해 낸 것은 언어였다. 〈안토니와 클레오파트라〉는 로마와 이집트 사이를 계속해서 이동하고, 언어를 통해서만 그 장면이 어느 장소를 배경으로 하는지 알게 된다. 각각의 영토와 연상되는 말 속에서, 대립적인 것이 표현되어서 로마는 합리적이고 합법적이고 질서가 있지만 냉정하고 무자비한 반면에 이집트는 불가사의하고 비합리적이고 무질서하지만 온정 있고 매혹적이며 아름답다는 것을 인식하게 된다.

인물들에게 개인 언어ideolect, 즉 개인의 말하는 방식 또는 말씨를 부여하고 그들을 둘러싸는 분위기를 창출함으로써 언어에 의해 인물이 확립된다. 폴스타프의 꾸며대는 재주, 이아고의 비꼬는 말, 햄릿의 혼잣말 등은 다른 인물들의 말과 혼동될 수 없다. 바다와 이국땅을 이용한 오셀로의 이미지는 그를 "여기저기 떠돌아다니는 외국인extravagant and wheeling stranger"으로 그의 정체성를 부여하는 데 도움이 된다.

비유적인 언어는 전 텍스트에 분위기를 조성해 준다. 〈겨울 이야기〉에서 상반되는 두 세계는 반복적으로 겨울과 봄과 관련된 언어로 묘사된다. 반면에 허마이오니의 회복은 마법이나 주술과 관련된 언어로부터 경이감을 얻는다. 〈햄릿〉에서 죽음과 병의 이미지는 "이 나라 어딘가가 썩어든 거야something is rotten in the state of Denmark"라는 생각을 반복시키고, 행위를 한다는 것과 배역을 연기한다는 의미에서 행위, 행동, 연기의 주제는 연극 전체에 흐르고 있다. 〈리어왕〉에서 본성에 대한 두 가지 개념, 즉 인간의 동물적 본성과 도덕적 본성과 관련된 말들이 집중적으로 나오고 있지만 의상, 변장, 벌거벗음과 연상되는 언어는 인간의 결핍에 대한 리어왕의 증대되는 이해를 반영한다. 언어의 집단은 주제를 표출하고 이미지는 텍스트를 구성하는 또 다른 방법을 제공한다.

페미니즘 비평

페미니즘 비평가들은 여성의 관점에서 텍스트를 고찰하도록 가르쳐 왔다. 이전 대부분의 텍스트들은 남성에 의해 씌어졌다. 19세기와 20세기가 되어서야 많은 수의 여성 작가들이 나타나기 시작하였다. 페미니즘 비평가들은 전 세기의 여성 작가들을 재발견하기 위해 많은 일을 했으며 여성들은 때로 그들의 작품이 문학의 정전에는 포함되지 못했지만 항상 글을 써 왔다는 점을 인식시켰다.

페미니즘 비평가들이 탐구했던 또 하나의 영역은 언어의 문제였다. 페미니스트들은 가부장적 사회에서 여성들이 자신을 부차적이고 소극적인 범주에 속하게 하는 (여성/남성female/male, 능동/수동active/passive, 이성/감성rational/emotional, 과감/수줍음 adventurous/timid와 같은) 대립관계에 있는 언어에 의해 종속되고 있다고 주장한다. 그들은 여성들이 본래 남성과는 다른 스타일로 글을 쓰는지 그리고 남성 지배적인 언어와 문학 형식으로 자신의 인식이나 관심을 표현하는 것을 거북하게 느끼는지를 질문해 왔다. 부분적으로는 편지와 일기 형식의 글로부터 발전한 소설은 특히 여성들에게 적합한 문학 형식으로 주장되어 왔다.

페미니즘은 성적 차이가 인식될 수 있는 세 영역을 구분하였다. 생물학적 차이가 있는데, 20세기 중엽까지는 여성들에게 안전한 산아 제한 방법이 부족했다. 정치적인 차이가 있는데 20세기까지는 정치 권력으로부터 여성은 배제되었다. 마지막으로 문화적 차이가 있는데 여자 아이들이 남자 아이들과는 다른 열망을 가진 것으로 길러지는 가능성이 있었다.

페미니즘 비평은 다음 사항들을 주의 깊게 탐구한다. 여성 인물들이 문학 속에서 어떻게 묘사되고 있는가? 텍스트에 창조된 세계에서 여성 인물들의 사회적 지위는 어떠한가? 남성들에게 제공될 수 있는 삶과 비교해서 여성 인물들은 어떠한 삶을 영위할 수 있는가? 여성 인물들은 어떠한 힘을 가지고, 어떠한 목표를 위해 애쓰고, 이는 남성 인물들과 그들의 관계에 어떤 손익을 가져오는가? 여성 인물들은 어떠한 여성의 이미지를 주며 그 이미지는 오늘날 여성들이 스스로 인정하는 이미지인가?

〈헨리 5세〉에서 캐서린 공주는 외교적 목적을 위한 볼모로, 헨리의 프랑스 정복을 보다 더 확실히 하기 위해 그에게서 결혼을 요구받는다. 그녀는 아주 유순하다. "그것은 왕이신 아버님의 뜻에 달려 있어요Dat is as it shall please de roi mon pere"는 헨리의 청혼에 대한 그녀의 대답이다. 현대에 연출된 공연에서는 헨리가 수줍은 신경과민 상태로부터 진정으로 애정을 느끼는 모습으로 변화하며 반재미로 연기함으로써 제5막의 극단적 우월주의를 약하게 하지만 캐서린이 어떻게 느끼는지에 대해서는 그 정도의 관심을 드러내지 않는다. 〈베니스의 상인〉, 〈십이야〉, 〈리어왕〉에는 모두 상당한 권력과 권위와 용기가 있는 여성 인물들이 있다. 포샤와 올리비아는 자신의 집안을 관리하고 코딜리아는 군대를 지휘한다. 그러나 모두가 극이 끝날 때는 독립성을 잃게 된다.

〈말괄량이 길들이기*The Taming the Shrew*〉에서는 통제할 수 없는 여주인공이 나온다. 방종하고 제멋대로인 캐서린은 그녀의 아버지에 의해 결혼을 강요받고 모든 권력을 쥐고 있는 남편에 의해 복종하도록 길들여진다. 그녀의 마지막 말이 진실하다면, 이는 순종적인 아내의 전형을 문화적으로 강화하는 것이다. 그러나 캐서린의 관점으로부터 이 극에 접근한다면 그녀가 기꺼이 복종하는 것이라고 확신할 수 있을까? 그녀의 마지막 말은 그녀가 방종하고 제멋대로의 남편을 길들이는 법을 알게 될 때는 비꼬는 투로 보일 수 있다. 그녀의 약삭빠름과 그녀가 아버지의 지배하에서 더 행복할지 남편의 지배하에서 더 행복할지에 대해 생각해 보는 것은 또한 흥미롭다. 〈자에는 자로〉의 여주인공은 훨씬 더 이해할 수 없는 인물이다. 셰익스피어는 공작의 청혼에 대한 답으로 그녀에게 아무 말도 하게 하지 않는다. 이 연극에 다시 화합하게 되는 결말이 주어진다면 이자벨라는 받아들일 것이다. 페미니즘의 관점에서 이 극을 본다면 그녀가 어떠한 선택을 할 것이라고 생각하는가?

마르크시즘 비평

마르크시즘 비평가가 된다는 것은 좌익의 견해를 가진다거나 마르크스와 엥겔스의 사상을 정치적으로 이행한다는 의미가 아니라 그들의 경제 이론에 입각한 방식으로 텍스트를 탐구할 필요가 있다는 말이다. 마르크스는 인간은 최초의 경제적인 존재이며 어떠한 사회든지 그 사회가 생산 방식을 조직하는 방법 즉 경제가 그 토대base라고 주장한다. 정부, 법, 종교, 교육 등과 같이 모든 사회 제도는 사회의 상부구조superstructure이고 경제력의 근간을 반영하고 유지한다. 문화는 상부구조에 속한다. 왜냐하면 마르크스는 문화가 지배계급 이데올로기dominant ideology을 지지하는 데 적극적으로 관여하고 있다고 생각하기 때문이다. 마르크스가 "지배계급 이데올로기"라 할 때 그것은 사회의 다수가 무비판적이고 종종 무의식적으로 동의하고 있는 일단의 신념과 사회의 질서를 받아들일 수 있도록 만들어 주는 관습과 제도의 망상조직을 의미했다. 그 지배 이데올로기는 지배계급이 권력을 유지하게 하는 역할을 하고 권력을 가지지 못한 자들을 기꺼이 권력이 없이 지내도록 조장한다. 마르크시즘 비평가는 문학이 어떻게 지배 이데올로기를 받아들이도록 독자의 개인적 의식을 조직하는지를 보여 주려 한다.

가장 단순하게 마르크시즘 비평은 텍스트 내에 사회의 경제 계급 간의 권력의 불균형이 반영될 수 있는 방법에 대해 주의를 끌어 왔다. 그러나 더 나아가 마르크시즘 비평은 문학이 현실의 반영이라는 개념을 넘어서 텍스트 그 자체가 지배 이데올로기를 구성하는 환상임을 암시적으로 창조하고 있다고 주장한다.

마르크시즘 비평을 실제로 탐구하기 위해 헨리를 전사인 왕으로 이상화하는 식으로 으레 공연되는 극인 〈헨리 5세〉를 생각해 보자. 아쟁쿠르 전투에 앞서 헨리의 감동적인 말은 "아무리 비천한 사람일지라도be he ne'er so vile" 그와 함께 싸울 모든 자에게 공통의 형제 관계를 제의한다. 전투가 있기 전날 밤 일반 병사들은 걱정하고 두려워한다. 왕의 신하로서 그들은 자신들이 판단할 수 없는 정의의 전쟁에서 ("복종을 하지 않는 것은 신하의 본분이 아니니까to disobey were against all proportion of subjection", 제4막 제1장 132-133행) 그를 따르는 수밖에 없다고 믿는다. 헨리의 반응은 윌리엄스를 진정시키고 감격시키지만, 이는 "전쟁에서 죽는 놈 중에 곱게 죽는 놈은 별로 없다few die well who die in a battle" 라는 그의 주장에 부합하는가?

헨리 자신은 윌리엄스의 비난에 몹시 동요되어 왕의 신분으로서의 부담과 "비참한 노예wretched slave"의 근심 없는 삶을 대비시키는 고민에 찬 독백을 즉시 시작하게 된다. 이 극은 감정적으로는 우리의 동정을 베이츠나 윌리엄스로부터 헨리에게로 다시 향하게 하지만 언어에 의해 마음이 흔들게 되는가? 이 독백은 왕의 신분에서부터 "인간일 뿐but a man"이라고 주장하는 헨리에 의해 하나의 의인화된 "당신thou"으로 불려지는 의식용 공허한 의상으로 옮겨 간다. 비참한 사람은 숙면을 하고 "결코 무서운 밤을 알지 못한다Never sees horrid night"는 헨리의 주장은 받아들여져야 하는가? 두려워서 잠 못 드는 병사들을 위에서 방금 목격하였다.

헨리가 형제 관계의 약속을 지키는가? 윌리엄스가 약속을 지켜 플루엘렌이 낀 장갑이 헨리로부터의 선물이란 걸 알지 못한 채 그의 장갑을 의심할 때 헨리는 사실을 털어놓게 되고 윌리엄스는 목숨을 살려 줄 것을 간청해야 한다. 그의 간청은 설득력 있고 정당하며, 헨리의 반응은 분명하게도 관대하고 자비로우며, 플루엘렌의 십이 전twelve-penny 농담으로 그 장면은 매우 재미있게 끝이 난다. 그러나 낯익은 언어에도 불구하고 왕과 신하 사이의 거리가 강렬하게 재확립된다. 생사에 대한 권력이 왕에게 있어서, 비록 윌리엄스는 헨리가 전투 직전에 "형제요, 친구요, 동포brothers, friends, and countrymen"(제4막 제1장 34행)라고 부르는 사람들 중 하나이긴 하지만 윌리엄스는 한동안 헨리가 그 권력을 사용할지도 모른다고 믿게 된다. 이 텍스트를 유명한 마르크시즘적 구절에 따라 "비위에 거슬리게against the grain" 해석하면, 자기 동정적이고, 자기 본위적이며, 독단적이고, 묵인하고, 무정한, 색다른 헨리를 보게 될 수도 있고 헨리가 병사들에게 자신을 따르도록 설득할 필요가 있을 때는 재치 있는 웅변가로서의 헨리를 볼 수 있다. 승리하여 통치하려는 그의 단호한 의지는 케임브리지, 스크루프, 그레이를 처형하고 바돌프를 교수형에 처하고 프랑스인 죄수들을 살해하는 데서 입증된다. 헨리를 변함없이 영웅적인 존재로 만들기 위해 로렌스 올리비에는 자신의 영화에서 이러한 사건들 중 두 번째 사건을 삭제하고 세 번째에 있는 사건들의 순서를 바꾸어 놓아 짐꾼 소년baggage boys의 살해 다음에 프랑스인 죄수들을 살해하라는 명령이 나오도록 하였는데 이렇게 함으로써 셰익스피어의 텍스트상에서는 허용되지 않은 구실을 헨리에게 주었다.

헨리에 대한 가혹한 정치적인 해석을 정당화하는 것이 가능하지만 이것이 공연을 보는 취지는 아니다. 마르크시즘 비평은 이것이 바로 요점이라고 주장한다. 텍스트는 헨리의 매력적이지 못한 특징을 감추고 있지 않지만, 문학적 전략을 통해 이상화된 묘사의 일부로서 그 특징을 받아들이도록 한다. 텍스트는 극중 인물들과 관객에 의한 군주국의 절대 권력에 대한 신념이었던 튜더 왕조 시대의 지배적인 관념의 자발적인 수용을 강화한다.

신 역 사 주 의 비 평

1980년대와 90년대의 새로운 연구 방법 중 하나인 신역사주의New Historicism는 마르크시즘처럼 권력이 관념적이라는 믿음을 가지고 있지만 이 믿음이 언어에 의해 형성되는 방식에 관심이 있다. 사회에서의 지배는 부분적으로는 절대 권력의 소유의 문제이지만 동시에 그것이 도덕적이거나 지적인 통솔력을 지닌 것으로 인식되느냐의 문제이다. 자유롭고 평화로운 사회에서 정부는 총보다는 텍스트에 의해 유지되고 가정, 학교, 미디어 등은 언어를 이용하여 통제가 이루어진다고 신역사주의는 믿는다. 신역사주의는 텍스트를 그 역사적 배경과 관련시키고, 사회의 구조에 문제를 제기하는 그러한 지역들을 뒤엎거나 포함시키거나 동화시키는 데 텍스트가 어떻게 기여하는지를 조사한다.

문화는 사람들이 자신의 사회를 바라보는 방식에 영향을 준다. 어느 예술 작품의 생산은 창조하는 예술가보다 더 많은 것에 관련이 있다. 그 예술 작품의 생산의 결과는 그 작품의 창조의 이유와 그 작품이 의도하는 독자나 청중 등의 대상과 예술가가 선택한 장르 형식에 의해 영향을 받는다. 과거의 문학을 연구하는 데 있어서 신역사주의자들은 우리가 그 영향들을 알든 모르든 간에 불가피하게 이러한 영향을 받게 되었다고 주장한다. 텍스트가 창조된 시기의 정치적 사회적 투쟁과 걱정거리를 생각해 보면 문학이 그 사회의 가치와 관심사를 기록하고 있다는 것을 알 수 있다. 신역사주의 연구 방법은 최근의 셰익스피어 연구에 있어서 특히 많은 영향을 주고 있다.

이 이론이 〈헨리 4세 2부〉의 해석에 어떠한 영향을 미칠까? 신역사주의 비평은 텍스트부터 시작되지 않고 그 텍스트가 창조된 역사상의 시기의 관심사부터 시작된다. 셰익스피어의 역사극의 배경에는 튜더 왕조 동안의 정치 권력의 이양에 대한 걱정이 포함되어 있다. 튜더 왕조의 헨리 7세는 전투에서 리처드 3세로부터 왕권을 쟁취하였고, 튜더 왕들은 자신의 왕조를 확고히 하고 정당화하기를 원했다. 종교개혁 동안의 종교적 격변으로 나라가 불안했고 외국의 침입의 위협하에서 그들은 반란을 두려워하였다. 일군의 셰익스피어의 역사극은 합법성과 반란에 대한 튜더 왕조의 강박관념을 반영하는 것 그 이상의 역할을 하고 있다고 신역사주의자들은 주장한다. 지배 권력이 그들의 이미지를 강화하기 위해 텍스트들을 사용하는 데 그 사극들은 암묵적으로 이용되고 있다.

〈헨리 4세 2부〉는 일군의 랭카스터 왕가에 관한 역사극의 요체이다. 권력은 죄의식에 고통받는 헨리 4세에게서 그의 아들 헨리 5세에게로 이양된다. 헨리 5세는 왕권을 획득하게 되는데 "더 평화롭게, 더 민심을 얻어, 더 위치가 견고히 되어서, 그것을 얻었을 때의 오점은 나와 함께 땅속으로 들어갈 버릴 것이다with better quiet/Better opinion, better confirmation;/For all the soil of my achievement goes/With me into the earth"(제4막 5장 315–318행). 이 극은 실력 있고 유능한 존 왕자가 단호하게 반란을 진압하는 것으로 시작된다. 헨리 4세는 할 왕자의 무기력함 때문에 걱정하고 있음에도 불구하고 왜 둘째 아들 존에게 왕위를 물려줄 생각을 하지 않는가? 왜냐하면 그 극은 합법적인 지배를 지지하고 찬성하기 때문이다. 헨리 4세는 임종의 말로 합법적인 권력의 이양을 강조한다. "내게 있어서는 매수품이었던 것이, 너에게는 정당한 것이 되어 입수되기 때문이다. 이렇게 해서 너는 왕관을 계승하는 것이다What in me was purchased/Falls upon thee in a more fairer sort./So thou the garland wear'st successively"(제4막 5장 327–329행).

세습적인 지배가 이상적인 것으로 보이게 하려면 할 왕자는 개혁을 해야 한다. 반란을 일으킬 수 있는 다른 카리스마적인 지도력은 핫스퍼의 영웅적인 대담무쌍함에 의해 구현되는데, 그는 〈헨리 4세 1부〉에서 반란이 성공적인 것으로 생각될 수 없기 때문에 실패할 운명이다. 〈헨리 4세 2부〉에서는 정의가 수석재판관에 의해 대표된다. (그가 할 왕자를 체포하는 것은) 계급이나 특권을 넘어서는 일이지만 왕권을 넘어서지는 않는다. 자신의 매력적이고 파괴적인 습관을 버리고 폴스타프와의 관계를 끊음으로써 헨리 5세는 정의와 정당하고 합법적인 지배의 이미지로 보일 수 있다.

신역사주의자 스티븐 그린블래트는 영향력 있는 논문 〈보이지 않는 탄알Invisible Bullet〉에서 일군의 셰익스피어 역사극은 튜더 왕조의 대의의 보급을 해치지 않고 반대되는 견해를 흡수하고 포함함으로써 그 대의의 보급을 지지해 줄 파괴적인 생각을 표현하고 있다고 주장하였다. 그는 〈헨리 4세 2부〉에 대해 다음과 같이 적고 있다.

> 근본적으로 권위를 해치는 결과를 나타내는 행동은 그 권위를 지지하는 버팀목이 되는 것으로 드러나고 있다. 〈헨리 4세 1부〉에서보다 이 극에서 파괴적인 상반되는 것들이 명백하게 발생함으로써 정의와 질서와 정중함과 같은 도덕적 질서가 훨씬 더 확고히 된다. 끝에서 할이 마지막 결정적인 배반, 즉 폴스타프의 거부를 통해 "공식적인 왕"이 되는데, 그 공식적인 주권은 무대를 지켜 주는 배반행위를 통해 나온다.

10. 산문 문학 입문 — 〈폭풍의 언덕〉

소설은 글을 읽고 쓸 줄 아는 독자를 필요로 하기 때문에 문학 장르 중에서 가장 뒤늦게 발달하였다. 시와 드라마는 문맹인 대중들도 즐길 수 있었다. 소설은 18세기 후반 교육의 확대에 수반되어 발생하였으며 19세기의 소설의 대중성은 값싼 인쇄술에 힘입은 바 크다. 소설은 흔히 "삼부작 혹은 세 권짜리three-deckers"거나 월간지에 연재되었기 때문에 플롯은 길었으며 "보통" 사람들의 소박한 삶을 세세하게 묘사하는 사실주의적 관심을 견지했다.

19세기 소설의 주된 스타일은 사실주의realism인데, 때로는 고전적인 중산 계급의 사실주의classic bourgeois realism 또는 구체적 사실주의concrete realism라 불린다. 사실주의적 글쓰기는 물리적 세상의 외적인 양상을 언어로 묘사하려고 한다. 독자는 작가가 구체적으로 관찰한 세부 사항들을 통해 인물과 배경에 대해 알게 된다. 사실주의 소설에서 시간은 인과관계로 이루어지는데 다시 말해 과거는 현재에 영향을 미친다. 그 관련이 때로는 플롯의 후반까지는 감춰져 있지만 사건들은 일련의 인과관계 속에 서로 관련되어 있는 것으로 보인다. 이야기의 시간과 연관된 사건의 인과관계에 의해 독자는 닫힌 결말closed ending의 도덕적 공정함에 공감하게 된다. 결말이 닫혀 있다는 말은 독자에게 여러 가지 해석의 가능성을 제시하는 열린 결말open ending과 비교하여 텍스트가 독자에게 단일한 시점을 강요한다는 의미다.

누가 이야기를 하고 어떤 시점에서 그 이야기가 진술되는가? 이 문제는 소설에서 가장 중요하다. 소설에서 이야기는 이야기 외부에 있고 창조된 인물들의 마음속에서 일어나는 모든 것을 알고 있는 신과 같은 존재인 전지적 화자omniscient narrator에 의해 서술

될 수 있다. 우리는 전지적 화자를 믿고 지면상에 있는 활자를 믿는다. 그러나 이 경우의 화자도 이야기 속의 인물일 수가 있다. 〈제인 에어〉와 같은 자서전적 소설에서 독자는 주인공만의 유일한 일인칭first-person 시점으로 모든 것을 보게 된다. 그러므로 가능한 편견을 고려해야 한다. 자서전적인 주인공은 자신에 관하여 얼마나 잘 알고 있는가? 그들은 얼마나 많은 진실을 거리낌 없이 드러낼 수 있을까?

소설은 많은 목소리를 가질 수 있는데 각각의 목소리는 자신의 제한된 시점으로부터 이야기를 하기 때문에 반드시 믿을 만한 것은 아니다. 소설 속의 인물들이 서로를 얼마나 잘 아는가? 믿을 수 없는 화자의 경우, 독자는 자신들을 너무나도 쉽게 오도할 수 있는 그 화자의 제한된 시점에 대해 주의해야만 한다. 탐정소설은 이러한 이야기 장치에 의존한다. 왜냐하면 살인자는 진실을 말하지 않기 때문이다.

18세기 말이나 19세기의 소설 장르 안에는 하위 장르들이 있었다. 즉, 아서 코넌 도일Arthur Conan Doyle의 〈셜록 홈즈*Sherlock Holmes*〉의 이야기와 같은 탐정detective 이야기, 귀신ghost 이야기, 쥘 베른Jules Verne의 〈해저 2만 리*Twenty-Thousand Leagues under the Sea*〉와 같은 과학 소설science fiction, 월터 스콧의 〈아이반호〉와 같은 역사 소설historical novels, 호러스 월폴Horace Walpole의 〈오트랜토 성*The Castle of Otranto*〉와 같은 고딕 소설gothic novels 등이 있었다. 오늘날에도 마지막 종류의 소설을 제외하고는 이 모든 하위 장르의 소설들을 생각할 수 있을 것이다. 고딕 소설은 멀리 있는 유령이 출몰하는 성을 배경으로 하는 낭만적 이야기로 고립된 여주인공의 운명이 비밀스런 과거를 가졌으며 위험스러울 정도로 매력적인 귀족 출신의 악한 주인공에 의해 좌우된다. 이러한 이야기의 스타일은 현란하고 터무니없으며 제인 오스틴이 〈노생거 수도원*Northanger Abbey*〉에서 보여주었다시피 풍자적으로 모방하기 쉽다. 비록 고딕 스타일의 요소들이 현대의 공포 이야기나 영화에도 그 영향을 끼치고 있지만, 18세기 말의 소설들처럼 고딕 소설도 하나의 장르로서 살아남았다고 할 수는 없다.

모더니즘modernism은 19세기의 소설과 미술에서의 사실주의를 거부하고 20세기 초반 세상의 "현실reality"을 사람들의 마음속에서 경험된 대로 표현하는 방법을 찾은 작품들을 지칭한다. 지그문트 프로이트의 영향과 정신분석학의 발전은 작가와 화가의 세계 인식에 영향을 주었다. 모더니즘 소설은 외적이고 구체적인 세상에 대한 묘사보다는 주요 인물들의 의식 속에서 이 세상이 어떻게 인식되는지에 관한 서술이다. 이로 인해 우리의 감각적 인상을 흡수하는 정신적 과정을 모사하고자 내적 독백interior monologue이나 의식의 흐름stream of consciousness과 같은 새로운 스타일의 글쓰기 방법이 탄생하게 되었다.

정신에서 일어나는 과정에 대한 관심 때문에 예술 작품 자체를 생각하는 태도 또한 변화되었다. "현실"을 비추는 것으로 생각되던 글쓰기나 그리기 대신에, "실제real" 세상을 충실히 닮은 대등한 세상을 창조하기 때문에 예술 작품들은 말이나 물감으로 만들어진 인공물로 생각되었다. 모더니즘 작품은 자의식 그 자체의 문학성에로 관심을 모은다. 모더니즘 작품은 창조의 인위성과 예술성을 독자에게 상기시키기 위해 스타일을 변형시킨다. 이는 모더니즘 소설이 사실주의 소설보다 "사실적real"이지 않다는 뜻은 아니다. 닫힌 결말을 피하고 플롯을 완화시키고 인물들의 삶 속에서 모멘트moments나 에피퍼니epiphanies를 보여 주는 데 관심이 있는 모더니즘 소설은 사람들이 분명한 시작과 도덕적으로 규정되는 결말을 가진 조직화되고 미리 예정된 패턴으로보다는 체계적으로 조직되지 않은 흐름으로써 인생을 경험하는 방식에 독자들을 더욱 가까이 초대한다.

텍스트의 창조적 예술성에 집중하기 위해 문학의 스타일로서의 사실주의를 거부하는 경향이 20세기 후반에 더 심화되었다. 텍스트에 접근하는 길을 독자들에게 지시하고 지면상의 글 속에서 독자들이 이해하는 의미를 그들이 얼마나 믿을 수 있는지를 그들에게 보여 주어야 한다는 소설 발생 초기의 생각들을 뒤엎으면서 작가들은 소설 형식을 정면으로 맞서면서 장난하기 시작하였다. 소설은 시점, 인물, 플롯을 점차 복잡하게 변형시킴으로써 독자들을 당혹스럽게 만들었다. 환상적이고 동화적인 요소가 유입되었고 마법적 사실주의magic realism이라 불리는 새로운 하위 장르가 나타났다.

"미국 문학American literature" 혹은 "뉴질랜드 문학New Zealand literature"과 같은 용어 아래 영어로 쓰인 작품의 지리적 확대가 인정되었다. 그러나 후기 식민주의 소설post-colonial novel과 같은 용어는 자국의 독립을 위해 싸웠던 전에 식민지였던 제3세계의 국가들로부터 나온 작품에 보통 적용된다. 한 국가의 문화적, 정치적 역사의 정체성에 대한 강조가 이러한 장르의 특징이다.

〈폭풍의 언덕〉

소설을 연구하는 방법의 한 예를 설명하기 위해서 다음의 부분은 에밀리 브론테의 〈폭풍의 언덕〉을 해석하는 여러 가지 방법들을 아래 요약된 연구 방법들을 통하여 제시할 것이다. 이러한 연구 방법들은 독립적일 수는 없다. 하나의 방법은 다른 방법과 합쳐지게 될 것이고, 단일한 방법에 집중한다는 것은 소설 작품에 대한 전반적인 인상을 왜곡할 수 있다. 모든 연구 방법이 여느 특정한 텍스트에 공히 적용될 수는 없다. 예를 들어 신역사주의는 엘리자베스 여왕 시대의 문학을 해석하는 데는 영향력이 있지만 다른 시기의 문학 해석에는 거의 도움이 되지 않는다. 그러나 형식적인 특징을 따로 연구하는 것은 어떻게 소설이 그 효과를 독자에게 주게 되는지를 이해하는 데 도움이 될 수 있다.

소설의 시작 부분에서는 그 소설의 어조나 장르를 소개하고, 이러한 형식적인 특징은 경험 있는 독자들에게 공명과 예상을 갖게 한다. 〈폭풍의 언덕〉의 시작 부분에서 어떠한 장르와 어조가 나타나고 있는가? 빅토리아 시대의 독자는 이 부분을 고딕 소설의 시작으로 잘못 생각했을지도 모른다. 동떨어진 배경이 있고, "꼿꼿하고 매력적이지만 침울하고 지나치게 내성적erect and handsome yet morose and exaggeratedly reserved"이라는 구절에서 매력적이지만 위협적이고 숨기는 것이 있는 주인공-악한에 대한 암시가 있고, "그 장소로 불어대는 대기의 사나운 격동the atmospheric tumult to which its station is exposed"과 "숨겨진 부분을 조사하기inspecting the penetralium"라는 구절에서 유령이 나오는 집과 지나칠 정도로 스타일에 대한 암시를 한다. 그러나 배경과 인물에 대한 외적인 묘사는 사실주의 스타일로 쓰인 소설임을 나타낸다. 어조나 장르의 모호함은 처음부터 예상을 전반적으로 뒤흔드는 부분이다. 〈폭풍의 언덕〉은 독자로부터 명확한 반응을 일으키는 그런 소설이 아니라 오히려 그 반대이다.

플롯

〈폭풍의 언덕〉의 플롯은 사건의 시간적 순서를 바꾸고 있다. 처음 읽을 때는 그것을 알 수는 없지만 소설은 사건의 거의 끝부분에서 시작된다. 제30장이 되어서야 독자는 화자인 록우드가 첫 방문 동안에 빠져들게 되는 복잡한 상황을 완전히 이해하게 된다. 이야기는 주로 엘렌 딘에 의해 회고하여 서술된다. 언쇼가와 린턴가의 구세대와 에드거와 첫 캐서린(지금부터는 캐시라고 부를 것인데)은 소설이 시작되기 전에 이미 죽었으며 넬리가 록우드에게 그 이야기를 해 줄 때 그녀로부터 그들의 과거에 대해 알게 된다. 넬리의 눈을 통해 우리가 보지 못하는 사소한 것들은 이자벨라와 질라에 의해 말해진 몇 가지 에피소드와 더불어 록우드의 관점으로부터 우리에게 전해진다. 워더링 하이츠 저택과 드러시크로스 그레인지 저택에 대한 최초의 인상은 넬리를 제외하고는 그레인지 저택에는 아무도 살지 않고 하이츠 저택에는 초로의 조지프, 침울한 히스클리프, 남에게 호감을 못 받는 헤어턴, 풀이 죽고 내향적인 캐서린이 살고 있었던 시기에서 비롯된다. 그 인상에 대한 묘사는 두 집에서의 행복했던 시절과는 일치하지 않는데 그 시절에 대해서는 책을 더 읽고 나서야 알게 된다. 게다가 우리는 록우드의 눈을 통해 보게 되고, 그에게는 믿을 수 없는 화자unreliable narrator라는 조짐이 보인다. 해안에서 사랑을 나누었던 젊은 여인으로부터 당황하여 도망치게 된 일을 설명할 때 그의 자기 기만적이고 성적으로 소심하며 적극성이 없는 성격에 대한 첫 단서를 보지 못한다면, 하이츠 저택에서의 인척 관계에 대한 일련의 그의 실수들 때문에 우리는 증인으로서 그를 신뢰할 수 없음에 필연적으로 조심하게 되며 그에 대한 경계를 늦추지 못하게 된다. 록우드는 사태를 분명히 잘못 이해하고 있다. 그의 눈을 통하지 않고는 텍스트 안으로 들어갈 방법이 없으며, 흥미로운 점은 그의 사실주의적 묘사의 정확성에 대해서는 추호도 의심하지 않고 순진하게 자신이 본 것에 대한 그의 해석을 믿는다는 것이다.

록우드가 하이츠에서 그날 밤을 보낼 수밖에 없는 원인이 된 격심한 폭풍과 이튿날의 앞이 보이지 않는 황무지를 록우드의 눈을 통해 생생하게 보게 된다. 그러나 자연스럽고 사실적인 묘사는 소설 전반에 걸쳐 비유적으로 작용한다. 황무지를 가로지르는 안전한 길을 표시해 주는 회칠한 이정표를 록우드가 찾지 못한다는 것은 그가 스토리를 따라가는 올바른 길을 찾지 못할 것이기 때문에 그를 안내자로서 믿어서는 안 된다는 점을 암시한다는 것을 주의 깊은 독자는 알 것이다. 그가 불친절한 대접을 받은 것, 캐시라는 두 이름에 대한 그의 어리둥절함, 그가 겁에 질려 귀신을 물리친 일, 히스클리프의 이상한 행동, 이 모두는 하이츠에서의 고통과 폭력의 분위기, 사태가 잊혀지고 지워지고 묘한 채로 남아 있는 분위기를 창조한다. 이 소설의 세계를 알 수 있거나 판단할 수 있다는 우리의 확신을 잠시 멈추지 않을 수 없다.

연대순의 사건들을 플롯상에서 그 순서를 바꾸는 또 다른 효과는 히스클리프가 캐시의 관 뚜껑을 여는 데 대한 설명을 늦추게 하는 것이다. 일찍이 제17장에서 벌써 캐시의 장례식 날 저녁 워더링 하이츠로 돌아왔을 때의 히스클리프의 행동에 대해 우리가 알게 되지만, 제29장이 되어서야 이자벨라와 힌들리가 히스클리프를 집으로 못 들어가게 할 때 그가 왜 미친 듯 날뛰게 되는지를 이해하게 된다. 첫 번째 설명에서 히스클리프는 난폭하게 되지만 그의 반응은 "사납고 무자비하고 잔인한 사람"이라는 캐시의 묘사와 일치한다. 그의 관점에서 넬리가 들었던 같은 사건에 대한 두 번째 설명은 이자벨라 이해력의 한계를 드러내고 우리로 하여금 그 사건을 재평가하고 심지어 그를 동정하도록 유도한다. 소설에서 흔히 있는 일이지만 스토리상의 사건들은 플롯이 제시하는 방법에 의해서 우리의 판단을 흔들리게 한다.

구 조

〈폭풍의 언덕〉은 연애 소설인가? 이 질문을 다음과 같이 바꾸어 말하면 더 나을지도 모른다. 〈폭풍의 언덕〉은 단지 연애 소설일 뿐인가? 그러나 이 소설의 구조를 생각해 볼 때 첫 번째 질문에서도 문제가 발생한다. 이 소설은 누구의 연애 이야기인가? 캐시와 히스클리프의 연애 이야기인가? 캐서린과 헤어턴의 연애 이야기인가? 이 소설은 전자의 사랑과 후자의 사랑 사이의 비교를 일으킨다. 이 소설을 첫 번째 남녀에 대한 이야기로서 이해한다면 캐시의 죽음은 격렬하고 영원한 열정과 더 온순하고 순화된 사랑을 대비시키는 플롯에서 구조적 클라이맥스가 된다. 캐서린과 헤어턴이 더 안전하고 종속적인 드러시크로스 그레인지로 물러나는 반면에 워더링 하이츠는 더 강렬한 사랑을 가진 유령들에게 적절히 맡겨진다. 이 소설을 두 번째 남녀의 이야기로 이해한다면 캐서린과 헤어턴은 그들의 부모의 파괴적인 열정의 좌절과 결점을 조화시켜 화합을 이룬다. 두 해석 모두에서 플롯을 조직하고 있는 것이 사랑이라는 것을 알게 된다.

1920년대에 생거C. P. Sanger는 기혼여성의 권리와 재산법이 1870년에 통과되기 전에 재산과 상속에 대한 19세기 법을 연구하면서 히스클리프가 두 저택의 법적인 소유권을 획득하는 부정한 방법에 주목했다. 그는 에밀리 브론테가 이 소설의 시간의 척도와 법적인 세세함을 구성하는데 매우 세심하였으며 이 점은 소설의 구조가 사랑이 아니라 복수에 근거하고 있음을 암시한다고 논증하였다. 히스클리프는 캐시가 그와 결혼하면 자신의 품위가 떨어질 것이라고 하는 말을 엿듣고 그녀를 잃었다고 생각한다. 그는 도망을 가서 신사로서의 교육과 재산을 획득할 때가지는 돌아오지 않는다. 돌아왔을 때는 너무 늦어 버려서 그의 복수는 힌들리를 파멸시키고 언쇼가와 린턴가의 상속자들의 재산을 빼앗고 지위를격하시키는 형태를 취하게 된다. 빅토리아 여왕 시대의 기준으로 보면 히스클리프는 사회적으로는 성공하지만, 결국 성취의 정점에서 물질적 보상과 응보의 복수에 대한 관심을 잃었다는 것을 발견하게 된다. 자신의 진정한 욕망이 어디에 있는지를 인식함으로써 그의 정신은 마침내 캐시와 결합된다.

위에서 요약한 두 구조는 모두 플롯에 의해 움직여지지만, 소설들의 구조가 반드시 그 플롯에 의해 조직되는 것은 아니다. 소설의 구조가 감정이나 언어나 상징에 의해 조직될 수도 있다. 경치를 보이지 않게 가리는 최초의 폭풍으로부터 자연에 대한 묘사는 인간들보다 더 힘센 우주의 세력을 암시한다. 데이비드 세실 경은 〈폭풍의 언덕〉의 구조는 두 저택에서 상징된 "폭풍storm"과 "고요calm"의 상반되는 개념 위에서 조직되었다고 주장했다. 그는 인물을 우주의 원리와 관련시켰다. 즉, 어떤 아이들(캐시와 히스클리프)은 폭풍의 원리이고 어떤 아이들(에드거와 이자벨라)은 고요의 원리이다. 인물들이 그들의 상징적 본성에 반대하여 결합하려고 하면 불행하게 된다. 폭풍과 고요라는 최상의 요소가 혼합된 인물인 캐서린과 헤어턴은 그들의 궁극적인 결합에서 우주의 긴장을 조화시키고 있다.

그 이상의 (즉 영원함과 덧없음, 드러내기와 둘러싸기) 같은 상징적 해석이 제시되었다. 반 겐트Dorothy Van Ghent(1953)는 (비인간적이고 우주의 "다른") 원래 그대로의 자연적인 에너지와 교양 있지만 구속적인 관습 사이에 구조적 대립이 있다는 그녀의 주장을 예증하기 위하여 틈이나 구멍이 반복적으로 사용되고 있음을 추적하였다. 인간 세계는 "안쪽이며inside" 우주의 세계는 "바깥쪽이다outside". 그리고 인물들은 창문이나 문이나 관 두껑이란 장벽을 통해 이쪽 세계에서 저쪽 세계로 넘나들려고 하지만 잘 되지 않는다. (창문에 나타난 캐시의 유령, 캐시가 병에 걸렸을 때 집요하게 창문을 열려고 하는 행동, 캐시의 장례식날 밤 히스클리프가 억지로 들어오려고 하는 행동, 관을 열었을 때 그에게 내려오는 이상한 고요함, 열린 창문 옆에서의 그의 죽음과 같은) 강렬한 인상을 주는 에피소드들을 설명하는 데 이러한 견해는 독자들에게 도움이 된다. 이는 이러한 장면들이 상징적 구조상의 정점이 되는 순간들임을 암시하고 있다.

〈폭풍의 언덕〉의 구조는 여러 가지 해석을 가능하게 하는 것으로 드러났기 때문에 해체deconstruction 이론에 적합한 것으로 보인다. 해체 이론은 예상되는 닫힌 결말로 이끄는 반복되고 인식될 수 있는 플롯을 텍스트가 독자들에게 제시하고 있다는 구조주의적 견해에 이의를 제기한다. 해체주의자들은 텍스트가 다수의 가능한 의미를 포함하고 있어서 여러 해석이 가능하다고 주장한다.

인 물

주로 넬리의 이야기를 통해서 인물들을 보게 된다. 일부 비평가들은 그녀의 상식적이고 제한된 관점이 이 이야기에 신뢰성을 부여하는 데 필수적이라고 주장한다. 다른 비평가들은 넬리의 이야기가 모호성을 조장한다고 주장한다. 그녀는 자신의 한계 때문에 캐시를 이해하거나 공감하지 못한다. 환각 상태에서 캐시는 넬리를 자신을 배반한 "마녀"로 생각하며 헛소리를 하지만 지각력은 있다. 출생부터 자신이 키운 캐서린과 헤어턴이 자신이 제일 좋아하는 아이라는 사실처럼 넬리는 편견 때문에 비난받을 수는 있다. 넬리는 캐시가 병이 난 동안 그녀에게 별로 공정하지 못하다. 즉, 그녀는 에드거의 지시를 듣지 않은 것과 캐시의 상태의 심각성을 잘못 판단한 점을 인정한다. 독자는 넬리의 이야기 그 이상을 볼 필요가 있고 그렇게 하려고 노력함으로써 캐시에 대한 동정을 가질 수 있다.

인물에 대한 평가는 심리학적으로, 다시 말해 인물들을 실세 인물처럼 다루면서도 이루어질 수 있고, 또는 형식적으로, 다시 말해 그들을 문학적 전형으로 취급하면서도 가능하다. 가장 불가사의한 인물은 히스클리프인데 그의 출생도 의도적으로 불가사의하게 되어 있다. 그를 심리학적으로 연구하려면 알 수 없는 그의 어린 시절은 중요하다. "리버풀의 거리에서 집도 없이 굶주리고 벙어리나 다름없는starving, homeless, and as good as dumb, in the streets of Liverpool" 우연히 발견된 "횡설수설gibberish"하는 "집시

gypsy" 소년은 외국인 선원과 그 지역에 사는 여자인 그의 엄마 사이에 난 혼혈의 사생아로 매우 어린 나이에 버려진 것 같다. (언쇼가 그 아이의 아버지라는 주장도 있었다.) 인생에 있어서 그러한 출발을 고려할 때 히스클리프가 고통을 불만 없이 받아들이는 점이나 일찍이 힌들리의 조랑말을 차지하기 위해 애쓰는 데서 보듯이 그가 바라는 것을 얻기 위해 기회주의적이고도 무자비한 결단을 내리는 점이 그 예가 될 수 있다. 어린 시절의 중요성에 대해 현재 알고 있는 바에 비추어 모든 주요 인물들의 양육과정을 비교하고 이러한 양육이 이후 그들의 성장에 미친 영향을 생각해 보는 일도 흥미롭다.

그러나 히스클리프의 성격을 언어적 가공품, 즉 하나의 허구로서 접근한다면 활자에 의해 그의 성격이 어떻게 창조되는지에 초점을 둘 필요가 있다. 문학적인 전형으로 그는 악마적인 인물이다. 브론테는 교구목사의 딸이었고, 그녀의 시에 볼 수 있듯이 많은 빅토리아 여왕 시대 사람들이 느꼈던 종교적인 회의를 경험했지만 그녀의 기독교적 신념은 굳건했다. 소설 속에서의 종교적인 언급, 그 사회에서의 교회의 참석과 교회의 의식의 존재와 중요성, 조지프의 칼뱅주의적 잔소리, 천국과 지옥에 대한 인물들 개별의 설명 등 이 모두가 히스클리프를 암흑의 신의 상징으로 보게끔 한다. "신의 선물a gift of God"이 아니라 "그것은 마치 악마로부터 온 것처럼as if it came from the devil"에서 보듯이, 그는 인간인 "그he"로서가 아니라 비인간인 "그것it"으로 워더링 하이츠에 들어간다. 소설 전반에 걸쳐 그는 지옥과 악마를 연상시키는 언어로 묘사된다. 소설 안에서의 인물들의 판단은 그를 지옥으로 몰아간다. 넬리는 소설의 끝 부분에서 목사를 불러 그가 참회하도록 몰아간다. 그는 그 강요를 거부하고 조지프는 "악마가 그의 영혼을 빼앗아갔다the devil's harried off his soul"고 확신한다. 그러나 넬리와 조지프는 통찰력이 부족하다는 것을 우리는 이미 알고 있다. 히스클리프는 천국에 대한 자신만의 정의를 가지고 있어서 죽을 무렵에 자신이 천국에 "거의 이르렀다nearly attained"고 넬리에게 말한다. 그의 죽은 눈에서의 "광희의 시선gaze of exultation"으로 인해 우리는 그가 성공했는지를 생각하게 된다. 이 소설에서 독자의 판단을 저지시키는 방법인 그의 "다름otherness"은 그가 불가해하고 알 수 없는 인물이며 그리스도교적 도덕성을 넘어선다는 것을 암시한다. 그는 윤리적 면을 결여하고 있는 것 같다. 록우드는 히스클리프의 정신이 정지하고 있다고 믿지만, 록우드를 믿을 수 있는가? 독자는 에드거와 히스클리프와 캐시가 "불안한 잠unquiet slumbers"을 자고 있는지 아닌지를 판단해야 한다.

언 어

에밀리 브론테의 어휘 선택은 이 소설의 가장 중요한 형식적 특징 중의 하나이다. 그래서 이를 구체적으로 연구하려면 그녀의 스타일에 주의를 기울일 필요가 있다. 그녀가 방언을 사용함으로써 그 스타일에는 매우 박력 있는 어조가 들어 있다. 하인들은 방언을 사용하는데, 조지프는 시종일관 방언을 사용하고 있으며 넬리도 방언에서만 보이는 특유의 표현을 사용한다. 헤어턴은 그녀의 "건강한 꼬마 귀염둥이bonny little nursling"이고, 그녀의 이야기는 "음울하다dree". 양치기 청년이 "돌출한 암벽 아래서under t'nab" 귀신을 본다. 다른 인물들은 시골의 이미지를 사용한다. 히스클리프는 자신의 신경을 "현악기의 줄catgut"에 비유하고 자신의 아들을 "달팽이와 신 우유를 먹여 키운 울보 자식pulling chicken… reared on snails and sour milk"에 비유한다. 캐시는 넬리가 "우리 암송아지를 다치게 하려고 부싯돌을 뾰족하게 깍은 화살촉을 모으는gathering elf-bolts to hurt our heifers" 것을 본다. 헤어턴은 캐서린의 "애매한 자존심murky pride"에 전혀 상관하지 않을 것이라고 단언한다. 되풀이해서, 이러한 농가에 쓰는 꾸밈없는 말씨와 어휘와 어투를 위한 방언의 사용은 이 소설의 언어를 활기차게 한다.

브론테의 스타일에는 자연으로부터 끌어낸 직유와 은유가 가득하다. 넬리는 히스클리프와 에드거를 각각 "황폐하고 산이 많은 석탄 지대bleak, hilly coal country"와 "아름답고 비옥한 골짜기beautiful fertile valley"에 비유하고 린턴가 사람들이 결혼한 캐시를 응접하는 모습을 "가시를 둘러싸고 있는 인동덩굴honeysuckles embracing the thorn"로 묘사한다. 캐시는 무성한 잎과 바위들에 근거한 이미지로 히스클리프와 에드거에 대한 자신의 사랑을 표현한다. 캐서린은 린턴이 보내온 연애편지들이 없어진 것을 알고 마치 "약탈당한 둥지로 되돌아가는flying back to a plundered nest" 새처럼 "괴로워하는 울음소리와 떠들썩한 소리anguished cries and flutterings"를 낸다. 그녀의 아버지가 병이 난 날은 "비올 듯하고watery" "춥다cold". 그녀가 넬리와 함께 걸어가는 산책길에서의 자연의 세세한 모습(축축하고 시든 잎들, 가늘고 긴 잿빛 구름들, 자지러진 참나무, 한 송이 외로운 초롱꽃, 빛바랜 잔디, 버섯)은 그녀의 우울한 기분에 대한 느낌을 고조시켜 준다. 그녀가 넬리에게 천국에 대한 자신의 생각과 린턴의 천국에 대한 생각을 이야기할 때 서로 상반되는 여름날 황무지의 모습을 묘사하는데 이는 그들의 성격이 차이가 있음을 알 수 있게 예시해 준다. 소설의 많은 부분에서 자연의 세계는 인물들의 감정을 반영하고 있다. 즉, 헤어턴이 태어난 6월의 화창한 날, 히스클리프가 집을 나간 날 밤의 폭풍, 캐시의 병중에 몰아치는 차가운 겨울 돌풍, 그녀의 딸이 태어났을 때 일시적으로 밝아진 현상, 그녀의 장례식 때 눈이 내린 일 등이 그 예다.

인간의 감정을 반영하는 자연의 묘사는 인물들의 감정이나 기분을 전달하는 데 도움을 주지만 그 자체로 당연히 풍경을 만들어 낸다. 황무지를 배경으로 하는 장면은 거의 없지만 황무지의 존재는 소설 전체를 덮고 있다. 왜냐하면 〈폭풍의 언덕〉의 표현법에서는 황무지로부터 끌어낸 많은 이미지들이 사용되고 있기 때문이다. 풍경도 또한 이미지가 된다. 가장 자연적인 세세한 것들은 상징적으로 해석될 수 있다. 그 한 예로 캐시는 마치 그녀의 영혼이 전통적인 묘지로부터 나와 자연 속으로 달아나고 싶은 것처럼 "담장이 너무 낮아 히스와 월귤나무가 황무지로부터 담장너머로 기어올라 가 버린 교회 묘지의 한쪽 구석에 있는 녹색 경사면에on a green slope in a corner of the kirkyard, where the wall is so low that heath and bilberry plants have climbed over it from the moor" 묻혀 있다.

페미니즘 비평

페미니즘 비평은 많은 빅토리아 시대 소설에 대한 근본적으로 새로운 해석을 생산하였는데, 융통성이라곤 찾아 볼 수 없는 가부장적 사회가 얼마나 여성들을 약화시키고 해롭게 하는지를 보여 준다. 〈폭풍의 언덕〉에서 복수의 플롯은 기혼 여성들의 재산 소유가 금지되었다는 사실을 그 중심에 놓는다. 캐시는 워더링 하이츠의 재산에 대해 전혀 몫이 없다. 힌들리가 모든 재산을 상속하고 히스클리프를 노예 상태로 전락시킨다. 캐시는 여성이라는 신분에 의해 궁지에 몰리고 사회적으로 유리한 결혼을 선택하게 되는데, 그 이유는 그녀가 넬리에게 말하듯이 에드거와 결혼함으로써 "히스클리프가 일어서도록 도와줄 수 있는to aid Heathcliff to rise" 돈을 얻을 수 있기 때문이다. 브론테 시대의 사회에서 그녀에게는 다른 방법이 있을 수 없다.

캐서린은 전형적인 빅토리아 시대의 보호받는 처녀로 양육된다. 에드거에게 아들이 있었다면 그레인지 저택 주변의 공원까지만 제한시켜 놓지는 않았을 것이다. 그러나 그녀에게는 용기가 있어서 아버지의 구속 한계를 넘어선다. 자신의 어머니처럼 페니스턴 크랙스의 "황금 바위the golden rocks"를 동경한다. 그러나 그녀 단독의 탐험 여행은 남자의 통솔이 있을 때만 성공한다. 즉, 헤어턴이 그녀에게 길을 안내해 준다. 그녀가 더 교양이 있다는 이유로 애정관계에 있어서 어느 정도의 힘이 있지만, 결국에는 가부장적 사회에서의 가정적인 역할을 저항 없이 받아들인다. 지배적인 남성에 대한 빅토리아 시대의 관념에 도전하는 사람이 캐시이다. 죽음의 환각 상태에서 그녀는 히스클리프에게 "너무 느리잖아!You are slow!"하고 말하고 "불만 없지. 항상 따라왔으니까Be content, you always followed me" 하면서 통솔을 주장한다. 그녀는 선택을 통제하는 사회의 권리를 거부하지만 자신의 욕망과 여성에 대한 사회의 구속 사이의 갈등을 해결하지는 못한다. 그녀의 울화, 병, 죽음은 대립되는 남성의 강제에 대한 여성의 반응로서 생각될 수 있다.

마르크시즘 비평

마르크시즘 비평가들은 소설 속의 긴장은 사회적 상황이며 그 시대의 역사적인 현실과 관련이 있다고 주장한다. 케틀Arnold Kettle(1951)은 소설을"19세기 자본주의 사회의 개인과 영적인 곤경을 혹은 긴장이나 갈등을 예술이라는 상상적인 언어로 표현하는 것an expression in the imaginative terms of art of the stresses and tensions and conflict, personal and spiritual, of nineteenth-century capitalist society"으로 생각했다. 그는 히스클리프가 착취당하는 노동자에서 재산을 소유한 계층으로 상승하기 위해 결혼이나 재산 소유권과 같은 에드거와 힌들리가 그에게 사용했던 똑같은 냉혹한 자본주의적 방법을 사용하고 있다고 주장하였다. 우리는 그의 복수에서 "소박한 도덕적 정의rough moral justice"를 인식하기 때문에 그가 너무나도 비인간적일 때조차도 히스클리프는 전적으로 우리의 동정을 받게 된다고 케틀은 생각했다. 그러나 억압하는 자와 억압 받는 자 사이의 투쟁에서 히스클리프는 캐시에 대한 자신의 사랑의 본질이 되는 인간적 가치를 망각한다. 그들은 어린 시절 마음의 친구였고 힌들리에 대한 반항에 의해 더 가까워진다. 이번에는 헤어턴이 반항하는 캐시를 옹호할 때 히스클리프는 자신이 캐시와 함께했던 권력과 재산보다 더 나은 무언가를 향한 열망을 이 젊은 남녀에게서 인식한다. 그래서 그에게서 복수심은 사라진다.

테리 이글턴Terry Eagleton(1975)은 이 소설의 주축이 되는 사건은 에드거와 히스클리프 사이, 즉 토지를 소유한 계층인 신사계급 가운데서 자신의 사회적 지위를 유지하느냐 히스클리프가 힌들리에 의해 떨어지게 된 일꾼이라는 권력이 없는 계급으로 들어가느냐 사이에서의 캐시의 선택이라고 생각했다. 힌들리는 히스클리프에게 교육의 기회를 주지 않음으로써 그를 지배하기 위해 교양을 사용한다. 이글턴은 워더링 하이츠를 자신의 작은 토지에서 여전히 일을 하고 있지만 19세기 동안 사라져가는 계층이었던 사람들, 즉 쇠퇴하는 자작농 계급과 관련시켰다. 그는 그레인지를 자신을 유지시켜 주었던 노동으로부터 벗어난 부상하는 지주 계급과 관련시켰다. 히스클리프는 어언쇼 가의 전통적인 자작농 경제를 넘어 자본주의적 재산 거래의 승리를 나타낸다. 이글턴은 그가 권력을 향하여 부상하게 된 것은 자본주의에 대한 억압받는 자의 승리를 상징하지만, 이는 또한 언쇼 세계가 완전히 성장된 자본주의로 변화하게 되는 둔한 방법이라고주장하였다.

11. 시문학 입문

서정시 Lyric poetry

나는 한 처녀를 노래하네
흠 없는 한 처녀를
그녀는 그녀의 아들을 선택하였네
만왕의 왕으로

그는 매우 고요히 내려오셨네
그의 어머니가 계신 그곳으로
사월의 이슬처럼
풀밭 위로 떨어지는 이슬처럼

그는 매우 고요히 내려오셨네
어머니 처소로 내려오셨네
사월의 이슬처럼
꽃술 위로 떨어지는 이슬처럼

그는 매우 고요히 내려오셨네
그곳에 어머니가 누워 계셨네
사월의 이슬처럼
물길 위로 떨어지는 이슬처럼

어머니와 처녀는
다른 분이 아니었네 한 분이었네
그토록 아름다우신 그 여인이었네
하느님의 어머니가 되시었다네.

I sing of a maiden
That is makeles
King of all kings
To her son she chose.

He came all so still
There his mother was
Like dew in April
That falleth on the grass.

He came all so still
To his mother's bower,
Like dew in April
That falleth on the flower.

He came all so still
There his mother lay,
Like dew in April
That falleth on the spray.

Mother and maiden
Was never none but she;
Well might such a lady
Godes mother be.

(makeles: matchless)

위의 서정시는 "나는 노래하네"로 시작하는데, 이는 위 시의 어휘들이 쓰여졌던 중세에는 서정시가 노래로 불리기 위해서 쓰였기 때문에 당연히 그렇게 시작할 수밖에 없는 사정을 반영하고 있다. 우리는 지금도 여전히 영어로 '서정시'라는 말을 노래의 가사에 해당하는 용어로 사용하고 있다.

서정시의 주제는 개인의 정서, 다시 말하여 연모의 감정 혹은 어떤 생각에 관하여, 찰나에 벌어졌다 이내 종결된 사건 또는 자연의 풍광에 대하여, 개인이 격렬한 감정을 이입하여 나타나게 된 반응이다. 서정시는 원래 음악에만 적용되는 노래여서, 그 형식은 주로 반복, 행의 끝 단어가 동일한 패턴으로 효과를 만들어 가는 정형 문단의 연으로 이뤄지거나, 때로는 코러스가 사용되기도 한다. 서정시에 사용된 구나 어휘들은 반복되는 성향을 보인다. 세월이 가면서, 서정시는 본래 지니고 있었던 음악적 장치들로부터 분리되었고 독립된 시 작품으로서 홀로 서게 되었으며 이러한 일탈 때문에 서정시는 정형시로서 이전에는 반드시 지켜야 했던 형식들을 덜 지켜도 되게 되었다. 축약, 반복, 각운 그리고 쉬운 시어들을 보면 그것이 서정시임을 알 수 있게 된다. 비록 단순하고 겉으로 보기에 쉬워 보여도, 서정시는 이미지를 이용하여 복잡한 시인의 정서를 독자에게 전달하는데, 그 예로, 윌리엄 블레이크의 시집 〈순수와 경험의 노래들〉을 들 수 있다. 개인의 정서와 사유를 간략하게 표현한다는 점에서 대부분의 20세기 시편들은 서정시에 속한다고도 할 수 있다.

〈그만 슬퍼하라 *Sigh No More*〉

그만 슬퍼하라, 여인들이여, 그만하라
남자들은 자고로 사기꾼들이라네
발 한 쪽은 바닷물에, 다른 한 쪽은 백사장 위에,
그들에게 영원한 것은 하나도 없다오
그러니 그만 슬퍼하라, 그냥 가게 놔두시라
즐겁게 유쾌하게 지내시고
슬픈 곡소릴랑 바꿔 버리자
얼씨구 절씨구

그만 슬퍼하라 슬픈 노래일랑 그만 그치라 재미없고 무거운
그 노래일랑 그만두시라
남자들 사기꾼 기질이야 늘 그런 거거늘
초여름 잎사귀들이 자라기 시작하면서부터 그랬으니
그러니 그만 슬퍼하라 그냥 가게 내버려두라

즐겁게 유쾌하게 지내시고
슬픈 곡소릴랑 바꿔 버리시라
얼씨구 절씨구
—윌리엄 셰익스피어

Sigh no more, ladies, sigh no more.
Men were deceivers ever,
One foot in sea, and one on shore,
To one thing constant never.
Then sigh not so, but let them go,
And be you blithe and bonny,
Converting all your sound of woe
Into hey nonny, nonny.

Sing no more ditties, sing no more
Of dumps so dull and heavy.
The fraud of men was ever so
Since summer first was leafy.
Then sigh not so, but let them go,
And be you blithe and bonny,
Converting all your sounds of woe
Into hey nonny, nonny.

연|습|문|제

위의 시 〈그만 슬퍼하라〉는 어떤 형식적인 특징 때문에 서정시에 속하고 무슨 근거로 그것이 노랫말로 쓰여졌을 것이라고 추측할 수 있는가?

〈노래*Song*〉

내가 죽으면, 사랑아
슬픈 노랠 부르지 마오
그대 제발 내 손에 장미 한 송이도 내려놓지 마오
사이프러스 나무 한그루, 그 그늘도 싫소
푸른 잔디면 족하다오
소나기와 젖은 이슬방울이면 족하다오

그러니 부디 그대여, 할 수 있다면 기억하지만
할 수 없다면, 잊어 주구려.

그 그늘을 보지 않으려 하니
비조차 두려워하지 않으려 하니
나이팅게일의 울음소리도 듣지 않으려 하니
내가 그저 잠시 아픈 거라 생각하고 그렇게 노래하여 주오
석양을 뚫고 꿈꾸려 하니
일어서거나 가라앉거나
운 좋아서 내 그댈 기억한다면
운 좋아서 내 그댈 잊게 되려니.
—크리스티나 로세티

When I am dead, my dearest,
Sing no sad songs for me;
Plant thou so roses at my head,
Nor shady cypress tree:
Be the green grass above me
With showers and dewdrops wet;
And if thou wilt, remember,
And if thou wilt, forget.

I shall not see the shadows,
I shall not fear the rain;
I shall not hear the nightingale
Sing on as if in pain:
And dreaming through the twilight
That doth not rise nor set,
Haply I may remember,
And haply may forget.

연 | 습 | 문 | 제

로세티의 〈노래〉는 어떤 형식적 특징 때문에 서정시가 되는가? 어떻게 표현된 느낌 때문에 로세티r가 독실한 그리스도교 신자임을 추론할 수 있는가?

〈평원을 만들려면 *To Make a Prairie*〉

평원을 만들려면 클로버 한 송이와 벌 한 마리면 된다
한 송이 클로버와 한 마리 벌,
그리고
공상.
공상만 있어도 된다
벌이 별로 없다면.
—에밀리 디킨슨

To make a prairie it takes a clover and one bee,
One clover, and a bee,
And revery.
The revery alone will do,
If bees are few.

연|습|문|제

〈평원을 만들려면〉는 어떤 형식적인 특징 때문에 서정시가 되는가 그리고 어떤 단서에 의거해서 그것이 원래 노래로 부르기 위해서 씌어진 것이라고 말 할 수 있는가?

"한 송이"나 "한 마리"의 병렬 구조가 클로버나 벌을 한 개의 단위로 묶게 되지만, 이 단위는 "공상"이라는 어휘 때문에 급격하게 붕괴된다. 디킨슨 시인의 작품에서 자주 나타나는 소박한 시어들은 복잡한 뜻을 지닌 단 한 개의 어휘 때문에 그 원래의 단순한 의미를 쉽게 전달할 수 없게 된다. 이 사례는 매우 중요하다. 만약 '평원'이라는 어휘가, 한계를 끊임없이 넓혀 가는 수확의 확대라는 그 의미가 "공상만으로도 만들 수 있다"면, 그 무한정한 확장은 거꾸로 한 송이 클로버나 한 마리 벌이라는 단위로 축소될 수 있는가, 그리고 나아가 어떤 물리적인 현존을 제거할 수 있게 되는가, 그렇다면 이 암시는 곧 이 시가 묘사하고 있는 그 무엇인가를 지시하는가? 결국 이 서정시를 은유에 토대를 둔 작품으로 읽을 수 있다고 생각하는가?

발 라 드 Ballads

서정시처럼, 발라드는 노래로 부르기 위한 것이며, 비록 16세기경부터 활자화되었다고 하더라도, 활자 문학 이전부터 있었던 시의 형식이다. 발라드에는 이야기가 담겨 있으며, 형식이나 사용된 어휘가 소박하고 서정시처럼 반복되는 연들과 후렴구를 지니고 있다. 행은 약강격의 사음보격(4박자)으로 이뤄지는바, 이들이 모여 한 연을 이루고 약강

격의 삼음보격(3박자) 행들이, 두 번째와 네 번째 행에서 각운을 만들며, 이를 "발라드 시연"의 표준형이라고 간주한다. 이야기의 내용은 대게 낭만적이고, 영웅이 등장하며, 비극적이거나 희극적이며 큰 줄거리 속에 작은 에피소드들이 빠른 속도로 절정을 향하여 전개되는 것이 그 특징이다. 시인이나 작가가 그 인물들에 대하여 첨언을 하지 않으며, 인물들의 심리를 분석하는 경우도 없고, 사건 자체에 관하여서도 부연하지 않는다. 이야기 자체는 매우 중요하지만, 대화나 행동을 통해서만 이야기가 전개된다. 독자는 어떤 경우에는 몇 개 되지 않는 에피소드들만 가지고 전제의 이야기를 어렵게 재구성해야만 하는 경우도 있다. 비록 원래는 민속의 형식에서 출발하였지만, 발라드는 19세기에 와서 인기 있는 시의 장르가 되었으며, 대표적인 시집으로는 워즈워스와 콜리지 공저의 〈서정담시집〉과 오스카 와일드의 〈레딩 감옥에서 쓴 발라드*The Ballad of Reading Gaol*〉가 있다.

〈발라드*Ballad*〉

오 분명히 그대는 내 사랑을 보았노라
물굽이가 어디로 흘러가든지
그는 사람을 저어하지 않는 자처럼 걸어갔노니
그래도 그의 눈빛은 유순하였어라

오 분명히 그대는 내 사랑을 보았노라
물굽이가 몸을 틀 무렵
그때가 되면 그가 그물에 내려오니까
저 물가 저만치로

오 아가씨여 나는 그대의 사랑을 보았어라
물굽이가 몸을 틀 무렵
그는 어부들과 함께 있었노니
저 물가 저만치로

어부들은 장사를 하였다네
땅콩 숲 가까운 곳이었지
어부들은 그물을 거두고
그리고 그대의 진정한 사랑을 찾은 거라네.
—윌리엄 수터William Soutar

O! shairly ye hae seen my love
Doun whaur the waters wind;
He walks like ane wha fears nae man
And yet his e'en are kind.

O! shairly ye hae seen my love
At the turning o' the tide;
For then he gethers in the nets
Doun be the waterside.

O! lassie I hae seen your love
At the turning o' the tide;
And he was wi' the fisher-folk
Doun be the waterside.

The fisher-folk were at their trade
No far frae walnut grove;
They gethered in their dreepin nets
And fund your ain true love.

연|습|문|제

위의 시는 그 형식으로 보아 어떤 점에서 발라드라고 할 수 있는가?

이 작품은 전통적인 민속 발라드가 아니다. 수터는 19세기와 20세기 초기에 활동했던 스코틀랜드 출신의 시인이었고 그의 철자법을 보면 스코틀랜드 강세가 보인다. 그러나 어떤 시어들과 어떤 내용이 이 시가 민속 문화를 토대로 쓰인 것이라고 알려주는가?

시는 이야기의 어떤 시점에서 시작하는가?

반복은 이 시의 형식적인 주요 특징이다. 연필로 표시를 하면서 4개의 스탠자에서 나타나는 반복들을 점검해 보라. 그 반복들이 어떻게 패턴을 만드는지를 주목하라. 어떤 반복이 그 패턴을 중단시키는가, 그리고 왜 그런 현상이 일어난다고 생각하는가? 위 시를 구성하는 네 개의 스탠자에서 중요한 어휘들은 어떤 것들이 있는가?

만 가 Elegies

서정시의 어조는 대개 무엇인가를 축하하는 혹은 함께 기뻐하는 것이다. 그것이 연애든지 인생의 어떤 순간에 겪은 사소한 감격이든지 아니면 자연이 주는 경치를 얼핏 보고 즐거워진 순간이든지, 그 모든 감동은 보통 희열과 사랑의 정서와 동반한다. 슬픔은 특별한 서정시의 주제로서, 만가는 다시 말하여 어떤 사람의 죽음을 슬퍼하는 서정시다. 형식적인 특징은 서정적이지만 그 어조는 당연히 서정시보다 엄숙하다.

〈그를 위한 만가*Elegy for Himself*〉
—1586년 처형되기 직전에 런던 타워에서 씀

내 한창 시절 젊음은 그저 그런 근심의 서릿발이다
내 희열의 잔치는 그저 그런 고통의 접시장이며
내 거둔 옥수수자루는 그저 그런 가라지의 벌판이다
그리하여 내 지닌 모든 건 부질없는 허욕이다
한낮은 지나가노니 나는 태양을 볼 수 없고
나 지금 살아있으나 내 삶은 끝났어라.

내 이야길 들은 이 있을 테지만 나는 그런 말한 적 없고
내 과실은 떨어지지만 내 잎사귀들은 여전히 푸르다
내 젊음은 다 갔지만 나는 조금도 늙지 않았고
나는 세상을 보았지만 세상은 나를 보지 못했네
내 실타래는 잘려 있지만 그것은 늘어나지 않는다
나 지금 살아 있으나 내 삶은 끝났어라.

나는 내 주검을 찾았으니 그것은 내 자궁 안에 있었노라
나는 인생을 찾았으며 그건 그저 그런 그림자였도다
나는 대지를 밟았고 이미 나는 그게 내 무덤임을 알았노라
내 지금 죽노니 나는 그저 만들어져 있었을 뿐
내 잔은 가득 차 있고 내 잔은 넘치노니
나 지금 살아 있으나 내 삶은 끝났어라.
—찰스 티쉬본

My prime of youth is but a frost of cares;
My feast of joy is but a dish of pain;
My crop of corn is but a field of tares;
And all my good is but vain hope of gain;
The day is past, and yet I saw no sun;

And now I live, and now my life is done.

My tale was heard, and yet it was not told;
My fruit is fall'n, and yet my leaves are green;
My youth is spent, and yet I am not old;
I saw the world, and yet I was not seen;
My thread is cut, and yet it is not spun;
And now I live, and now my life is done.

I sought my death, and found it in my womb;
I looked for life, and saw it was a shade;
I trod the earth, and knew it was my tomb;
And now I die, and now I was but made;
My glass is full, and now my glass is run;
And now I live, and now my life is done.

연|습|문|제

어떤 형식적인 특징 때문에 이 만가가 서정적이라고 할 수 있는가?

소네트 Sonnets

소네트는 약강 오음보로 이루어진 14행이 견고하게 한 편을 직조하는 형식으로 된 또 다른 특화된 형식의 서정시다. 이탈리아의 시인 페트라르카가 처음으로 고안한 이 형식의 서정시는 튜더 왕조 시기에 영국으로 소개되었다. 각운 패턴은 첫 번째 8행 즉 옥타브octave에서는 2개의 각운만을 사용하는데 abba와 abba를 엄격하게 지킨다. 나머지 6행인 세스텟sestet은 3개의 각운 요소를 자유롭게 조합하여 사용한다. 셰익스피어는 이보다 조금 더 유연하며 자기 이름을 포함하고 있는 소네트의 각운 형식을 고안해 내었고 이를 셰익스피어리언 소네트라고 한다. 페트라르칸 소네트가 3개의 4행 어구(쿼드레인quadrain)와 1개의 종결어구closing couplet을 합하여 총 다섯 개의 각운 어휘를 이용하는 반면 셰익스피어리언 소네트는 7개의 각운 어휘abab cdcd efef gg를 이용한다. 소네트의 주제는 서정시와 마찬가지로 주로 연애에 집중되지만, 가끔 그 주제는 논리의 굴절을 이용하여 독자를 놀라게 하거나 사유와 정서를 완벽하게 뒤집어 보여 주기도 한다.

내 사랑이 참사랑을 맹세하면
거짓말인지 알면서도 믿노니,
세상의 거짓에 익숙하지 않으면
풋내기 청년으로 생각하길 바라노니.
내 나이 한창 때를 지난 줄 그녀도 알지만
나를 젊게 보도록 헛되이 바라면서.
바보처럼 그녀의 허황한 말을 믿지만
둘 다 뻔한 진실을 감추고 있으면서.
왜 그녀는 정결하지 않노라 털어놓지 않으려는지?
왜 나는 이제 늙었다고 인정하지 않는가?
아 사랑의 습관은 짐짓 믿는 체하는 것이지
사랑의 연륜은 나이 따윈 따지지 않는가.
그래서 나는 그녀와 눕고 그녀는 나와 누워 있노라
결점투성인 거짓말에 만족하노라.
—셰익스피어의 〈소네트 138〉

When my love swears that she is made of truth
I do believe her though I know she lies,
That she might think me some untutored youth
Unlearned in the world's false subtleties.
Thus vainly thinking that she thinks me young,
Although she knows my days are past the best,
Simply I credit her false-speaking tongue;
On both sides thus is simple truth suppressed.
But wherefore says she not she is unjust,
And wherefore say not I that I am old?
O, love's best habit is in seeming trust,
And age in love loves not to have years told.
Therefore I lie with her, and she with me,
And in our faults by lies we flattered be.

이 어둡고 넓은 세계에서 반생도 되기 전에,
나의 눈에서 빛이 꺼진 것을 생각할 때,
그리고 숨겨 두면 죽어 버리는 한 탤런트
비록 그것으로 조물주를 섬기고, 그분이 돌아와

꾸짖는 일이 없도록 나의 진가를 제시하는 일에
내 마음을 쏟긴 하지만, 이제는 아무 쓸모없는
것이 되었음을 생각할 때,
나는 어리석게 묻는다, 신께서 빛은 허락하지 않고
낮일은 강요하시는가라고. 그러나 인내는 불평을
가로막고 곧 대답한다, 신은 인간의 일이나
인간의 공물을 원치 않으신다. 그의 가벼운
멍에를 잘 짊어지는 자가 그를 잘 섬기는 것.
그의 위엄은 왕자다워 수천의 천사들은 그의 명에 따라
달리며 육지와 대양을 넘어 쉬지 않고 전한다.
다만 서서 기다리는 자가 또한 섬기는 것이라고.
—존 밀턴

When I consider how my light is spent,
Ere half my days, in this dark world and wide,
And that one Talent which is death to hide
Lodg'd with me useless, though my Soul more bent
To serve therewith my Maker, and present
My true account, lest he returning chide,
Doth God exact day-labour, light deni'd,
I fondly ask; But patience to prevent
That murmur, soon replies, god doth not need
Either mans work or his own gifts, who best
Bear his middle yoke, they serve him best, his State
Is Kingly. Thousands at his bidding speed
And post o'r Land and Ocean without rest:
They also serve who only stand and waite.

행여 죽으면 어쩌나 두려움을 가질 때면,
펜으로서 무성한 머리에서 가을을 거두고
높이 쌓인 책 속에 글씨로서 가멸은 곡간엔듯
여물은 곡식알을 갈무리하기 전에,
행여 마술의 손으로서 별빛 박힌 밤 얼굴에
거대한 구름이 그리는 높은 전설의 자취를
낱낱이 옮겨서 갈무리하기 전에

행여 죽으면 어쩌나 하고 생각할 때면,
또 짧은 한때의 아름다운 그대여,
어쩌면 다시는 그대를 못 보리라고,
뒷생각 없는 사랑의 마술도 그만이라고,
생각할 때면, 나는 광활한 세계에
외로이 서서 생각에 잠기고 그런 때
사랑과 명예도 허무 속으로 잠겨져 간다.
—존 키츠

When I have fears that I may cease to be
Before my pen had gleaned my teeming brain,
Before high-pilèd books, in charactery,
Hold like rich garners the full ripened grain;
When I behold, upon the night's starred face,
Huge cloudy symbols of a high romance,
And think that I may never live to trace
Their shadows with the magic hand of chance;
And when I feel, fair creature of an hour,
That I shall never look upon thee more,
Never have relish in the fairy power
Of unreflecting love; then on the shore
Of the wide world I stand alone and think
Till love and fame to nothingness do sink.

연|습|문|제

위 소네트들의 각운 형식을 고찰해 보라. 어떤 것이 페트라르칸 소네트이고 어떤 것이 셰익스피어리언 소네트인가?

각 소네트의 논제는 무엇인가? 한 문장으로 요약할 수 있겠는가? 밀턴은 한 남자가 자기 머슴들에게 주화 한 달란트를 주며 여행을 떠나는 그리스도의 신약 성경 달란트 우화에 토대를 두고 소네트를 지었다. 두 명의 종은 그들이 믿는 사업에 투자하여 돈을 늘린 반면 나머지 한 명은 땅 속에 묻었다. 주인이 돌아와서 자기 머슴들을 불러 셈을 해 보고 나서 자기가 주고 간 달란트를 늘려놓은 머슴들에게는 칭찬을 하였고 아무것도 늘리지 못한 머슴은 집에서 쫓아버렸다.

경직된 소네트 형식에서 시어들은 가끔씩 하나의 의미 이상으로 작동하도록 사용된다. 셰익스피어가 사용한 "lie"와 밀턴이 사용한 "talent"는 어떤 복합적인 의미로 희언punning되고 있는가?

소네트가 노래하는 논제 즉 시제는 "그리고, 그리하여, 그러므로, 그러나, 비록, 따라서(and, then, thus, but, though, therefore)"와 같은 접속 어휘를 사용하며 직접적으로 전개되는 경우가 자주 있다. 위의 각각 소네트에서 시제가 새로운 국면으로 전개될 때 사용되는 어휘들을 찾아내어 지적하라. 이런 시어들이 어느 행 어느 구절에서 소네트 전반의 형식 내부에서 부합하게 되는가?

송 시 Odes

송시는 서정시보다 길고 심각한 시 형식이며 특정인이나 추상적인 재제를 칭송하기 위해서 쓰인다. 서정시와 마찬가지로 송시의 형식은 스탠자stanza들이 반복되며 만들어지지만 그 어조는 서정시보다 고양되어 있고 그 시어들은 서정시보다 복잡하다. 송시는 두 명의 로마 시인들이 만들었다. 핀다로스는 올림픽 경기에서 승리한 전사들을 칭송하기 위해서 송시의 형식을 개발했으며 핀다로스의 스탠자들보다 자유로운 호라티우스의 어조는 핀다로스의 송시보다 사적인 감정이 많이 투사될 수 있고 보다 철학적인 사유가 가능한 형식의 송가 형식을 만들었다. 송가가 노래하는 재제는 주로 송가의 제목에서 밝혀지고(…을 위한 송가) 재제는 주로 첫 스탠자에서 소개된다. 아래에서 소개하는 마블의 〈크롬웰을 위한 송가*Ode to Cromwell*〉의 첫 세 스탠자는 아첨으로 송시를 시작하고 있다. 그러나 이 송시는 그를 처형하는 찰스 1세의 행위에 공감을 표시하고 있다. "그는 아무나 할 수 있는 일도 아니고 흔해빠진 일도 아닌 일을 하셨노라/저 잊지 못할 장면에서He nothing common did nor mean/Upon that memorable Scene" 그리고 이어 크롬웰에게 다음처럼 읍소한다 "전하의 보검을 곧추세우소서Still keep thy Sword erect" 그리고 "같은 재주를 얻으셨으니 권좌가 그를 유지토록 하시옵소서The same Arts that did gain/A Pow'r must it maintain"라며 경고를 한다.

〈아일랜드에서 돌아오신 크롬웰 각하에게 바치는 호라티우스풍의 송가
An Horatian Ode Upon Cromwell's Return from Ireland〉

출세하고 싶은 야심적인 청년은
지금 그의 사랑하는 시신을 버려야 한다,
그늘에서 맥없는
시구를 읊어서는 안 된다.
지금이야말로 책을 먼지 속에 내버리고
사용치 않던 갑옷의 녹을 기름으로 닦을 때다,
대청에 있는 갑옷 상의를
벽에서 내려서.
그리하여, 휴식을 모르는 크롬웰은 불명예스런
평화의 예술 속에 안식할 수 없었고,

모험적인 전쟁을 통하여
그의 활동적인 운명을 추진했다.
—앤드루 마블

The forward Youth that would appear
Must now forsake his Muses dear,
Nor in the Shadows sing
His numbers languishing.
'Tis time to leave the Books in dust,
And oyl th'unused Armours rust,
Removing from the Wall
The Corslet of the Hall.
So restless Cromwell could not cease
In th'inglorious Arts of Peace,
But through adventurous War
Urged his active Star.

연|습|문|제

마블의 송가의 스탠자는 규칙적이지만 휴지와 함께 진행된다. 스탠자의 형식과 리듬 그리고 반복되는 각운을 인지할 수 있는가?

송가의 시어 중 칭송을 강화하는 형식은 무엇인가? 단순하고 소박한 서정시에서 찾을 수 있었던 시어보다 복잡하고 사변적인 시어들과 시 구절들은 어떤 것이 있었는지 두 개나 세 개의 어휘들을 찾아 보라.

마블의 송가는 노래를 부르고 책을 읽고 평화의 전략을 구사하는 크롬웰의 행동들과 그가 실제로 집행하는 행동들이 대조를 보인다. 크롬웰과 그의 행동들을 묘사하는 어휘들을 찾아 보라. 형용사들과 동사들에 주목해야만 할 것이다. 그 어휘들이 어떻게 크롬웰의 모습에 생기를 부여하는지 그리고 평화의 전략과 전쟁의 전략이 어떻게 상반되는지에 주목하라.

서사시편들 Epic Poems

고전시대의 서사시들, 호머의 〈일리아드〉와 〈오디세이〉 그리고 버질의 〈이네이드 *Aeneid*〉는 아주 긴 이야기를 담고 있는 시였으며, 활자가 아닌 구술의 시여서 형식은 청중의 정서를 고양시키는 데 그 주요 목적을 두게 되고 재제는 트로이 함락이나 율리시즈의 모험 그리고 로마 제국의 건설과 웅장하고 역사적인 내용이었다. 스펜서Spenser의

〈선녀여왕 *The Fairie Queene*〉과 워즈워스의 〈서곡〉 등도 모두 서사시의 전통이 보이긴 하지만, 엄밀한 의미로 고전 시대의 서사시 스타일을 계승한 유일한 영국 서사시는 밀턴의 〈실낙원〉이다. 버질의 스타일을 그 전범으로 삼으며 밀턴은 그 이야기의 중심에서 자신의 이야기를 음악의 신 뮤즈를 불러내며 시작한다. 아래의 시는 〈실낙원〉 제3권 1행부터 49행까지이며 이 부분에서 뮤즈에게 호소하며 제1권과 2권에서 지옥의 타락 천사들에 대한 자신의 생각을 정리한다.

> 오라 기쁘다, 성스러운 빛이여 하늘의 초생아여,
> 영원한 분과 공존하는 영원의 빛이라고
> 너를 부름이 옳은 건가, 하나님은 빛이라,
> 영원 이래 다만 가까이할 수 없는
> 빛 속에서만 사셨나니, 네 속에 사셨나니,
> 본유의 빛나는 본질의 찬란한 유출 그 속에서만.
> 혹은 차라리 아무도 그 근원 모르는 순수정기라고,
> 너를 불러야 할 건가? 태양보다도 먼저
> 하늘보다도 먼저, 너는 있어서, 하느님
> 목소리 듣고, 공허하고 형체 없는 '무한'에서
> 얻어진 어둡고 깊은 물로 된, 새로 생긴
> 이 세계를 외투로 싸듯이 쌌었다.
> 비록 오랫동안 어두운 객지에 머물렀으나,
> 지옥의 호수를 도망쳐, 대담하게 날아,
> 이제 나는 너를 다시 찾는다. 그때,
> 바깥과 중간의 어둠 속을 오락가락 날면서
> 힘들고 가망 없긴 하지만, 감히 어둠을 내려서
> 위로 되올라 가고자, 하늘의 뮤즈 신의
> 가르침받아 오르페우스의 소금과는
> 다른 곡조로 '혼돈'과 영원의 '밤'을
> 나는 노래했었다. 나는 무사히 다시 너를 찾아,
> 너의 높은 생기 있는 불빛을 느낀다. 그러나 네가
> 이 눈에 다시 돌아오지 않는다면, 그것은 헛되이 굴러
> 너의 섬광을 찾으나, 새벽을 보지 못할 것이다.
> 그렇게 두꺼운 흑내장은 그 안력을 빼앗았고, 또는
> 어두운 백내장에 덮였으니. 그러나, 여전히

굴하지 않고, 뮤즈 신 떠나지 않는
맑은 샘, 그늘진 숲, 해 비치는 동산을
성가의 사랑에 매혹되어 방황한다. 그러나 특히
너 시온, 그리고 너의 맑은 발을 씻으면서
노래하며 흐르는 아랫녘 꽃다운 시내를
밤마다 나는 찾는다. 그리고 언제나 잊을 수 없는 것은
나와 운명을 같이한 다른 두 사람,
명성도 그들과 같았으면 하고 염원하는
눈먼 다리미스, 눈먼 마이오니데스,
옛 예언자 티레시아스와 피네우스.
그러면서 저절로 고운 가락 울어 나오는
생각에 잠겨 산다. 마치 은밀한 숲 속에 숨어
어둠 속에 노래하며, 밤의 곡조 자아내는
밤새처럼. 이렇게 해가 바뀌어
계절이 돌아와도, 내겐 오지 않는구나,
날도, 아침저녁이 아름답게 다가옴도,
봄철의 꽃, 여름의 장미의 광경도,
양떼, 소떼, 거룩한 사람의 얼굴도.
다만 나는 구름과 개는 날 없는 어둠에
싸여, 사람들의 즐거운 길은 차단되고,
아름다운 지식의 책 대신으로, 내게는
지우고 깎아 버린 자연 만물의
끝없이 망망한 공백만이 제시되어,
지혜는 한쪽 문으로 내밀려 버렸구나.

Hail holy light, offspring of Heav'n first-born,
Or of th' Eternal Coeternal beam
May I express thee unblam'd? since God is light,
And never but in unapproached light
Dwelt from Eternitie, dwelt then in thee,
Bright effluence of bright essence increate.
Or hear'st thou rather pure Ethereal stream,
Whose Fountain who shall tell? before the Sun,
Before the Heavens thou wert, and at the voice
Of God, as with a Mantle didst invest

The rising world of waters dark and deep,
Won from the void and formless infinite.
Thee I revisit now with bolder wing,
Escap't the Stygian Pool, though long detained
In that obscure sojourn, while in my flight
Through utter and through middle darkness borne
With other notes then to th' Orphean Lyre
I sung of Chaos and Eternal Night,
Taught by the heav'nly Muse to venture down
The dark descent, and up to reascend,
Though hard and rare: thee I revisit safe,
And feel thy sovran vital Lamp; but thou
Revisitst not these eyes, that roul in vain
To find thy piercing ray, and find no dawn;
So thick a drop serene hath quencht thir Orbs,
Or dim suffusion veild. Yet not the more
Cease I to wander where the Muses haunt
Clear Spring, or shadie Grove, or Sunnie Hill,
Smit with the love of sacred song; but chief
Thee Sion and the flowrie Brooks beneath
That wash thy hallowd feet, and warbling flow,
Nightly I visit: nor sometimes forget
Those other two equal'd with me in Fate,
So were I equal'd with them in renown,
Blind Thamyris and blind Maeonides,
And Tiresias and Phineus Prophets old.
Then feed on thoughts, that voluntarie move
Harmonious numbers; as the wakeful Bird
Sings darkling, and in shadiest Covert hid
Tunes her nocturnal Note. Thus with the Year
Seasons return, but not to me returns
Day, or the sweet approach of Ev'n or Morn,
Or sight of vernal bloom, or Summers Rose,
Or flocks, or herds, or human face divine;

But cloud in stead, and ever–during dark
Surrounds me, from the cheerful ways of men
Cut off, and for the book of knowledge fair
Presented with a Universal blanc
Of Natures works to mee expung'd and ras'd,
And wisdom at one entrance quite shut out.

무운시의 각운, 복잡한 사유의 시어들, 고전 시대 원작에 대한 비유들, 그리고 긴 문장의 복잡한 구문들은 서사시 형식의 지표이며 그것은 고귀한 재제이고 음악의 신 뮤즈에 대한 간절한 호소이다.

연 | 습 | 문 | 제

서사시의 형식은 현대의 독자에게는 난해하다. 첫 번째 문제는 의미를 밝혀내는 것이다. 시구들을 소리 내며 따라 읽으며 이해할 수 없는 어휘들에서는 이해하려고 들지 말라. 어떤 뜻이라고 생각되는가? 밀턴은 창세기 첫날 하느님이 낮과 밤을 갈라놓는 장면을 독자가 연상토록 유도하면서 빛을 노래하는데, 이 때의 빛은 지구를 밝히는 '엄위의 절대 등불'로서 최종적으로는 자신의 실명과 이를 연계시킨다.

일단 시행들을 대략적으로 파악했다고 느낀다면, 한 개나 두 개의 긴 시행을 선택하고 그 구문을 분석해 보라. 아마도 40행부터 49행까지를 선택하고 싶은 것인데 이때 '잘라내다'나 '보여 주다'가 형용사로 사용되는 과거 분사라는 점을 주의하라.

어휘 연구와 마찬가지로 시행들을 예로 들면 21행과 26행 사이를 생각해 보고 이해할 수 없었던 어휘들을 찾아 보라. 왜 밀턴은 '창조된 것이 아닌'과 같은 시어를 사용하는가? '눈을 덮은 어두운 백내장'이란 어휘가 무엇을 의미하는가?

의사 영웅시체 The heroic couplet

18세기의 유행은 전범과 교양을, 명쾌함과 질서를 따르는 것이어서, 시인들의 시 형식과 시어에 있어서도 일관성에 대한 훈련과 적절함에 대한 감각을 요구하게 되었다. 시인들은 규칙적이며 고도로 절제된 형식의 고전 장르를 사용했다. 의사 영웅시체는 초서가 〈캔터베리 이야기〉에서 사용했던 시작법이며 18세기 시단이 제일 선호하던 시형이었다. 그것은 각운을 이루는 약강오음보의 짝들로 이뤄져 있다. 의사 서사시, 〈머리타래의 강탈〉을 쓸 때, 포프는 아래의 예시에서 확인하게 되듯이 의사 영웅시체를 사용했다.

이 형식의 규칙성은 독자가 구조를 변형할 수 있는 가능성을 증가시키고 기대를 역전시키거나 좌절시키는 데 기여한다. 이런 일이 일어날 때 우리가 경험하는 가벼운 충격은 시어에 대한 관심을 고조시키고 어휘의 비정상적인 사용 혹은 우리가 기대하지 못했던 이미지들을 사용할 때 더욱 그 기능이 효과를 지닌다. 포프는 이런 기교를 최고로 잘 활용한 시인이었고 그의 농담은 그가 매우 숙련된 솜씨로 언어에 대한 독자의 기대감을 역전시키면서 생성되는 것이었다.

〈대관식이 끝난 후, 시내를 떠나가는, 블란트 양에게 보내는 서한
Epistle to Miss Blount, on her Leaving Town, After the Coronation〉

어떤이들은 처녀를 좋아합니다, 그녀의 어머니가 그녀를
읍내에서 건강에 좋은 바람이 부는 시골로 끌어내려 갔었죠
바로 그 무렵 그녀는 우수에 젖은 눈빛을 배우게 되었고요
그 무렵 얼짱 총각을 알게 되었죠, 밤은 안전했고요
원하지도 않았지만 그 사랑스런 남자를 섬겼답니다
아뿔사 키스 한 번으로 그녀는 영원히 그와 헤어졌고요
세상에서 제팔린다는 멀리멀리 날라가 버렸습니다.
다른 이들은 행복해 보였고요, 한숨도 거뒀답니다
그분들이 행복해서 그녀가 불만족스럽게 지낸 건 아니고요
그들은 남고 그녀만 가게 되기 때문에 한숨을 쉬었답니다.
그녀는 갔습니다, 가사나 돌보면서 책이나 읽으면서
구닥다리 홀로 가서, 지루한 숙모나 만나고, 화투나 치러 간 거죠.
그녀는 이제 오페라도 공원도 의회도 연극도 못 봅니다.
아침엔 산책을 해야 되고 기도도 하루 세 번
책 읽다가 보이차 마시고
음악 좀 듣다가 혼자서 차 마시다 흘리고
느린 시계 바늘이나 원망하며 정오에는 점심을 먹어야 됩니다
화로 위에 걸린 그림 보며 눈을 피곤케 해야 하고
곡조도 틀리는 노래를 따라해야 하고 수습기사에게 이야기도 해 줘야 하죠
일곱 시가 지나면 황금으로 단장한 다락방으로 올라가야 됩니다
배를 곯고 기도하고 그래요 그게 천국으로 가는 길이죠.
어쩜 당신은 수습 기사를 골리는 재미를 만끽할지도 몰라요
수습 기사의 사냥감은 빗자루, 건배는 포대로 해 버리고

총을 들고 찾아와선 새 한 마리 건네주죠.
엄청 큰 목소리로 법석을 떨고 그러곤 울어 버리죠—말도 마세요!
견사에서 자기 개를 질질 끌고 와서는
고개를 끄덕이며 쓰다듬어 주다가는 식탁 아래 무릎을 꿇지요
웃음소리 하나는 진실하지요, 몸짓이야 촌스럽기 그지없지만요
당신을 사랑합니다. 말을 더 사랑하는지도 모르지만요.
어느 멋진 저녁 무렵, 당신의 팔을 베고는
당신은 시골 생활의 승리를 꿈꾸지요
골똘히 생각하면서 환상적인 풍경을 회상합니다
저 푸른 초원 위에서 대관식 장면을 보십시요
그다음 상상의 장면일랑 지워 버리세요
영주님들, 백작님들, 공작님들, 줄무늬 갑옷을 입은 기사님들의 장면일랑 지워 버리세요
당신의 감긴 눈 위로 목동의 신이 그늘을 드리워 주면
바람둥이가 되어 버리고 모든 환상은 달아나지요
그리하여 홀도, 왕관도, 무도회도 모두 사라지게 됩니다.
그리고 당신은 쓸쓸한 숲 속에 홀로 남게 되지요. 텅 빈 벽만 남는답니다.
그러니 그대의 시종들이, 심복인 시종들이, 시간을 죽일 때
(두통 때문에 아프거나 서리가 와서 그런 게 아니고)
거리에 서서 시정잡배들의 이야기를 요약해 줄 때
그가 연구하는 듯이 보이는 동안, 당신을 생각하는 듯이 보이는 동안
그의 환상이 당신의 반짝이는 눈동자를 환히 비추는 바로 그때
아니면 부드러운 파르테니아가 일어나며 볼에 홍조를 보일 때
게이가 내 어깨를 두드릴 때, 그리고 멋쟁이가 내 시야에 마구 달려들어 올 때
읍내에서 조용히 속으로 생각해 보세요, 나는 이마를 찌푸리며 함께 해 줄게요
선동꾼을 지켜보세요, 그리고 노래를 따라하세요, 지금 당장 하셔도 좋고요.
—알렉산더 포프

As some fond virgin, whom her mother's care
Drags from the town to wholesome country air,
Just when she learns to roll a melting eye,
And hear a spark, yet think no danger nigh;
From the dear man unwilling she must sever,
Yet takes one kiss before she parts for ever:
Thus from the world fair Zephalinda flew,
Saw others happy, and with sighs withdrew;

Not that their pleasures caus'd her discontent,
She sigh'd not that they stay'd, but that She went.
  She went to plain-work, and to purling brooks,
Old-fashion'd halls, dull aunts, and croaking rooks:
She went from Op'ra, park, assembly, play,
To morning-walks, and pray'rs three hours a day:
To part her time 'twixt reading and Bohea,
To muse, and spill her solitary Tea;
Or o'er cold coffee trifle with the spoon,
Count the slow clock, and dine exact at noon;
Divert her eyes with pictures in the fire,
Hum half a tune, tell stories to the squire;
Up to her godly garret after sev'n,
There starve and pray, for that's the way to heav'n.
  Some Squire, perhaps, you take delight to rack;
Whose game is whist, whose treat, a toast in sack;
Who visits with a gun, presents you birds,
Then gives a smacking buss, and cries—No words!
Or with his hound comes hallowing from the stable,
Makes love with nods, and knees beneath a table;
Whose laughs are hearty, tho' his jests are coarse,
And loves you best of all things—but his horse.
  In some fair evening, on your elbow laid,
You dream of triumphs in the rural shade;
In pensive thought recall the fancy'd scene,
See Coronations rise on ev'ry green;
Before you pass th'imaginary sights
Of Lords, and Earls, and Dukes, and garter'd Knights,
While the spread Fan o'ershades your closing eyes;
Then give one flirt, and all the vision flies.
Thus vanish sceptres, coronets, and balls,
And leave you in lone woods, or empty walls.
  So when your slave, at some dear idle time,
(Not plagu'd with headaches, or the want of rime)

Stands in the streets, abstracted from the crew,
And while he seems to study, thinks of you;
Just when his fancy paints your sprightly eyes,
Or sees the blush of soft Parthenia rise,
Gay pats my shoulder, and you vanish quite,
Streets, chairs, and coxcombs rush upon my sight;
Vext to be still in town, I knit my brow,
Look sow'r, and hum a tune, —as you may now.

연|습|문|제

이 시는 반대와 균형의 시이며 의사 영웅시체가 균형 잡힌 형식의 시형임을 웅변한다. 시내와 변두리는 짝의 사례다. 그들이 서로 상반되는 관계임을 나열할 수 있는 목록을 만들 수 있겠는가? 우아함과 저속함, 흥분과 지루함, 정교한 사유와 거친 사변, 다양성과 일상성, 달변(시 자체가 시인이 위트로 가득한 달변가임을 보여 준다)과 눌변의 사례들을 살펴보면 흥미로울 것이다.
서로 상반된 삶을 꾸려가면서, 포프는 시내에 블란트 양은 시골에 산다. 그들이 공유하는 바는 어떤 것인가? 아마 그들의 분위기, 그들의 소망, 마지막 행이 암시하는 바(포프를 방해하는 게이는 그의 친구다)를 생각해 보면 더욱 흥미로울 것이다.
의사 영웅시체가 효과적으로 작동하면서 기대한 언어와 기대치 못한 언어가 서로 절묘하게 병치를 이루면서 포프가 구사하는 아이러니 풍부한 위트는 정교하게 특정 어휘와 구절들의 의미를 드러내 보여 준다. 시골의 대기가 건강에 좋다고 누가 믿겠는가? 기대치 못한 어휘와 아이러니로 이뤄진 암시에서 나오는 농담으로 시행이 흘러가는 다른 2행 어구를 찾을 수 있겠는가? 3-4행 혹은 29-30행을 찾아보면 흥미로울 것이다.

설화시 Narrative verse

설화시는 이야기를 들려 주는 시다. 서사시도 설화적이며 발라드 역시 설화적이다. 19세기의 독자와 시인들은 각별히 이런 설화시를 선호했다. 발라드가 시의 장르로 인정되었을 뿐만 아니라 테니슨의 〈왕의 목가 *The Idylls of the King*〉와 로버트 브라우닝의 〈반지와 책 *The Ring and the Book*〉과 같은 여러 장편 설화시들이 쓰여졌다.

〈내 사촌 케이트 *Cousin Kate*〉

나는 오두막 처녀였지
햇살과 바람으로 단련되어

오두막 동무들과 다정히 지냈다네
내가 예쁜지 안 예쁜지 난 관심 없어
왜 훌륭하신 주인어른이 나를 찾았을까
그리고 내 곱슬 머릿결을 칭찬해 주셨을까
내 심장을 사랑으로 채우시려고?

그분께서 나를 궁전으로 유혹하셨네
그리하여 나를 즐겁게 해 주시겠노라 간청하시었지
부끄런 인생 부끄럽지 않도록 살아 보려고
그분의 노리개로 그분의 연인으로
그분은 저에게 황금 매듭으로 옷을 입혀 주셨다네
그분은 저를 보호 장구처럼 만들어 주셨다네
그리하여 저는 지금 더러운 짓을 후회한다네
비둘기였을 그분이었는데

케이트 양, 내 사촌 케이트야
너는 나보다 더 예쁘게 자랐더구나
네 아버지 집 앞에서 그분이 너를 보았단다
그리고 너를 택하시고 나를 버리셨네
네가 가는 걸음걸음 그분께서 찬찬히 보셨단다
호밀밭에서 네가 노는 것도 보셨단다
천박한 집안 출신 너를 택하신 거야
지체 높으신 그분과 함께 앉으시려고

너는 예쁘고 순진하기 때문에
그분께서 너에게 반지도 끼워 주셨지
이웃사람들도 너를 예쁘고 순진하다 하였지
대신 나를 쓰레기로 불렀지
내가 먼지 속에서 주저앉아 울고 있을 때
너는 황금의자에 앉아 노래를 불렀지
자 이제 우리 둘 중 누구 가슴이 더 따뜻하겠니?
네 날개가 훨씬 더 강하단다

사촌 케이트야, 내 사랑은 진실했단다
네 사랑은 모래처럼 까끌거리지

만약에 그분께서 네가 아닌 너를 놀리신 거면
만약 네가 나 대신 그곳에 서있는 거라면
그분은 그딴 사랑으로 나를 얻지 못하였으리
억만 평 대지로도 나를 살 수 없었으니
난 그분의 얼굴에 침을 뱉었을 거야
그리고 손도 뿌리쳤었겠지

그래도 난 네게 없는 선물을 받았단다
넌 아마 평생 가질 수 없을 거야
왜냐하면 네 옷과 결혼반지 때문이야
나는 네가 화낼 거라 확신하지
내 고운 머릿결을 닮은 내 아들, 내 수치, 내 오만이
점점 가까이 들어붙을 거야 들러붙을 거야
네 서방님이 널찍한 땅덩어리 하나 주겠지
지 자리 지킬려구
—크리스티나 로세티

I was a cottage maiden
Hardened by sun and air
Contented with my cottage mates,
Not mindful I was fair.
Why did a great lord find me out,
And praise my flaxen hair?
Why did a great lord find me out,
To fill my heart with care?

He lured me to his palace home –
Woe's me for joy thereof–
To lead a shameless shameful life,
His plaything and his love.
He wore me like a silken knot,
He changed me like a glove;
So now I moan, an unclean thing,
Who might have been a dove.

O Lady kate, my cousin Kate,
You grew more fair than I:
He saw you at your father's gate,
Chose you, and cast me by.
He watched your steps along the lane,
Your work among the rye;
He lifted you from mean estate
To sit with him on high.

Because you were so good and pure
He bound you with his ring:
The neighbors call you good and pure,
Call me an outcast thing.
Even so I sit and howl in dust,
You sit in gold and sing:
Now which of us has tenderer heart?
You had the stronger wing.

O cousin Kate, my love was true,
Your love was writ in sand:
If he had fooled not me but you,
If you stood where I stand,
He'd not have won me with his love
Nor bought me with his land;
I would have spit into his face
And not have taken his hand.

Yet I've a gift you have not got,
And seem not like to get:
For all your clothes and wedding-ring
I've little doubt you fret.
My fair-haired son, my shame, my pride,
Cling closer, closer yet:
Your father would give his lands for one
To wear his coronet.

위의 이야기는 19세기 빅토리아 시대 영국인들에게는 친숙한 "버림받은ruined" 여인에 관한 것이며, 빅토리아 시대 사람들이 그토록 좋아했던 중세풍의 이야기를 살짝 개작한 것으로서 로세티가 "정조를 잃어버린fallen" 자신의 그 여주인공에게 연민의 정서를 잔뜩 불어넣어 준 작품이다. 특이한 점은 그녀가 자기 사촌에 대한 몹쓸 감정을 지니고 있으면서도 어떻게 그 여주인공이 승리를 받아들이게 하는가에 있다 하겠다. 〈더버빌가의 테스〉라는 작품에 "정숙하게 그려진 순결한 처녀a Pure Woman Faithfully Presented"라는 부제를 붙였던 토머스 하디는 농락당한 그 처녀에 대하여 보다 아이러니컬한 해석을 가하여 다음처럼 시로 노래한다.

〈몸 버린 처녀*The Ruined Maid*〉

'오 밀리아 내 친구, 이게 도대체 무슨 일이야!
누가 감히 내가 너를 읍내에서 만나게 된다고 상상이나 했을까?
그리고 이토록 좋은 옷을 걸치고 이처럼 화사하게 말이지?'
'제가 더러워졌다는 걸 정말로 모르셨나요?' 그녀가 말했다.

'넌 우리를 넝마 속에 두고 가 버렸었지, 신발도 양말도 안 신긴 채로.
감자 캐기도 싫증났었을 거야, 오리새끼 밥 주는 것도 지겨웠을 거고.
지금 보니 너 화려한 팔찌에 번쩍이는 털옷을 세 벌이나 걸쳤구나!'
'맞아요, 우리가 더러워지면 이렇게 옷을 입지요.' 그녀가 말했다

너 지금 '그대여' 그리고 '그대는' 이렇게 말했니?
집 농장에서 넌 이렇게 말했었어, '자기' 아니면 '이년아' 또 '저년아'라고
근데 지금 너는 높으신 분들과 교제하기에 딱 맞는 말투만 쓰는구나
'누군가 더러워지면 누군가는 세련돼지나 봐요.' 그녀가 말했다

그때 네 손은 짐승 발톱 같았었어, 얼굴은 푸르락 창백하고
지금 나는 네 볼이 너무 환해져서 깜짝 놀랐어.
네 귀여운 장갑은 어느 귀부인 손에도 어울리겠다!
'우리가 더러워지면 우린 일 같은 건 하지 않지요.' 그녀가 말했다

넌 가정생활이 마녀가 쫓아다니는 꿈 같다고 말하곤 했었지
한숨만 쉬었었잖아, 흐느끼기만 했었잖아 그런데 지금 넌

두통도 우울증도 없는 것처럼 보여!
'맞아요, 더러워지고 나면, 신나게 생생해진다니까요.' 그녀가 말했다

'날개가 있으면, 깔끔한 청소복이 있다면
그리고 내 얼굴도 너처럼 곱상하다면, 읍내를 쏘다닐 텐데!'
'내 친구, 순진한 시골 아가씨, 그대는 그러면 아니 되어요,
그런 생각일랑 하지를 마세요. 당신은 더러워지지 않았으니까요.' 그녀가 말했다.
—토머스 하디Thomas Hardy

'O 'Melia, my dear, this does everything crown!
Who could have supposed I should meet you in Town?
And whence such fair garments, such prosperi-ty?'—
'O didn't you know I'd been ruined?' said she.

—'You left us in tatters, without shoes or socks,
Tired of digging potatoes, and spudding up docks;
And now you've gay bracelets and bright feathers three!'—
'Yes: that's how we dress when we're ruined,' said she.

—'At home in the barton you said "thee" and "thou,"
And "thik oon," and "theas oon," and "t'other"; but now
Your talking quite fits 'ee for high compa-ny!'—
'Some polish is gained with one's ruin,' said she.

—'Your hands were like paws then, your face blue and bleak
But now I'm bewitched by your delicate cheek,
And your little gloves fit as on any la-dy!'—
'We never do work when we're ruined,' said she.
—'You used to call home-life a hag-ridden dream,
And you'd sigh, and you'd sock; but at present you seem
To know not of megrims or melancho-ly!'—
'True. One's pretty lively when ruined,' said she.

—'I wish I had feathers, a fine sweeping gown,
And a delicate face, and could strut about Town!'—

—'My dear – a raw country girl, such as you be,
Cannot quite expect that. You ain't ruined,' said she.

연|습|문|제

위의 〈몸 버린 처녀〉는 어떤 장르에 속한다고 생각하는가?

반복되는 스탠자들은 어떤 노래의 곡절을 암시한다. 형식미와 간결함은 서정적이지만 아이러니로 꽉 찬 어조는 서정시에서는 찾아보기 어려운 부분이며, 내용상 그것은 사소한 이야기일 수 있으나, 설화시라고 하기에는 그 이야기가 너무 단순하다. 어쩌면 위의 시는 발라드에 오히려 더 가깝다고 할 수 있다. 대다수의 19세기와 20세기 시는 서정적이며 그런 배경으로 위의 시를 서정시로 불러도 적절할 것이다. 시라는 것이 언제나 특정 장르에 적확하게 딱 맞아 떨어지게 되는 것은 아니다. 이 시처럼 보통 시에는 형식적인 요소로 여러 다른 장르들의 특징들을 포함하고 있다.

극적 독백 Dramatic Monologues

독백은, 무대에서든지 활자로 된 시든지 간에, 단일 인물이 음성으로 전하는 발화이다. 어떤 의미로 보면, 시인의 정서를 서정적으로 표현한다면 그것들은 모두 독백에 속한다 할 수 있겠지만, 극적 독백에서는 특정 인물이 말없이 듣기만 하는 청중을 향하거나 혹은 자기 자신에게 큰소리로 무언가를 전하는 것이다. 극적 독백은 19세기적인 시의 형식이랄 수 있다. 정신 작용에 대한 관심이 높아져 가고 사상이란 감춰진 것일 뿐만 아니라 자기 자신을 기만하는 것일 수도 있다는 인식과 함께 브라우닝이나 테니슨 등의 시인들은 특정 등장인물로 하여금 자기의 생각을 말하게 하고 등장인물과 함께 살고 있는 사람들의 속마음에 숨어 있는 것을 폭로하게 할 뿐만 아니라 더욱 정교하게도 그 인물 본인의 생각조차 공공연히 독자에게 엿보이게 하면서 이 장르를 완성했다. 브라우닝의 〈내 마지막 공작 부인*My Last Buchess*〉에 나오는 공작은 자기가 자기 부인을 죽음으로 몰아갔다는 사실을 눈을 마주치며 이야기 중인 시 속의 청자인 궁정의 신하에게 폭로코자

의도하지만 그는 그의 이러한 폭로가 그 이야기를 활자로 읽고 있는 그리고 나중에는 그가 자기 몰입적인 인물이며, 이기적이고, 살기등등한 뻔뻔한 불한당이라는 평가를 내리게 되는 독자들에게 들키게 되고 결국 그 독자들에게 인간적인 차원에서 버림받게 될 것이라는 걸 모르고 있다. 생각, 반성 그리고 자기 현시와 화자의 목소리가 실제 대화를 하는 듯한 어조로 표현되는바, 이들은 모두 극적 독백만이 지닌 형식적 특징들이다.

〈스페인 수도원의 독백 *Soliloquy of the Spanish Cloister*〉

으르르-자, 내 심장의 혐오심이여!
당신 빌어먹을 꽃단지에 물을 부으라, 부으라니깐!
만약에 증오가 사람을 죽일 수 있다면, 로렌스 수사님,
하느님의 피, 내 피로는 당신을 죽일 수 없단 말인가!
뭐라고? 당신의 도금양 숲을 정리 좀 해야겠다고?
오, 저 장미는 뭐 순서도 모른다더냐
납병에 물이 넘치도록 부어야 되나?
그래 화끈하게 피어올라서 다 말려 버릴지어다!
—로버트 브라우닝

GR-R-R – there go, my heart's abhorrence!
Water your damned flower-pots, do!
If hate killed men, Brother Lawrence,
God's blood, would not mine kill you!
What? your myrtle-bush wants trimming?
Oh, that rose has prior claims—
Needs its leaden vase filled brimming?
Hell dry you up with its flames!

연|습|문|제

위의 시는 훨씬 긴 시의 첫 번째 스탠자이다. 어떤 구문에서 문어체보다 구어체가 더 활기차게 읽히는가?

비록 위의 시행들이 시의 시작 부분에 불과하지만, 독자는 이 시의 화자인 수사의 개성을 짐작할 수 있었을 것이다. 그는 어떤 부류의 사람이라 생각하는가? 그가 어떤 어휘들을 구사하기 때문에, 독자는 그의 성격을 짐작할 수 있는가?

자유시 Free verse

자유시는 각운과 규칙적인 리듬 형식의 부담스런 제약을 타파할 수 있었으며 그 대신 이미지와 억양에 시작 행위를 집중할 수 있었던 20세기 초반 시인들이 사용한 시의 한 갈래다. 산문도 아니면서 불규칙적인 리듬을 보여 주고 그 길이 역시 일정치 않은 시편들이 시집으로 출판되었다. 자유시는 모더니스트들이 문화 운동을 하던 시기의 주요 시형이었고 운율상의 규칙성이 부여하는 창작의 한계로 부터 시인들을 해방시켰으며 20세기 후반의 시인들에게 지대한 영향을 주었다.

〈오레이아데스*Oread*〉

바다여 뽑아 버려라
우리 바위
소나무 휘저어 날려 버려라
그대 큰 근심도 흩날려 버려라
그대 푸름 우리 너머 던져 버려라
우리랑 전나무 그대 숲으로 덮어 두고서.
—H.D.

Whirl up, sea—
Whirl your pointed pines.
Splash your great pines
On our rocks.
Hurl your green over us—
Cover us with your pools of fir.

연|습|문|제

자유시에서는 어떤 형식적인 특징들을 볼 수 있는가?
위의 시가 형식을 지닐 수 있도록 이미지나 구문들이 어떻게 기여했는가?

찾아보기

시대사 속의 영국문학

초판발행 2008년 1월 7일
초판 1쇄 2008년 1월 7일
지은이 엘리자베스 거
옮긴이 손영도
펴낸곳 **고려대학교출판부**
www.kupress.com
kupress@korea.ac.kr
136-701 서울특별시성북구안암동
02-3290-4230,4232
Fax 923-6311
찍은곳 열린문화

ISBN 978-89-7641-637-7 03840

값 14,000원